2024 개정 표준보육과정을 반영한

아동문학교육

성미영 · 민미희 · 정현심 · 김효영 공저

CHILDREN'S LITERATURE EDUCATION

학지사

머리말

홍미롭고 상상력 가득한 아동문학작품은 아이들을 새로운 세상으로 안내하고, 다양한 경험을 제공하여 아이들의 삶을 풍요롭게 만든다. 또한 아이들은 아동문학작품을 통해 자연스럽게 지식을 습득하면서 세상에 대한 호기심을 해결해 나간다. 이처럼 다양한 기능과 가치가 있는 아동문학작품은 영유아나 학령기 아이들의 교육 현장에서도 중요한 위치를 차지한다. 교사가 교육 현장에서 아동문학작품을 활용하기 위해서는 먼저 아동문학작품에 대한 기본적인 이해와 관심이 필요하다. 따라서 이 책에서는 아동문학에 대한 이론적, 역사적 고찰에서 출발하여 아동문학의 장르별 특성과 추천 도서를 다양하게 소개하고, 교육 현장에서 활용 가능한 아동문학 활동과 평가 방법을 제공한다.

이 책은 제1부 아동문학의 이론적 접근, 제2부 아동문학의 장르별 이해, 제3부 아동문학의 교육적 활용으로 구성되어 있다. 먼저, 제1부 아동문학의 이론적 접근에서는 아동문학의 개념 및 교육적 가치와 아동문학 관련 이론을 소개하고, 우리나라와 세계 아동문학의 역사, 연령별 발달 특성과 아동의 기본적 욕구를 고려한 아동문학의 내용과 역할에 대해 알아본다. 또한 2024 개정 표준보육과정 및 2019 개정 누리과정과 아동문학의 연계에 대해 살펴본다. 다음으로 제2부 아동문학의 장르별 이해에서는 전래동화와 생활동화, 환상동화와 정보동화 그리고 동시의 개념, 특성, 유형 및 장르별 교육적 기능과 현장에서의 활용방법에 대해 소개하였다. 마지막으로 제3부 아동문학의 교육적 활용에서는 이야기 들려주기와 책 읽어주기를 중심으로 아동문학을 교육 현장에서 어떻게 활용할 수 있는지 살펴보고, 아동문학활동 지도를 위한 교사의 역할과 환경구성, 매체 활용, 아동문학활동의 실행과 평가 방법을 제공함으로써 교육 현장에 실제적인 도움을 주고자 하였다.

이 책이 아동문학교육 수업을 수강하는 학부생과 예비교사, 현직 교사를 포함하여 아동문학교육에 관심 있는 모든 분께 친절한 안내서가 되기를 바란다. 마지막으로 이 책이 나오기까지 많은 도움을 주신 학지사 김진환 대표님과 편집부 박나리 실장님께 감사의 마음을 전한다.

2025년

저자 일동

차례

PART 3
아동문학의 교육적 활용

PART 1

아동문학의 이론적 접근

Children's Literature Education

CHAPTER

01 아동문학의 개념 및 이론

아동문학은 아동을 대상으로 하는 문학이다. 아동은 다양한 문학작품을 통해 감성과 정서를 발달시키고, 자신과 타인을 이해하며, 지식과 정보를 획득하고, 삶의 깨달음을 얻을 수 있다. 이러한 경험은 아동의 삶에 중요한 영향을 미치게 된다. 이 장에서는 아동문학의 개념 및 교육적 가치와 함께 그림책의 개념과 유형에 대해 알아보고, 아동문학의 이론적 접근방법에 대해 살펴보고자 한다.

1. 아동문학의 개념 및 교육적 가치

1) 아동문학의 개념

아동문학의 개념은 여러 학자에 의해 다양하게 정의되어 왔다. 아동문학에 대한 학자들의 정의를 살펴보면, 아동문학의 가치를 강조하면서 정의를 내리는 경우와 아동문학의 대상을 강조하면서 정의를 내리는 경우로 구분할 수 있다.

먼저, 아동문학의 교육적 가치와 심미적 가치를 강조하는 이재철(1983), 니콜라에바(Nikolajeva, 1998)의 정의는 다음과 같다. 이재철(1983)은 아동문학은 아동을 대상으로 하는 특수문학이므로 그 특수성에 따른 목적과 사명을 지니기 위해 예술성과 문학성을 상실하지 않는 범위 내에서 아동의 단계적 발달에 이바지할 수 있어야 한다고 보았다. 니콜라에바(Nikolajeva, 1998)는 아동문학은 탁월한 예술성과 문학성을 갖춤으로써 아동이 즐거움을 찾을 수 있어야 한다고 주장하였다.

아동문학의 대상을 강조한 경우로는, 석용원(1989), 이재철(2003), 박민수(1998)의 정의를 들 수 있다. 석용원(1989)은 아동문학이란 아동을 대상으로, 아동을 위하여 창작한 문학이며 유아기, 소년 · 소녀기에 있는 아동을 대상으로 쓰인 것이라고 하였다. 이재철(2003)은 아동문학이란 아동이나 동심을 가진 아동다운 성인에게 읽히기 위하여 창작한 모든 저작으로, 문학의 본질에 바탕을 두면서 어린이를 위해 쓰고 어린이가 골라 읽어 온 혹은 골라 읽어 갈 특수문학으로 동시 · 동요 · 동화 · 아동소설 · 아동극 등의 장르를 통틀어 일컫는 명칭이라고 하였다. 박민수(1998)는 아동문학에는 반드시 아동을 위한다는 적극적 의도가 포함되어야 한다고 설명하고 있으나 독자층을 아동에게만 국한시키지는 않고 있다.

아동문학은 아동과 문학의 합성어로, 우선은 아동을 독자로 하는 문학이다(박화목, 1989). 또한 아동문학은 작가가 아동이나 동심의 고향으로 돌아가고 싶어 하는 어른들에게 읽힐 것을 목적으로 창조한 시, 동화, 소설, 희곡 등을 총칭한다. 다시 말해, 아동을 위주로 하여 이루어진 문학작품 또는 성인 작가가 아동을 깊이 의식하면서 동심을 바탕으로 창작한 모든 문학작품이다. 따라서 아동문학이란 아동과 동심을 가진 성인을 독자로 하는 문학으로 정의되기도 한다(공인숙, 김영주, 최나야, 한유진, 2013).

2) 아동문학의 교육적 가치

아동은 태어나면서부터 자장가, 동요, 동시, 동화, 인형극, 만화, 영화 등을 접하며 문학적 경험을 하게 된다(강문희, 이혜상, 2008). 아동은 다양한 문학작품을 통해 지식이나 정보를 획득하고, 이러한 경험이 아동의 삶에 많은 영향을 미친다. 따라서 아동문학의 가치와 교육적 의의에 관심을 가져야 한다.

매터슨(Matterson, 1975)은 아동문학의 가치를 사고의 확장, 어휘의 확장, 언어적 기술의 확장, 지식의 확대, 즐거움 및 대화 기회와 육체적 휴식 등의 제공에 두고 있다. 야콥스(Jacobs, 1950: 이상금, 장영희, 2007에서 재인용)는 문학은 아동에게 즐거움을 주고, 주인공과 동일시하며 웃고 울면서 카타르시스를 경험하게 하고, 삶과 인간을 체험하고 이해하여 자신과 타인을 통찰하고 이를 자신의 생활에 반영할 수 있다는 점에서 문학교육의 가치를 강조하였다. 이 외에 여러 학자가 제시한 아동문학의 가치에 대해 살펴보면 다음과 같다.

첫째, 문학작품은 즐거움을 준다. 아동은 이야기의 구성, 등장인물의 정서, 언어 자체의 리듬이라는 세 가지 측면에서 즐거움을 얻는다(강문희, 이혜상, 2008). 아동은 이러한 기쁨과 즐거움을 통해 정서적 만족감과 행복감을 느낄 수 있다. 예를 들어, 모리스 센닥의 『괴물들이 사는 나라』를 본 아동은 주인공 맥스가 괴물들이 사는 나라에 간 것을 자신이 실제 괴물나라에 간 것처럼 흥분하고 즐거워한다. 항문기에 있는 아동의 경우 똥이나 방귀에 대한 내용에 흥미를 보이므로, 『누가 내 머리에 똥 쌌어?』와 같은 문학작품에서 재미를 얻을 수 있다. 그 과정에서 아동들은 자연스럽게 문학을 친숙한 것으로 느끼게 되며 책 읽는 습관 또한 형성할 수 있다(노운서, 노명희, 김명화, 백미열, 2013).

또한 책을 통해 즐거움을 경험하는 것은 아동에게 문학교육의 태도와 성향을 길러 주는 가장 기본적인 요소가 될 수 있다. 이야기를 듣고 책을 읽는 행위 자체를 즐기게 됨으로써 아동은 문학을 친숙하게 느끼고 일상생활의 일부로 인식하게 되기 때문에 책읽기에 관련한 자연스러운 학습 동기를 키울 수 있다(심성경, 이선경, 김경의, 허은주, 2020).

둘째, 아동문학은 아동의 상상력을 풍부하게 한다. 문학의 환상과 마술적 요소는 아동이 상상의 세계에 흥미를 느끼고 몰입하게 함으로써 환상의 세계와 공상의 세계로 동화되는 상상력을 발달시키는데, 이러한 상상은 아동을 즐겁게 한다(노운서 외, 2013). 예를 들어, 버지니아 리 버튼의 『작은 집 이야기』를 보는 경우, 아동은 자신이 작은 집이 되어 있는 듯한 상상을 하므로 책 속 이야기가 더욱 재미있고 생동감 있게 느껴지는 것이다. 이렇듯 동화의 환상적 내용은 아동의 상상력을 계발시키고 정서를 풍부하게 해 주므로 동화를 읽는 것은 아동에게 필수적이고 중요한 경험이다(김영주, 1998).

물활론적인 사고의 특징으로 인해 아동은 쉽게 상상의 세계에 동화된다. 예를 들어, 『오소리네 집 꽃밭』처럼 동물인 주인공이 사람처럼 말하고 느끼는 모습은 동화 속 상상의 세계에서 가능한 경험이다. 이러한 경험은 현실세계에서 동물을 더 친숙하게 느끼게 하고 일상생활에서 동물에 더 많은 관심과 애정을 가지게 한다. 따라서 아동은 환상적인 문학적 경험을 통해 상상력을 키우고 현실세계에 대한 의미를 발견할 수 있다(심성경 외, 2020).

셋째, 아동의 문학적 경험은 언어발달에 도움을 준다. 특히 즐겁게 언어를 발달시킬 수 있다는 측면이 중요하다. 유아기에 좋은 책을 통한 즐거운 경험은 읽기와 쓰기 교육을 성공적으로 이끌 수 있게 한다(Schickedanz, 1995). 특히 유아기에 동화구연을 듣거나 음원을 통한 문학적 경험을 하면 다른 사람의 이야기를 집중하여 잘 들을 수 있는 듣기능력도 기를 수 있다. 언어영역에서 듣기영역은 말하기 능력만큼 중요한데, 이는 의사소통의 가장 중요한 요소이기 때문이다(노운서 외, 2013). 운문에서 나타나는 간결한 시적 언어의 사용과 어휘의 반복적 사용, 산문에서 표현되는 다양한 어휘와 의인법과 같은 수사법들을 통하여 아동은 언어능력을 신장시킬 수 있다(공인숙 외, 2013). 예를 들어, 고미 타로의 『악어도 깜짝, 치과 의사도 깜짝!』은 문장을 반복적으로 제시하여 글을 즐겁게 읽을 수 있도록 하였다. 빌 마틴 주니어의 『갈색 곰아, 갈색 곰아, 무얼 바라보니?』에서도 반복적으로 등장하는 "○○아, 무얼 바라보니?", "나를 바라보는 ○○을 바라봐."를 따라 말하며 언어표현능력을 기를 수 있다. 또한 아동은 현실을 생생하게 묘사한 동화작품을 통하여 언어능력을 향상시키며 사물에 대한 관점이나 생각, 느낌을 풍부히 하고 논리적 사고력을 발달시킬 수도 있다.

넷째, 아동의 문학적 경험은 도덕성 발달을 돕는다. 콜버그(Kohlberg, 1964)는 도덕적으로 성장하는 과정을 전인습적 단계(기본적인 규칙 이해), 인습 단계(사회적 규칙과 기대 이해), 그리고 후인습적 단계(보다 고차원적인 윤리적 이해)로 구분하였다(김은심, 유지안, 문선영, 2025).

전인습적 도덕 단계에 있는 아동에게는 상과 벌이 도덕적 판단의 기준이 되기 때문에 이들이 읽는 문학작품에는 상벌의 기준이 명확하게 나타나야 한다. 아동문학의 주된 주제가 전래동화에서처럼 권선징악적인 것이 되어야 하는 까닭이 여기에 있다. 따라서 이 시기의 문학작품으로는 가치 판단을 요구하는 것보다 사회가 요구하는 도덕적 규범을 내포한 창작동화가 선정되어야 한다. 예를 들어, 데이비드 섀넌의 『안 돼, 데이비드!』는 데이비드가 부모의 말을 듣지 않고 문제를 일으키는 이야기인데, 데이비드가 잘못된 행동을 할 때 부모의 반응을 보면서 벌과 보상의 개념을 이해하게 된다.

인습적 단계에서 후인습적 단계로 넘어가는 시기의 아동은 사회적으로 인정되는 두 규범이 갈등을 일으킬 수 있다는 것을 인식하므로, 이들이 읽는 동화는 주인공의 갈등 상태를 중심으로 하는 주제가 형상화되어야 한다. 아동은 작품 속에서 전개되는 자아와 세계의 끝없는 대결을 통하여 도덕적 가치를 판단하고 그것을 자기 인격에 수용하게 되어 양심과 삶을 살아가는 지혜를 배울 수 있다. 예를 들면, 윌리엄 스타이그의 『치과의사 드소토 선생님』의 경우 교활한 여우가 자기 이를 치료해 준 생쥐 의사를 잡아먹으려 하는 장면에서 유아들은 나쁜 여우라고 판단을 하며 도덕적 양심을 발달시킬 것이고, 생쥐 부부가 지혜로 교활한 여우를 이겨 내는 장면에서는 살아가는 지혜를 배울 것이다(노운서 외, 2013).

문학적 경험은 아동에게 주인공의 사고방식이나 감정을 이해하고 주인공이 처한 상황에 대한 도덕적인 가치 기준이나 판단을 공유하고 고민하는 과정을 경험하게 한다. 이러한 과정을 통해 한 가지 상황이나 문제에 대해 여러 각도에서 사고할 수 있고 다른 사람의 입장에 대한 이해의 폭을 넓혀 감으로써 도덕적인 판단력과 가치를 습득하게 된다(심성경 외, 2020).

다섯째, 아동의 문학적 경험은 사회성을 발달시킬 수 있다. 아동은 문학작품 속의 다양한 인물과 상황을 통해 대인관계에 필요한 사회적 기술을 습득할 수 있다. 예를 들어, 캐드린 오토시의 『일(One)』에서 다양한 색깔의 점들이 친구가 되는 과정을 통해 서로 협력하고 배려하는 방법을 익힐 수 있다.

또한 아동은 문학작품을 통하여 다른 사람의 느낌과 의도에 관하여 예측해 보는 경험을 한다(Glazer, 1997). 즉, 다른 사람의 입장을 생각하고 느껴 보는 타인조망능력을 기를 수 있는 것이다. 아동은 주인공을 동일시하고 그들에 공감하면서 다른 사람의 관점이나 역할 등을 배울 수 있고, 이를 통해 사회성을 발달시켜 나간다. 예를 들어, 『엄마의 의자』에서 주인공이 문제상황을 극복하는 과정을 통해 주인공이 겪는 어려움을 생각해 보고 이해하는 경험을 하게 된다. 이처럼 아동은 문학작품 속 주인공이나 상황에 비추어 자신의 상황에 대처하면서 일상생활에 필요한 태도와 감정을 자연스럽게 발달시킬 수 있다(심성경 외, 2020).

여섯째, 아동문학은 정확한 개념이나 지식 혹은 사고력을 형성하게 한다. 글레이저(Glazer, 1997)는 아동이 문학작품을 통하여 개념을 획득하고 정리하며 다양한 사고과정 속에서 지적 능력을 계발한다고 하였다. 예를 들어, 에릭 칼의 『아주 아주 배고픈 애벌레』를 통해 나비의 성장과정에 대한 지식을 획득할 수 있다. 『초록 양은 어디 갔을까?』에서 초록 양이 어디로 갔는지 추측해 보고 이야기 나누며 논리적 사고와 추론능력을 기를 수 있다. 즉, 아동은 자신의 직접적이고 개별적인 경험에 머물지 않고 문학작품 속에서의 경험을 통해 일반화되고 사회화된 개념을 도출하여 인지적 성장을 이루는 것이다(심성경 외, 2020). 또한 아동은 문제해결을 요구하는 이야기 속에서 비판적으로 사고하는 능력을 기를 수 있고, 도덕적인 갈등을 내포한 이야기를 통해 사고력과 판단력을 기를 수 있다.

결론적으로 아동문학은 아동에게 즐거움과 기쁨을 느끼게 하고, 상상력을 풍부하게 하며, 다른 사람이 경험하는 정서와 관점을 이해하고 느껴 봄으로써 정서 및 사회성 발달을 증진할 수 있게 한다. 또한 정확한 지식이나 사고력을 획득하게 함으로써 언어, 인지 및 도덕성 발달을 가져온다.

2. 그림책의 개념 및 유형

1) 그림책의 개념

그림책은 글과 그림의 상호작용을 통해 독자에게 의미를 전달하는 책을 의미한다(고문숙, 임영심, 김수향, 손혜숙, 2021). 그림책은 문학과 미술이라는 서로 다른 예술형식이 결합한 형태(Nodelman & Reimer, 2003)로, 글과 그림이 결합하여 이야기를 엮어 가는 독특한 문학적 특성을 이루고 있다. 좋은 그림책이라는 하나의 텍스트는 상호 내적 연관성을 갖는 글과 이미지라는 씨실과 날실로 잘 짜여진 옷감과 같은 것이라 할 수 있다. 글과 그림은 마치 생명이 있는 유기체처럼 역동적으로 살아 움직이며 때로는 유연하게, 때로는 복잡하고 다양하게 서로가 서로에게 영향을 미치며 의미를 생성하기도 하고 변환하기도 한다(고문숙 외, 2021).

그림책의 그림은 발달 특성상 글자만으로 이야기를 이해하기 어려운 유아들이 글을 이해하는 데 도움이 되도록 이야기를 시각화한 것으로(노운서 외, 2013), 그림은 시각적 각성의 효과와 함께 글자를 해독하는 데 필요한 노력을 줄여 주기 때문에 손쉽게 정보를 전달하거나 감동을 주기 위해 사용된다(공인숙 외, 2013). 그림책에는 글이 아예 없는 그림책도 있고 글과 그림이 통합됨으로써 하나의 내용을 이루는 그림책도 있다. 아동은 그림 없이 글만 있는 이야기책의 내용을 이해하기보다는 글과 그림이 하나의 내용을 설명하고 이야기의 분위기를 보완하며 통합을 이루는 그림책에서 이야기의 내용을 더 잘 이해할 수 있게 된다(노운서 외, 2013).

2) 그림책의 유형

그림책은 주제, 연령 등 다양한 방식으로 분류할 수 있는데, 먼저 연령에 따라 영아, 유아를 위한 그림책으로 구분할 수 있다. 영아를 위한 그림책은 두꺼운 하드보드지로 만드는 보드책, 영아가 직접 만져 보고 막힌 부분을 들어서 속에 숨은 사물을 찾아보며 조작하는 참여책, 다양한 촉감을 경험할 수 있는 촉감책 등 영아에게 친숙한 경험이 간단한 플롯으로 제시되며 명확한 그림으로 표현되는 그림책이 적합하다. 유아를 위한 책은 세상에 대한 지식을 획득하는 데 도움이 되는 개념책, 한글 순서에 따라 정보를 배열한 글자책, 숫자와 수세기에 대해 알려 주는 수세기책 등 다양한 정보를 주는 그림책이 적합하다(공인숙 외, 2013). 연령에 따른 그림책은 이 책의 제3장에서 상세히 다루고 있다.

그림책은 주제에 따라 다양하게 구분할 수 있다. 현은자와 김세희(2005)는 그림책을 판타지 그림책, 사실주의 그림책, 옛이야기 그림책, 정보 그림책, 운문 그림책, 영아 그림책, 성경 그림책, 알파벳 그림책 등으로 분류하고 있다. 신헌재, 권혁준, 곽춘옥(2007)은 그림책을 가족 사이의 문제, 어린이의 요구와 성장 이야기, 전통문화와 역사 체험, 옛이야기와 명작 패러디, 자연과 환경문제, 성 문제, 현실 및 사회 문제, 장애 문제 등으로 나누고 있다. 이 책에서는 선행연구(고문숙 외, 2021; 공인숙 외, 2013; 노운서 외, 2013)의 분류를 참고하여 전래동화, 생활동화, 환상동화, 정보동화, 동시로 구분하였다. 전래동화는 오랜 세월 구전된 설화를 바탕으로 아동에게 맞게 재구성된 이야기로, 아동문학의 대표적인 장르다. 생활동화는 아동의 실제 생활 모습을 사실적으로 다룬 창작동화로, 가정과 학교, 사회 속에서 펼쳐지는 다채로운 삶의 모습과 고민들이 생생하게 담겨 있다. 환상동화는 비현실적인 인물이나 사건이 일어나는 동화로, 주로 일상에서 경험하는 일들과 공상적인 요소들을 자연스럽게 결합하여 다루고 있기 때문에 아동은 동화를 통해 실재성을 경험하면서도 자유로운 상상을 하고 창의적인 사고를 할 수 있다. 정보동화는 사실적이고 정확한 정보전달을 일차적 목적으로 하는 동화로, 아동이 필요로 하는 정보자료를 찾아보고 활용하는 태도를 기르게 하며, 객관적인 자료를 전달하는 동시에 아동의 흥미를 불러일으킨다. 동시는 아동의 문학적 감수성과 언어감각을 키워 주고, 우리말의 아름다움을 전할 수 있는 문학장르다. 이러한 주제에 따른 그림책의 유형은 이 책의 제2부에서 상세하게 살펴보겠다.

3. 아동문학 관련이론

아동문학의 이론적 접근을 위한 선행연구(구인환, 우한용, 박인기, 최병우, 2004; 이상구, 1998; Nodelman & Reimer, 2003)를 중심으로 구조이론, 독자반응이론, 정신분석이론, 원형이론에 대해 살펴보고자 한다.

1) 구조이론

구조이론은 하나의 본문을 문학이게 하는 문학성이 무엇인가를 해명하는 이론이다(권용희, 2012). 구조주의자들은 본문의 요소 간의 관계에 초점을 두고 이야기의 문법을 개발하고자 하였다(공인숙 외, 2013). 구조이론의 토대는 러시아의 형식주의, 미국의 신비평, 프랑스의 구조주의에 의해 이루어졌다(박철희, 2009). 러시아 형식주의는 예술적 형식을 통한 지각이 독자로 하여금 인생과 경험에 대한 감각을 새롭게 해 준다고 보면서, 예술적인 형식, 즉 문학적인 형식이란 무엇인가 하는 데에 관심을 두었다. 그래서 이 이론은 본문을 문학작품으로 만드는 기법에 관심을 기울인다. 또한 러시아 형식주의는 일상언어는 단순하고 실용적이며 자동화된 언어인 반면, 시적인 언어는 일상언어의 자동화를 파괴하는 언어라고 보아, 일상언어와 시적인 언어를 구별한다. 미국의 신비평은 운율법이나 언어매체 자체 내의 어떤 패턴을 중요시한 것이 아니라, 그 언어의 의미가 갖고 있는 아이러니, 역설, 메타포 등의 국면들이 한 작품 안에서 복잡하게 상호작용하는 것을 중요시하였다. 프랑스의 구조주의는 현대 언어학을 모델로 하여 문학작품을 분석하고 해석한다. 소쉬르(Saussure)는 구조주의 언어학의 관점을 개발한 학자로, 기호는 자체로는 의미가 없지만 서로가 관련을 맺으면 의미 있는 언어가 된다는 것에 주목하였다(공인숙 외, 2013). 소쉬르의 언어관에 따르면, 언어는 자족적 체계이기 때문에 의미는 발언자의 주관적인 의사에 의해 결정되지 않는다. 즉, 구조주의 이론은 의미 자체보다는 의미가 만들어지는 방식에 주목하는 것이다. 그래서 구조주의 이론은 언어조직의 음성적 수준과 형태소적 수준의 구별이나, 계열관계와 결합관계의 구별 등 언어학적 개념을 적용하여 문학작품을 분석한다.

2) 독자반응이론

독자반응이론은 독자의 경험으로부터 의미를 만들어 내는 독자의 능동성을 강조한 문학적 관점이다(이상구, 2013). 다시 말해, 독자의 참여 없이는 문학작품의 의미가 완전히 형성될 수 없다고 본다. 이전의 본문 자체에서 의미를 찾는 관점이 아니라, 본문과 독자가 이야기를 만들어 내기 위해 상호작용하여(Rosenblatt, 1978), 독자의 참여를 통해 이야기를 만들어 내도록 의미를 부여하는 것이다. 이는 독자가 문학작품을 읽을 때 본문에 대해 독특한 반응을 많이 하고 개인적인 상호작용을 한다는 것을 의미한다. 본문의 의미는 그 속에 담겨 있는 것이 아니라 독자의 기존 지식에 의해 형성되므로, 하나의 본문에 대한 독자들의 의미가 각자 다르고, 이러한 경험을 통해 자신에게 변화를 가져오게 된다. 즉, 독자반응이론은 현대 문학이론에서 신비평, 구조주의로 대표되는 본문 구조 자체에 대한 관심에서, 독자에 대한 관심으로 옮겨 가는 것과 맥락을 같이한다(구인환 외, 2004). 독자반응이론은 기존의 본문 중심적 문학에서 독자의 능동성을 장려한다는 점에서 새로운 전기를 마련하였다고 볼 수 있다(이상구, 1998).

독자반응이론에 의하면 아동이 독서를 할 때, 문맥의 의미는 아동에 따라, 집단에 따라, 장소에 따라, 시간에 따라 다르게 나타날 것이다(공인숙 외, 2013). 일반적으로 아동문학에서 볼 수 있는 아동의 반응은 다음의 네 가지로 정리할 수 있다(Purves, 1968: 6-8: 경규진, 1993에서 재인용). 첫째, 아동 자신을 인물의 행위 또는 감정과 연합하는 정서적 반응이다. 이는 스콰이어(Squire, 1964)의 자기-몰입 반응에 해당하는 것으로, 정도의 범위는 동일시나 거부의 정도로 표현될 수 있다. 둘째, 아동이 이야기의 의미나 인물의 성격을 일반화하고 발견하려는 데서 나타나는 해석적 반응이다. 해석적 일반화를 안내하는 이야기로부터 증거가 되는 지시를 포함하는 해석적 반응은 아동이 그들 자신의 경험을 해석하고 확장하도록 격려한다. 셋째, 일반화된 논평을 포함하여, 이야기의 문학적 질을 판단하거나 언어, 인물 묘사, 문학 형식에 대하여 특별히 반응하는 비판적 반응이다. 넷째, 어떤 절대적인 기준에 비추어서 주인공이 반드시 이렇게 행동해야 한다고 보는 평가적(규범적) 반응이다.

독자반응이론이 아동문학 교육에 미치는 함의는 다음과 같다(이성은, 2003). 첫째, 학습자 중심 문학교육의 이론적 근거를 제공한다. 즉, 학습자의 능동적 참여를 이끌어 내게 하는 이론적 근거가 될 것이다. 둘째, 독서과정을 통한 문학적 상상력과 감수성의 계발을 극대화한다. 셋째, 문학작품에 나타나는 빈자리에 대해 아동이 자신의 의미구성능력에 따라 다양한 의미를 생성할 수 있다. 넷째, 심미적인 경험의 중요성을 인식하게 한다.

3) 정신분석이론

정신분석이론가에게 언어와 본문은 읽는 상황적 맥락의 측면에 따라 다르게 고려된다. 프로이트(Freud)는 꿈의 맥락과 이러한 맥락을 정확히 해석하는 것에 관심을 두었다. 베텔하임(Bettelheim)은 문학적 본문이 독자에게 미치는 영향에 초점을 두었고, 라캉(Lacan)은 의미 있는 본문의 구조에 흥미를 가졌다(Nodelman & Reimer, 2003).

특히 베텔하임은 『신데렐라』를 형제간 경쟁과 오이디푸스적 질투를 표현하는 것으로 보고, 이러한 심리학적인 문제를 해결하는 것으로 이야기의 사건을 설명하였다. 즉, 옛이야기는 수백 년 동안 거듭되면서 표면적 의미와 심층적 의미를 지니게 되었으므로 의식, 전의식, 무의식 등 모든 정신 층위에 작용한다(Bettelheim, 1998)고 본다. 정신분석이론에 따르면 아동은 전래동화를 통해 자아의 발달, 전의식이나 무의식의 억압에서 벗어나며, 자아나 초자아가 허용하는 범위 안에서 본능을 충족시킬 방법을 찾게 된다. 일반적으로 아동은 생애 초기에 어머니와 분리하여 자신만의 정체감을 형성하는 과정에서 분리불안을 경험한다. 또한 배변훈련, 훈육과정 등을 거치면서 오이디푸스 콤플렉스, 형제간의 갈등, 성인이 되기 위한 성적 성숙 등의 발달과업을 이루게 된다(공인숙 외, 2013).

또한 라캉은 구조주의 언어학 이론의 관점에서 프로이트의 정신분석이론을 재조명하였다. 무의식은 언어처럼 문법적 규칙으로 구성되고, 언어의 구조인 문법은 무언의 규칙의 합이다. 이 문법적 규칙은 사람들이 의미 있는 말을 타인에게 할 수 있게 하고, 사람들이 스스로를 개인으로 인식하게 하는 숨겨진 맥락이 된다.

4) 원형이론

원형이론은 정신분석이론에서 제시하는 텍스트의 대안적 해석을 제안하였다. 원형이론을 주장한 학자로는 융과 프라이를 들 수 있다(Nodelman & Reimer, 2003). 정신분석이론이 개개인이 경험하는 개인적인 드라마에 대해 강조하였던 반면, 융(Jung)은 꿈이나 문학작품 속에서 표현되는 대중이 공유하는 기본적이며 보편적인 상징의 원형인 집단무의식을 강조하였다. 아동문학에서 주인공이 모험을 찾아 집을 떠나고, 모험이 충족되면 집으로 돌아오는 것과 같은 기본 구조가 원형적 구성을 표현한다고 본 것이다. 중요한 원형으로는 개인적 성격의 어두운 측면인 음영(shadow)이 있다. 음영은 동물이나 마술사, 사기꾼과 같은 형태로 등장하는데, 통합적이고 건강한 개인으로 성장하기 위한 과정에서 자신의 음영을 인식하고 흡수할 수 있는지가 중요하다.

캐나다의 비평가인 프라이(Frye) 역시 원형이론을 아동문학에 적용하였는데, 그는 문학을 인류가 수 세기에 걸쳐서 조직화의 유형과 고유한 내적 원형 이미지를 구축해 온 결과라고 보았다. 이런 관점은 아동문학 연구에서 등장인물과 환경의 관계를 분류하는 데 적용하여 다음과 같은 네 가지 형태로 구분할 수 있다. 인간이나 환경에 비해 절대적으로 우월한 존재인 신이 등장하는 신화, 어느 정도 우월한 존재인 영웅에 대한 이야기인 로맨스, 인간보다 뛰어나나 환경보다 약한 인물 혹은 환경과 인간보다 뛰어나지 않은 인물이 등장하는 의태, 힘이나 지력에서 열등한 인물이 등장하여 우월성을 느낄 수 있는 아이러니다.

아동문학에 대한 이론적 접근은 교육분야에서는 주로 독자반응이론의 적용으로 아동의 능동적 참여를 중시하는 방향이 강조되고 있다. 정신분석이론과 원형이론 역시 아동심리 연구와 아동문학 연구를 결합시켜 다양한 전래동화나 민화 연구에 적용되고 있다. 또한 구조주의 분석을 통해 아동문학이 근거한 사회나 문화에 대한 이해를 넓힐 수 있을 것이다(공인숙 외, 2013).

참고문헌

강문희, 이혜상(2008). **아동문학교육**. 서울: 학지사.

경규진(1993). 반응 중심 문학 교육의 방법 연구. 서울대학교 대학원 박사학위논문.

고문숙, 임영심, 김수향, 손혜숙(2021). **아동문학교육**. 경기: 양성원.

공인숙, 김영주, 최나야, 한유진(2013). **아동문학**. 경기: 양서원.

구인환, 우한용, 박인기, 최병우(2004). **문학교육론**. 서울: 삼지원.

권용희(2012). 국어과 교육과정의 문학이론 수용 양상 연구: 역사적 전개와 변화 과정을 중심으로. 이화여자대학교 교육대학원 석사학위논문.

김영주(1998). 전래동화와 창작동화에 나타난 아버지 역할 비교. 서울대학교 대학원 박사학위논문.

김은심, 유지안, 문선영(2025). **유아교사를 위한 아동문학교육**. 서울: 학지사.

노운서, 노명희, 김명화, 백미열(2013). **아동문학**. 경기: 양서원.

박민수(1998). **아동문학의 시학**. 서울: 도서출판 하우.

박철희(2009). **문학이론입문: 무엇을 어떻게 읽을 것인가**. 서울: 형설출판사.

박화목(1989). **아동문학개론**. 서울: 민문고.

석용원(1989). **아동문학원론**. 서울: 학연사.

신헌재, 권혁준, 곽춘옥(2007). **아동문학과 교육**. 서울: 박이정.

심성경, 이선경, 김경의, 허은주(2020). **유아문학교육의 이론과 실제(2판)**. 서울: 학지사.

이상구(1998). 학습자 중심 문학 교육 방안 연구. 한국교원대학교 대학원 박사학위논문.

이상구(2013). 반응중심 문학교육과 구성주의 문학교육의 기본 관점과 교육 내용 비교 고찰. **문학교육학, 40**, 334-362.

이상금, 장영희(2007). **유아문학론**. 경기: 교문사.

이성은(2003). **아동문학교육**. 서울: 교육과학사.

이재철(1983). **아동문학의 이론**. 서울: 형설출판사.

이재철(2003). **아동문학개론**. 서울: 서문당.

현은자, 김세희(2005). **그림책의 이해 1**. 서울: 사계절.

Bettelheim, B. (1998). **옛이야기의 매력 1**(김옥순, 주옥 공역). 서울: 시공주니어. (원저는 1975년 출판).

Glazer, J. I. (1997). *Introduction to children's literature* (2nd ed.). Upper Saddle River, NJ: Prentice-Hall.

Kohlberg, L. (1964). Development of moral character and moral ideology. In M. L. Hoffman & L. W. Hoffman (Eds.), *Review of child development research, I* (pp. 381-431). New York: Russel Sage Foundation.

Matterson, E. M. (1975). *Play with purpose for under-sevens*. Great Britain: Penguin Books.

Nikolajeva, M. (1998). **용의 아이들: 아동문학의 새로운 지평**(김서정 역). 서울: 문학과 지성사. (원저는 1996년 출판).

Nodelman, P., & Reimer, M. (2003). *The pleasure of children's literature* (3rd ed.). New York: Allyn and Bacon.

Rosenblatt, L. M. (1978). *The reader, the text & the poem: The transactional theory of the literary work*. Carbondale, IL: Southern lllinois University Press.

Schickedanz, J. A. (1995). **읽기와 쓰기를 즐기는 어린이로 기르는 방법: 유아의 읽기와 쓰기 기초단계 이해**(이영자 역). 서울: 이화여자대학교 출판부. (원저는 1986년 출판).

Squire, J. R. (1964). *The responses of adolescents while reading four short stories*. Champaign, IL: NCTE.

본문에 실린 아동문학작품

갈색 곰아, 갈색 곰아, 무얼 바라보니? 빌 마틴 주니어 글, 에릭 칼 그림. 김세실 옮김. 시공주니어. 2022.

괴물들이 사는 나라 모리스 센닥 글 · 그림. 강무홍 옮김. 시공주니어. 2002.

누가 내 머리에 똥 쌌어? 베르너 홀츠바르트 글, 울프 에를브루흐 그림. 사계절. 2002.

아주아주 배고픈 애벌레 에릭 칼 글 · 그림. 김세실 옮김. 시공주니어. 2022.

악어도 깜짝, 치과 의사도 깜짝! 고미 타로 글 · 그림. 이종화 옮김. 비룡소. 2000.

안 돼, 데이비드! 데이비드 섀넌 글 · 그림. 김경희 옮김. 주니어김영사. 2020.

엄마의 의자 베라 윌리엄스 글 · 그림. 최순희 옮김. 시공주니어. 1999.

오소리네 집 꽃밭 권정생 글, 정승각 그림. 길벗어린이. 2000.

일(One) 캐드린 오토시 글 · 그림. 이향순 옮김. 북뱅크. 2016.

작은 집 이야기 버지니아 리 버튼 글 · 그림. 홍연미 옮김. 시공주니어. 1993.

초록 양은 어디 갔을까? 멤 폭스 글, 쥬디 호라섹 그림. 정해왕 옮김. 영교. 2006.

치과의사 드소토 선생님 윌리엄 스타이그 글 · 그림. 조은수 옮김. 비룡소. 1995.

CHAPTER

02 아동문학의 역사

서양뿐 아니라 우리나라의 아동문학은 신화나 전설, 민담 같은 전승문학에 뿌리를 두고 있으므로 그 역사 또한 매우 길다고 할 수 있다. 하지만 각 나라의 아동문학이 본격적으로 시작된 것은 아동기에 대한 개념이 생기기 시작한 근대화 시기 이후이며, 그 사회의 역사와 문화적 · 지리적 배경의 영향을 받으며 발전해 왔다. 이 장에서는 우리나라와 미국, 영국을 중심으로 한 세계 아동문학의 역사와 발전과정, 주요 작품들을 살펴보고자 한다.

1. 우리나라 아동문학의 역사

우리나라의 아동문학사는 연구자나 학자마다 다르게 구분하고 있으나 갑오개혁(1894)을 기점으로 전승문학과 근대문학, 즉 창작문학시대로 크게 분류하여 그 특징을 이해하는 편이다(노운서, 노명희, 김명화, 백미열, 2013). 근대 아동문학은 아동을 어른과 동등한 인격체로 보고 아동을 위해서 창작되었다는 점에서 전승문학과 구분되며, 본격 아동문학의 기틀을 마련했다는 점에서 큰 의의가 있다. 이후 우리나라의 아동문학은 일제 강점기, 광복과 6 · 25 전쟁, 산업사회의 등장이라는 역사적 사건과 사회, 문화적 변화의 영향을 받으며 발전해 왔다. 여기에서는 선행연구(노운서 외, 2013; 이재철, 1983; 이춘희, 2005)의 분류를 바탕으로 1900년대 이후 우리나라 아동문학의 흐름을 시기별로 살펴보고자 한다.

1) 태동초창기(1908~1923년)

근대적 의미에서의 우리나라 아동문학은 최남선이 잡지 『소년』(1908~1911)을 창간한 1908년에 시작되었다고 볼 수 있다. 『소년』은 우리나라 최초의 종합 월간지로, 서양문물과 과학지식을 소개하고 애국사상의 고취에 힘썼으며, 신문학 형성에도 큰 역할을 하였다. 최남선은 이 잡지를 통해 현대시의 출발점이 된 신체시 「해에게서 소년에게」와 최초의 동요인 「우리의 운동장」을 발표하였다. 또한 「어른과 아이」, 「거인국 표류기」, 「이솝 이야기」, 「로빈슨 무인절도 표류기」 등의 번역, 번안 작품들도 수록하여 우리 어린이들이 세계 명작을 접할 수 있는 계기를 마련해 주었다.

1911년 5월 『소년』이 일제의 탄압으로 폐간되자 최남선은 『붉은 저고리』(1913), 『아이들 보이』(1913~1914), 『새별』(1913~1915) 등 순수 아동잡지를 창간하였다. 제목과 내용을 순 한글로 표기한 이 잡지들은 언문일치의 선구적 역할을 하였으며, 민족문화운동으로서의 의의도 크다. 이광수는 1913년 「엉클 톰스 캐

잡지 『소년』

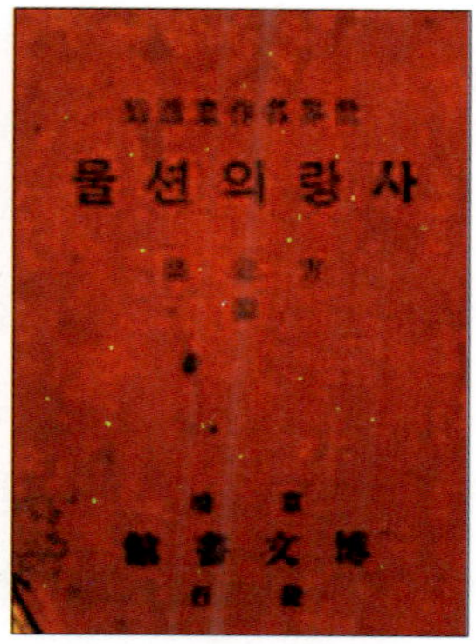

잡지 『사랑의 선물』

빈」을 번역 출간하였으며, 1919년에는 우리나라 최초의 단편소설인 「어린 벗에게」와 「소년의 비애」를 발표하였다. 1922년에는 방정환이 우리나라 최초의 세계명작동화집 『사랑의 선물』을 출간하였다. 이 책에는 「아라비안나이트」와 안데르센, 그림 형제의 동화들이 수록되어 있어 아이들에게 귀한 선물이 되었다.

이 시기는 최남선과 이광수 등이 신문과 잡지 발간을 주도하며 신문화운동을 펼치던 때로, 아동문화운동의 태동기이자 아동문학운동의 발아기라 할 수 있다.

2) 발흥성장기(1923~1940년)

1920년대는 민족운동, 독립운동의 일환으로 문학을 통한 아동문화운동이 활발히 펼쳐진 시기다. 그 중심에 소파 방정환(1899~1931)이 있었다. 한국아동문학은 1923년 방정환이 발간한 우리나라 최초의 아동문예지 『어린이』(1923~1934)를 기점으로 태동기에서 발흥성장기로 접어들게 된다.

아동문학의 보급과 아동보호운동의 선구자이자 아동문학가인 방정환은 청년문학단체인 '청년구락부'를 조직하면서 어린이운동에 관심을 보였고, 1920년 평생 아이들을 위한 일을 하기로 결심하고 일본 유학길에 올랐다. 일본에서 아동예술과 아동심리학을 공부한 그는 유학생활 틈틈이 고국으로 돌아와 아이들을 존중하자는 소년운동을 벌였고, 아이들을 높여 부르는 '어린이'라는 말을 만들었다. 또한 최초의 아동문화운동단체인 색동회를 조직하고 5월 1일을 '어린이날'로 제정하기도 했다. 1923년에는 『어린이』(1923~1934)를 창간하여 마해송, 윤극영, 윤석중, 이원수 등의 작가를 발굴하면서 아동문학의 성장을 이끌었다. 이 잡지를 계기로 어린이라는 호칭이 보편화되었으며 감상적인 동요의 보급으로 동요의 황금시대를 이루었다. 또한 동요, 동화, 동화극본이라는 장르로 구분하여 작품을 실어 아동문학 장르에 대한 분명한 인식을 갖게 하였다(이춘희, 2005). 동화와 동요 같은 문학작품뿐 아니라 우리나라 문화유산과 인물 이야기, 재미있는 역사, 과학 상식 등을 담은 『어린이』는 아이들의 입소문을 통해 퍼지며 많은 사랑을 받았다. 이후 『신소년』, 『새벗』, 『별나라』 등 아동잡지들이 활발히 출간되며 아동문화운동을 이어 갔다. 이 시기의 문예사조는 방정환을 중심으로 한 주관적 동심주의와 정치, 사회의 영향을 받은 사회적 현실주의, 선교적 교양주의로 크게 나눌 수 있다. 1930년대에 이르자 프로문학시대의 팽창과 문학적 자각현상이 대두되면서 아동문학에서도 문학성에 대한 관심이 싹트기 시작했고(노운서 외, 2013), 동심주의와 사회적 현실주의의 입장이 대립되면서 아동문학에 대한 이론적 논쟁들이 대두되었다.

잡지 『어린이』

『바위나리와 아기별』
(마해송, 길벗어린이, 1998)

한국 최초의 창작동화인 마해송의 동화를 그림책으로 만든 작품이 시기 한국아동문학은 양적, 질적으로 많은 성장을 하였으나 체계적인 발전은 이루지 못한 채 문화운동으로서의 활동에 그치고 말았다. 주요 작품으로는 방정환의 동화 『동생을 찾으러』, 『만년샤쓰』, 마해송의 동화 『바위나리와 아기별』, 윤석중의 동시집 『잃어버린 댕기』, 윤극영의 동요 「반달」, 「설날」, 한정동의 동시 「따오기」, 이원수의 동요 「고향의 봄」, 동시집 『종달새』, 『빨간 열매』 등이 있다. 그 외 작가로는 현덕, 서덕출, 노양근, 강소천, 이주홍, 송영 등이 있다.

3) 암흑수난기(1940~1945년)

1937년 중일전쟁 이후 일본은 우리말과 글 사용을 금지하고, 창씨개명과 일본어 사용을 강요하는 등 탄압의 강도를 높였다. 1940년에는 『소년조선일보』가 폐간되고, 당시 유일한 아동잡지였던 『아이생활』도 선교사들의 도움으로 명맥을 유지하다가 1944년에 폐간되면서 우리나라 아동문학은 암흑기를 겪었다. 이후 임인수, 이윤선, 우효종, 이종성 등이 중심이 되어 회람잡지 『동원』, 『초가집』, 『파랑새』 등을 비밀리에 출간하며 지하활동을 이어 갔으나, 일본의 영향에서 크게 벗어날 수는 없었다. 이 시기 주요 동시작가로는 박화목, 임인수, 권태응 등이 있고, 동화작가로는 김요섭, 이원수 등이 있다.

4) 광복혼미기(1945~1950년)

1945년 광복 이후 우리 사회는 정치, 사회, 경제적으로 커다란 혼란을 겪게 되었다. 특히 좌우 대립의 정치적 혼란은 성인문학뿐 아니라 아동문학계에도 많은 영향을 주었다. 이 시기에는 순수 아동문학과 계급논쟁을 위한 문학의 대립이 더욱 격화되었다(공인숙, 김영주, 최나야, 한유진, 2013). 대립과 분열로 잡지 또한 좌우로 나뉘게 되었다. 좌익 진영에서는 『새동무』(1945)와 『별나라』(1945), 『신소년』(1946)을 발간했고, 우익 진영에서는 윤석중, 정진숙, 조풍연 등이 『소학생』(1946)을, 김기오와 방정환 등이 『소년』(1948)을, 고한승이 『어린이』(1948)를 발간했다.

단행본과 동요, 동화집에서는 우리말 출판물이 급증했다. 대표적인 작품으로는 윤석중의 동시집 『초승달』(1946), 『굴렁쇠』(1948), 이원수의 동시집 『종달새』(1948), 윤복진의 동시집 『별초롱 꽃초롱』(1949), 마해송의 동화 『토끼와 원숭이』(1946), 이주홍의 동화 『못난 돼지』(1946), 노양근의 동화 『열세 동무』(1946), 임인수의 동화 『봄이 오는 날』(1949) 등이 있다.

이 시기에는 운문이 쇠퇴하고 산문문학이 완성되는 등 장르적으로도 변화가 있었다. 성인문학가들이 아동문학 창작에 참여하면서 소설적 형태를 갖춘 소년소설이 등장했고, 이원수, 마해송에 의해 최초로 장편동화, 생활동화, 환상동화의 유형이 나타났다. 『걸리버 여행기』, 『이솝 이야기』, 『로빈슨 크루소』 등 외국명작을 번역한 책도 다수 출간되며 아이들의 읽을거리가 풍성해졌다. 하지만 아동문학 시장이 양적으로 팽창하고, 사회적 혼란이 지속되는 가운데 조악한 단행본이나 만화가 무분별하게 출간되는 등 혼란이 가중되기도 했다.

5) 통속팽창기(1950~1960년)

1950년대는 6 · 25 전쟁으로 인한 경제적 파탄과 정치, 문화적 혼란으로 많은 분야에서 어려움을 겪어야 했다. 물론 출판계도 예외는 아니었다. 전쟁으로 인해 출판시설이 파괴되고, 잡지 매출이 줄어들면서 사정이 악화되자 아동문학계도 변질되기 시작했다. 대중의 기호와 흥미에 맞춘 상업적 통속문학들이 등장한 것이다. 특히 성인문학의 인기 작가들이 대거 아동문학에 참여함으로써 이런 경향은 심화되었다(김자연, 2003). 1954년 이후 통속적 정기간행물과 만화가 범람했고, 흥미 위주의 소년소설, 탐정모험물, 명랑소설, 공상과학소설 등이 주류를 이루었다.

이런 와중에 마해송, 이원수, 강소천 등이 문학의 통속화를 극복하고 순수문학을 보호, 발전시키기 위해 꾸준히 창작활동을 펼쳤다. 주요 작품으로는 마해송의 『떡배 단배』(1953), 이원수의 『숲속나라』(1953), 강소천의 『꽃신』(1953), 이주홍의 『아름다운 고향』(1954) 등의 동화집과 서덕출의 『봄편지』(1951), 이종택의 『새싹의 노래』(1956), 박은종의 『호롱불』(1958) 등의 동시집이 있다. 황순원의 『산골아이』, 『소나기』 등 대표적인 소년소설도 발표되었다.

통속팽창기는 아동문학 발전의 침체기로, 1960년대 본격 문학시대로의 다리 역할을 했다고 할 수 있다. 또한 각종 문학단체 내에 아동문학 분과가 설치되고, 1950년대 후반 일간 신문의 신춘문예 제도가 확립되는 등 현대적 아동문단이 형성되고 공인을 받는 계기가 되기도 하였다.

6) 정리형성기(1960~1970년)

1960년의 4 · 19는 아동문학계의 자각과 반성의 실마리를 가져와 아동문학을 본격문학으로 정리, 형성하게 하는 강력한 배경이 되었다(유창근, 1997). 즉, 4 · 19를 계기로 역사의식에 대한 자각이 고조되어 문학의 주제성에 관심이 많아졌고, 아동문학계에서도 문학의 본질에 충실하려는 자성의 움직임들이 나타났다. 1950년대에 팽배했던 대중적 상업주의와 비문학성, 교훈주의에 대한 반발과 반성이 일어났고, 이를 해소하기 위한 정리작업들이 펼쳐졌다. 보통 이 시기를 정리형성기라고 하는데, 구체적인 배경을 살펴보면 다음과 같다.

첫째, 동인 중심의 순수아동문학단체들이 결성되었다. 1966년에 동시인동인회가 창립되어 동시도 시여야 한다는 주장을 하며 동시 본연의 모습을 찾기 위해 노력했고, 1968년에는 한국동화문학회가 창립되면서 동화가 문학으로서 정착되어야 한다는 의식을 가지고 동화의 성장을 도모했다. 이들 단체는 동인지를 발간하고 각종 문학행사를 진행함으로써 작품의 질적 향상을 꾀했고, 아동문학의 새로운 방향을 제시해 주는 역할을 하였다.

둘째, 각종 아동문학상이 제정되어 창작활동이 활발해졌다. 문학상을 통해 역량 있는 신인들이 대거 등단하였고, 문학적 검증이 이루어진 작품들이 많아지면서 아동문학의 질적 향상을 가져왔다. 소천아동문학상(1965), 해송동화상(1967), 세종아동문학상(1968), 한정동아동문학상(1969) 등이 대표적이다.

셋째, 아동문학 발표의 장인 다양한 아동잡지가 발행되었다. 대표적인 잡지로는 『새소년』(1964), 『소년세계』(1966), 『어깨동무』(1967), 『소년중앙』(1969), 『소년동아』(1964), 『소년조선』(1965) 등이 있다. 이러한 잡지들은 본격 아동문학운동에 중요한 역할을 해 주었다.

넷째, 아동문학 출판물들의 정리 작업이 이루어졌다. 세계명작시리즈와 『한국아동문학전집』(12권, 1964), 『강소천 아동문학전집』(1963~1964), 『소파 아동문학전집』(1969) 등이 대표적이다. 이를 통해 작가들의 창작 의욕을 높이고, 반성과 자각의 계기를 마련하였다.

다섯째, 아동문학가들이 국내 유수의 문학상을 수상하며 아동문학에 대한 인식이 달라지기 시작하였다. 1957년 자유문학상을 받은 마해송을 시작으로, 1961년 윤석중이 3 · 1문학상을, 1963년 강소천이 5월 문예상을, 1964년 마해송이 한국문학상을 수상하였다.

이 시기 주요 단행본으로는 마해송의 『마해송 동화집』(1962), 이원수의 『파란 구슬』(1960), 김요섭의 『날아다니는 코끼리』(1967)가 있고, 동시집으로는 이원수의 『빨간 열매』(1964), 윤석중의 『바람과 연』(1966) 등이 있다. 1962년에 출간된 김인평의 『창경원』은 근대적 의미에서 최초의 그림책이라고 평가받는다(류재수, 1985). 이후 인쇄술의 발달로 컬러 그림이 등장하면서 아동문학이 한 단계 성장하는 데 큰 영향을 주었다.

『바람과 연』(윤석중, 1966)
윤석중 선생 탄생 100주년 기념으로
2011년 재미마주에서 다시 발간함

잡지 『어깨동무』

7) 비평발전기(1970~1988년)

1971년에 아동문단은 '한국아동문학가협회'와 '한국아동문학회'로 양분되었다가, 1979년에 '한국현대아동문학가협회'가 창립되면서 삼분되었다. 이는 문단의 파벌화 인상을 주기도 하였으나, 기관지 발행을 통해 아동문학의 발전 방향 등의 비평이 활발해지기도 하였다(공인숙 외, 2013). 또한 『아동문학사상』과 『아동문학평론』, 『아동문예』 등이 창간되어 침체한 아동문학 평론 활동에 활기를 불어넣었으며, 이를 계기로 아동문학 사상에 새로운 전기가 마련되고 이론적 기초가 형성되었다.

이 시기 두드러진 특징으로는 창작과비평사, 웅진출판사 등이 국내 아동문학가들의 창작동화와 아동소설 전집을 발간한 점이다. 대표적으로 『웅진 아동문고』, 『창비 아동문고』, 『한국아동문학총서』, 『소년 · 소녀 한국창작 동화』, 『이원수 아동 문학전집』, 『새의 벗 윤석중 전집』 등이 있다. 동시 분야에서는 서사시, 동화시, 연작시 등 다양한 형태의 시들이 등장하며 변화를 모색했다. 주요 동화작가로는 권정생, 정채봉, 강재규, 송재찬 등이 있고, 동시 작가로는 정두리, 박두순, 문삼석 등이 있다.

1980년대에는 교육에 대한 관심이 커지면서 학습 위주의 전집들이 활발하게 출판되었고, 어린이 만화잡지 『보물섬』(1982)이 창간되면서 문예잡지들의 인기가 떨어졌다. 컬러텔레비전의 영향으로 아동도서들도 컬러로 바뀌기 시작했고, 대형서점이 출현하여 유통구조가 바뀌었다. 1980년에는 어린이책 비평 · 연구모임인 '어린이도서연구회'가 설립되어 권장도서목록과 『동화 읽는 어른』을 발간하였고, 도서벽지에 좋은 책 보내기 활동을 하여 어린이 교육문화 운동을 펼치기도 했다(김세희, 2000). 또한 대학의 유아교육과와 아동 관련 학과에 '아동문학'이라는 과목이 개설되면서 학문적 영역이 구축되었다. 1987년에는 국내 저작권법이 세계저작권협약을 수용하면서 국내외 저작물의 무단 복제, 출판 관행이 사라지기 시작했다. 이에 따라 국내 작가의 창작활동이 활성화되었다(조은숙, 2006).

잡지 『동화 읽는 어른』

『몽실 언니』
(권정생, 창작과비평사, 1984)

권정생의 대표작으로, 1981년에 발표되었고 단행본으로 만들어진 후 여러 차례 개정판이 나오며 지금까지도 꾸준히 사랑받고 있음

8) 중흥기(1988~1999년)

1980년대 후반 이후 아동문학계에서는 전쟁과 분단, 가난이라는 주제를 탈피하여 다양한 소재와 주제의 작품들이 발표되었고, 판타지, 사실동화 등 장르도 다양해지며 중흥기를 맞게 되었다. 출판사나 문학단체들이 주최하는 아동문학 공모전이 활성화되면서 아동문학작가로의 등단방법이 다양해지고, 이를 통해 참신하고 개성 있는 작품들이 출간되기도 하였다. 주요 작품으로는 채인선의 『그 도마뱀 친구가 뜨개질을 하게 된 사연』, 『내 짝꿍 최영대』, 황선미의 『나쁜 어린이 표』, 이금이의 『영구랑 흑구랑』, 이가을 단편집 『가끔씩 비 오는 날』, 위기철의 『쿨쿨 할아버지 잠깬 날』 등이 있다. 주요 동시작가로는 김용택, 임길택 등이 있고, 초기 그림책을 이끌었던 1세대 작가로는 이우경, 홍성찬 등이 있다.

1990년대 초반부터는 시공주니어와 비룡소, 보림, 길벗어린이 등을 중심으로 다양한 소재를 다룬 국내외 그림책이 출판되기 시작하면서 아동문학이 두각을 나타냈다. 주요 창작작품으로는 류재수의 『백두산 이야기』, 정승각의 『까막나라에서 온 삽사리』, 이억배의 『솔이의 추석 이야기』, 전통문화 그림책인 『솔거나라』 시리즈, 박은영의 『기차 ㄱㄴㄷ』, 권정생의 『오소리네 집 꽃밭』, 이영경의 『아씨방 일곱 동무』, 권윤덕의 『만희네 집』 등이 있다.

1990년대 중반부터는 컴퓨터가 보편화되면서 아동을 위한 동화 사이트가 증가하고, CD-ROM 형태로 동화를 제작 · 보급하기도 했다. 어린이 도서에 대한 신간 소개, 동화 비평 등 다양한 아동문학 관련 정보를 제공하는 각종 인터넷 사이트가 생겨나고, 작가와 평론가들이 개인 홈페이지를 제작하여 독자와 거리를 좁히려는 노력도 하기 시작했다(이성은, 2003). 1995년에는 대학의 유아교육과 및 아동학과의 교수들을 주축으로 '한국어린이문학교육연구회'가 창립되어 그림책 발전 및 어린이 문학교육 이론과 실제에 관한 다양한 연구를 실시하고 학술대회를 개최하여 연구결과를 보급하였다. 1996년에는 국제아동청소년도서협의회(IBBY) 한국지부

『백두산 이야기』(1988)

『아씨방 일곱 동무』(1998)

『솔이의 추석 이야기』(1995)

『내짝꿍 최영대』(1997)

(KBBY)가 결성되어 한국 동화와 그림책들을 알리는 다양한 활동을 하기 시작했다. 또한 어린이책 전문서점이 출현하였고, 좋은 책을 선정하려는 움직임이 많아지면서 아동문학에 대한 평론활동도 활성화되었다. 아동문학 연구 집단이나 동호회, 어린이 책방인 '초방' 등을 통해 비평이 활성화되고, 독서문화 운동이 일어나기도 했다.

9) 확장발전기(2000년~현재)

1990년대 말 IMF의 여파로 출판시장은 크게 침체되었다. 하지만 대형출판사들이 아동문학에 관심을 갖기 시작하면서 아동문학은 오히려 더욱 확장되고 발달하였다. 다양한 소재의 창작동화, 과학동화, 경제동화, 수학동화, 역사동화, 탐정동화를 비롯하여 그리스 로마 신화, 세계역사 만화 등이 활발하게 출간되며 양적·질적으로 눈부신 성장을 이루었다.

2000년대 후반기에는 동화와 동시가 그 고유 장르의 한계를 넘어 변화하는 양상을 보였다. 첫째, 동화의 소설화 경향은 주변 환경의 변화와 내포독자로서의 아동상의 변모에 남다른 자극을 받은 작가들에 의해 일어난 것이다. 그들은 서사문학의 다양성과 풍성함을 동화에 가미함으로써 아동문학의 수준을 끌어올렸으며, 이는 긍정적인 의의로 받아들일 만하다. 둘째, 동시의 경계 넘나들기 경향은 동시인들 간에 일어난 동시의 개념 확장과 질적 수준 향상의 발로다(신헌재, 2011). 2005년 『최승호 시인의 말놀이 동시집』 출간을 계기로 성인 시인들이 동시 창작에 적극적으로 참여하면서 주제나 형식 면에서 다양한 동시가 나타났고, 『동시마중』 같은 동시 전문잡지가 출간되는 등 동시의 발전을 위한 노력들이 행해졌다.

이 시기 주요 창작동화로는 황선미의 『마당을 나온 암탉』, 김진경의 『고양이 학교』, 원유순의 『까막눈 삼디기』, 김향이의 『달님은 알지요』, 김중미의 『괭이부리말 아이들』, 고정욱의 『아주 특별한 우리 형』, 배유안의 『초정리 편지』, 이금이의 『너도 하늘말나리야』, 유은실의 『나의 린드그렌 선생님』, 한정기의 『플루토 비밀 결사대』 시리즈 등이 있고, 주요 동시집으로는 최승호의 『최승호 시인의 말

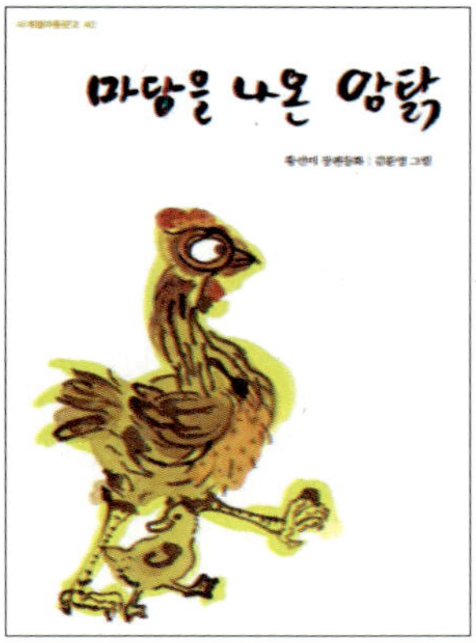

『마당을 나온 암탉』(2002)

『고양이 학교』(2001)

『달님은 알지요』(2004)

『플루토 비밀결사대』(2005)

놀이 동시집』 시리즈, 김용택의 『콩, 너는 죽었다』 등이 있다.

그림책 시장 또한 눈부시게 성장하였다. 다양한 주제와 기법, 내용을 지닌 세계 그림책들이 활발하게 번역 출간되었고, 한국적인 정서와 문화를 재미난 글과 신선한 이미지에 담은 전래동화 그림책, 우리 문화 그림책도 계속 변화 · 발전하였다. 창작과비평사의 『우리시그림책』 시리즈나 길벗어린이의 『작가앨범』 시리즈처럼 기존에 발표되었던 시나 동화를 그림책으로 재구성하여 그림책의 새로운 가능성을 보여 주려는 의미 있는 시도도 있었다. 중견 및 신인 작가들의 기발한 상상력과 개성 있는 일러스트레이션을 바탕으로 한 창작그림책들도 꾸준히 증가하고 있다. 이런 노력 덕분에 한국 그림책은 볼로냐 라가치상, BIB 일러스트레이션 상 등 국제적 그림책 상을 수상하며 작품성을 인정받고 세계 시장으로 진출하고 있다. 특히 볼로냐 어린이도서전에서는 2004년 『지하철은 달려온다』로 첫 라가치상을 수상한 이후 2010년을 전후한 시기부터는 거의 해마다 수상작이 나오고 있다. 2020년에는 따듯한 이야기와 입체 일러스트로 많은 독자의 사랑을 받고 있는 『구름빵』의 작가 백희나가 아스트리드 린드그렌상을 수상하였고, 2022년에는 『파도야 놀자』, 『그림자놀이』, 『거울속으로』 등을 통해 글 없는 그림책의 매력과 무한한 상상력을 보여 준 작가 이수지가 어린이문학의 노벨상이라 할 수 있는 안데르센상을 수상하며 한국 그림책의 위상을 드높였다.

『구름빵』(2004)

『파도야 놀자』(2009)

『지하철은 달려온다』(2003)

『눈물바다』(2009)

그 외 주요 그림책으로는 최숙희의 『괜찮아』, 서현의 『눈물바다』, 권윤덕의 『고양이는 나만 따라 해』, 고경숙의 『마법에 걸린 병』, 정진호의 『벽』, 김상근의 『두더지의 소원』, 박정섭의 『감기 걸린 물고기』, 이기훈의 『빅 피쉬』 등이 있다.

최근에는 순천시립그림책도서관 같이 그림책만을 위한 도서관이 전국 곳곳에 생겨나고 그림책놀이, 원화 전시회 등이 활발히 이루어지고 있으며, 그림책을 읽고 연구하는 어른들의 모임이 만들어지는 등 남녀노소 그림책을 즐기는 문화가 확산되고 있다. 2024년에는 문화체육관광부와 한국출판문화산업진흥원에서 주관하는 '대한민국 그림책상' 공모전이 시작되는 등 한국 그림책과 출판사에 대한 정부의 지원도 적극적으로 이루어지고 있다.

2. 세계 아동문학의 역사

세계 어느 나라나 아이들을 위한 읽을거리가 처음부터 만들어진 것은 아니다. 근대 이전에는 '아동기'에 대한 개념도 없었고, 어린이를 단순히 어른의 축소판이라 여겼기 때문에 아동문학의 필요성에 대한 인식조차 없었다. 아동문학 시장이 형성되기 위해서는 경제적 이윤을 남길 만한 큰 시장이 있어야 하고, 많은 사람이 글을 읽고 쓸 줄 알아야 했다. 하지만 무엇보다 중요한 것은 아동에 대한 관점의 변화였다.

18세기 후반 프랑스의 사상가 장 자크 루소(Jean-Jacques Rousseau, 1712~1778)의 소설 『에밀』(1762)이 출간되면서 근대적 아동관이 성립되기 시작했고, 이를 토대로 19세기에는 진정한 의미의 아동문학이 생겨났다. 아동을 성인과 동등한 인격체로 인정하고, 고유의 성장과 발달에 필요한 교육과 보호를 해야 한다는 인식이 생기면서 어린이만을 위한 문학이 만들어진 것이다. 18세기 말에서 19세기 초 유럽 전역에서 발생한 낭만주의사상과 낭만주의문학 또한 아동에 대한 시각에 변화를 주었고 아동문학에 큰 영향을 미쳤다.

19세기는 근대적 아동관과 낭만주의의 영향으로, 아동을 대상으로 한 본격적인 아동문학이 출현하였다. 근대 아동문학의 창시자 안데르센에 의해 새로운 창작문학의 기틀이 마련되었고, 기존의 교육적이고 교훈적인 작품 대신 『이상한 나라의 앨리스』 같이 아이들의 흥미와 상상력을 자극하는 환상동화와 가정이나 학교생활을 다룬 생활동화들이 나오기 시작했다. 또한 삽화의 중요성이 부각되면서 그림책도 등장했다. 뿐만 아니라 인문주의를 바탕으로 한 문맹률의 저하, 근대적 출판업의 등장, 뉴베리 서점을 필두로 하는 아동문학 유통의 시작 등으로 인해 19세기의 아동문학은 비약적으로 발전하였다(Townsend, 2000).

20세기는 아동문학의 전성기였다. 제2차 세계대전 이후 영국과 미국에서는 아동도서를 대량으로 출판하며 양적 성장을 이끌었고, 국가적으로 아동도서에 대한 제도적 · 재정적 지원을 확대해 나갔다. 아동서점과 도서관이 증가했으며, 국제아동도서전이 개최되어 책의 유통과 저작권 판매가 활발해졌다. 아동도서에 대한 진지한 비평이 활성화되고, 다수의 아동문학상이 제정되어 좋은 작품이 나올 수 있는 풍토도 만들어졌다. 이를 바탕으로 오늘날의 아동문학은 공상과학동화, 환상동화, 모험동화, 탐정동화, 동물이야기, 역사동화, 생활동화 등 다양한 장르를 아우르며 발전하고 있다. 또한 영유아 도서에 대한 요구와 인쇄기술의 발달로 인해 그림책이 양적 · 질적으로 획기적인 발전을 하며 아동문학의 중심 장르로 떠올랐다.

다음에서는 서양 아동문학의 발달을 이끌었던 대표적인 국가들을 중심으로 아동문학의 흐름과 대표 작가 및 작품을 구체적으로 살펴보고자 한다.

1) 영국의 아동문학

(1) 19세기 이전

영국은 일찍부터 아동교육과 자녀교육에 관심이 많았다. 따라서 아동문학도 다른 어느 나라보다 먼저 발생하였다(이춘희, 2005). 영국 최초로 인쇄를 시작한 윌리엄 캑스턴(William Caxton, 1422~1491)은 1474년부터 민간설화와 전설, 우화, 교훈서 등 다양한 읽을거리를 발행했다. 대부분 성인을 위한 책이었으나 아동들에게

도 널리 읽혔다. 18세기 초까지도 아동문학이라고 할 만한 제대로 된 책이 없었기 때문에 아이들은 성인소설 중 존 번연(John Bunyan, 1628~1688)의 『천로역정』(1678), 대니얼 디포(Daniel Defoe, 1660~1731)의 『로빈슨 크루소』(1719), 조너선 스위프트(Jonathan Swift, 1667~1745)의 『걸리버 여행기』(1726) 같이 흥미로운 책들을 찾아 읽었다. 『로빈슨 크루소』와 『걸리버 여행기』는 18세기 시민계급을 배경으로 하는 근대소설로, 영국문학의 흐름은 물론 세계 아동문학에 영향을 끼쳤는데, 동심이 추구하는 모험과 환상의 가치를 인식시킴으로써 아동문학이 태동하는 계기를 마련하였다(노운서 외, 2013).

『걸리버 여행기』 초판(1726)

18세기 중반 산업혁명을 기점으로 영국에서는 아동도서가 활발하게 출판되기 시작했고 아동서점도 등장했다. 그 중심에 출판업자 존 뉴베리(John Newberry, 1713~1767)가 있었다. 그는 가격이 싸고 크기가 작은 챕북(chapbook)을 만들어 아동문학의 대중화에 기여했다. 짧고 단순한 이야기에 그림이 많았던 챕북은 당시 특권계급의 전유물로만 여겨지던 책이 서민들에게도 보급되었다는 점에서 최초의 대중서적이라 할 수 있다. 또한 책에서 그림의 중요성이 부각되면서 오늘날 그림책의 전형이 되었다. 뉴베리는 1750년경 런던에 세계 최초로 아동을 위한 서점을 열어 큰 성공을 거두기도 하였다. 미국에서는 존 뉴베리를 기념하고자 1922년부터 뉴베리상을 제정하여 해마다 가장 우수한 아동도서에 이 상을 수여하고 있다.

(2) 19세기

영국의 아동문학은 19세기 아동문학을 주도하면서 획기적으로 발전하였다. 찰스 램(Charles Lamb, 1775~1834)과 메리 램(Mary Lamb, 1764~1847) 남매를 시작으로 실력 있는 작가들이 대거 등장했다. 1807년 램 남매는 최초로 아동을 대상으로

셰익스피어의 작품을 재구성하여 『셰익스피어 이야기』를 출간했다. 이후 찰스 디킨스(Charles Dickens, 1812~1870)의 『올리버 트위스트』(1838), 『크리스마스 캐럴』(1843), 찰스 킹슬리(Charles Kingsley, 1819~1875)의 최초의 환상동화 『물의 아이들』(1863) 등이 출간되었다.

1865년에는 루이스 캐럴(Lewis Carroll, 1832~1898)이 『이상한 나라의 앨리스』를 내놓으며 아동문학의 절정기를 열었다. 본격적인 환상동화인 『이상한 나라의 앨리스』는 기존의 작품들과 달리 아이들에게 순수한 즐거움과 기쁨을 주기 위해 쓰였다는 점에서 큰 의의가 있다. 옥스퍼드 대학교의 수학교수이자 목사였던 도지슨은 학장의 딸 앨리스에게 들려주었던 이야기를 바탕으로 직접 그림까지 그려 『앨리스의 땅속나라모험』을 완성했으며, 이를 보완하여 루이스 캐럴이라는 필명으로 『이상한 나라의 앨리스』를 출간했다. 공상과 흥미로운 모험들로 가득한 이 책은 폭발적인 인기를 얻었고, 1871년에는 후속작 『거울나라의 앨리스』가 출간되었다.

이후 환상문학의 고전으로 평가받는 조지 맥도널드(George Macdonald, 1824~1905)의 『북풍의 등에서』(1871), 로버트 스티븐슨(Robert L. Stevenson, 1850~1894)의 『보물섬』(1883), 러디어드 키플링(Joseph Rudyard Kipling, 1865~1936)의 『정글북』(1894), 헬렌 배너먼(Helen Bannerman, 1862~1946)의 『꼬마 깜둥이 삼

『앨리스의 땅속나라 모험』(1864)

『이상한 나라의 앨리스』 초판 표지

『이상한 나라의 앨리스』 삽화(1865)

보』(1899) 등이 출판되었다. 『꼬마 깜둥이 삼보』는 하인리히 호프만(Heinrich Hoffmann, 1809~1894)의 『더벅머리 페터』(1845)와 함께 일상생활을 소재로 한 생활동화의 근거를 마련했다고 평가된다(노운서 외, 2013).

19세기에는 고전적인 그림책들이 출판되기 시작했다. 챕북이 급속히 대중화되자 제작의 질적 수준에 문제가 생기기 시작했는데, 이를 누구보다 걱정했던 사람은 당대 최고의 조판사이자 출판업자였던 에드먼드 에번스(Edmund Evans, 1826~1905)다. 좋은 그림책을 만들기 위해 본격적으로 제작에 착수한 그는 세 명의 거장을 만들어 냈고 그림책 역사의 황금시대를 이루어, 최초의 그림책 전성기를 열었다(신명호, 2009). 세 거장은 바로 월터 크레인과 케이트 그리너웨이, 랜돌프 칼데콧이다. 에번스는 경제적 · 기술적 지원을 아끼지 않았고 이러한 노력 덕분에 지금까지도 소장 가치가 있는 아름답고 예술적인 그림책들이 만들어졌다.

월터 크레인(Walter Crane, 1845~1915)은 주로 옛이야기, 전설, 동요 등을 소재로 한 이야기에 새로운 표현기법과 편집디자인을 가미하여 아름다운 채색 그림책을 만들어 냈다. 1864년 첫 책을 선보인 이후 『개구리 왕자』, 『이솝이야기』 등 50여 권을 남겼다.

『개구리 왕자』(1874)

『이솝이야기』(1877) 표지

『이솝이야기』(1877) 본문

케이트 그리너웨이(Kate Greenaway, 1846~1901)는 화가로서의 뛰어난 재능과 문학적 소질을 발휘하여 당대 그림책의 수준을 높였다. 1877년에 에번스와 함께 만든 첫 그림책 『창가 아래서』는 매력적인 글과 시, 우아하고 섬세한 그림, 심혈을 기울여 만든 다색 목판인쇄가 어우러져 아름다운 예술작품이 되었고, 비싼 가격에도 불구하고 당시 7만 부 판매라는 대기록을 세웠다. 그 외 작품으로는 『하멜른의 피리 부는 사나이』 등이 있다. 1956년 영국도서관협회는 그를 기념하기 위해 '케이트 그리너웨이상'을 제정하여 매년 영국에서 발행된 어린이책 중 그림이 가장 뛰어난 일러스트레이터에게 시상하고 있다.

『창가 아래서』(1877) 표지

『창가 아래서』(1877) 본문

『하멜른의 피리 부는 사나이』(1877) 본문

랜돌프 칼데콧(Randolph Caldecott, 1846~1886)은 에번스의 후원으로 1878년부터 1886년 세상을 떠날 때까지 크리스마스 때마다 그림책을 2권씩 출간하여 총 16권의 그림책을 남겼다. 주로 짧은 시와 전래동요, 희극, 시 등을 바탕으로 그림책을 제작했으며, 작품으로는 『존 길핀의 유쾌한 이야기』, 『익살꾸러기 사냥꾼 삼총사』, 『숲 속의 어린이들』 등이 있다. 그는 배경과 인물 묘사를 생략하고 최소한의 선만으로 인물의 성격과 이야기의 이미지를 그려 내어 독자들이 일러스트레이션에 구속받지 않고 그림책을 자유롭게 즐길 수 있게 하였다. 1938년 미국 도서관 협회에서는 그를 기념하기 위해 '칼데콧상'을 제정하여 매년 전년도 우수 그림책에 상을 주고 있다.

『존 길핀의 유쾌한 이야기』(1878)

『숲 속의 어린이들』(1879)

『익살꾸러기 사냥꾼 삼총사』(1880) 본문

(3) 20세기

20세기에는 19세기에 이어 환상동화가 활발하게 출간되었다. 대표적인 작품으로는 제임스 배리(James M. Barrie, 1860~1937)의 『피터 팬』(1911)을 들 수 있다.

영원히 어른이 되지 않는 매력적인 주인공 피터 팬의 공상과 흥미진진한 모험이 가득한 이 작품은 남녀노소 모두가 좋아하는 고전명작이 되었다. 1926년에는 앨런 밀른(Alan Alexander Milne, 1882~1956)의 『곰돌이 푸우 이야기』가 출판되었다.

『곰돌이 푸우 이야기』는 밀른이 아들에게 들려주기 위해 쓴 작품으로, 유아의 세계를 정확하게 파악했을 뿐 아니라 먹보 푸우를 통해서 유아의 심리상태를 잘 보여 주고 있으며, 유머와 풍자가 알맞게 접목되면서 순박한 어린이의 마음을 잘 드러내 준다(유창근, 1997). 1934년에 출간된 패멀라 트래버스(Pamela Travers, 1899~1996)의 『메리 포핀스』는 계속해서 후속편이 나올 정도로 좋은 반응을 얻었다.

1954년에는 현대 판타지의 바이블로 평가받는 톨킨(J. R. R. Tolkien, 1892~1973)의 『반지의 제왕』이 출간되었다. 1950년에는 톨킨과 함께 영국 3대 판타지 작가 중 한 명으로 꼽히는 C. S. 루이스(Clive Staples Lewis, 1898~1963)의 『나니아 연대기』(1950~1956) 시리즈 중 첫 권인 『사자와 마녀와 옷장』이 출간되었다.

1958년에는 필리파 피어스(Philippa Pearce, 1920~2006)의 대표작 『한밤중 톰의

정원에서』가 출간되었는데, 그는 이 작품으로 카네기상을 받으며 영국 어린이 문학계의 대표작가로 떠올랐다. 1967년에는 재미난 이야기꾼 로알드 달(Roald Dahl, 1916~1990)의 『찰리와 초콜릿 공장』이 출간되어 아이들에게 큰 사랑을 받았다.

1997년에는 조앤 롤링(Joan K. Rowling, 1965~)의 『해리 포터』 시리즈(전 7권)가 출간되기 시작했다. 이 시리즈는 지금까지 100여 개 나라에 소개되었고, 성경 다음으로 많이 팔린 책으로 기록되었다. 2001년에는 영화로도 만들어지기 시작해 10년 동안 8편의 후속편이 나왔다. 스마티즈상을 비롯하여 많은 문학상을 받았고, 세계 최우수 아동 도서로 선정되는 등 작품성 또한 인정받으며 명실공히 21세기 고전으로 평가받고 있다.

영국은 동화뿐 아니라 그림책의 발달에 있어서도 중심적인 역할을 하였다. 1902년에 20세기 현대 그림책의 시작이라 할 수 있는 베아트릭스 포터(Beatrix Potter, 1866~1943)의 『피터 래빗』 시리즈가 출간되기 시작하였다. 이 시리즈는 아이들 손으로 쥘 수 있는 작은 크기와 맑고 부드러운 수채화에 담긴 생생한 동물들, 밝고 생명력 넘치는 이야기로 지금까지도 많은 사랑을 받고 있으며 영국 아동문학의 자랑이 되었다.

『피터 래빗 이야기』(1902)

이후 20세기 영국의 대표적인 그림책 작가로는 찰스 키핑, 브라이언 와일드스미스, 존 버닝햄, 앤서니 브라운 등이 있다. 찰스 키핑(Charles Keeping, 1924~1988)은 1966년 첫 그림책을 출간했으며, 주로 자신의 어린 시절이나 삭막해져 가는 대도시의 모습을 비판적으로 담았다. 『찰리, 샬럿, 금빛 카나리아』(1967)와 『노상강도』(1981)로 케이트 그리너웨이상을 두 번 받은 찰스 키핑은 존 버닝햄, 브라이언 와일드스미스와 함께 영국 3대 그림책 작가로 꼽힌다. 브라이언 와일드스미스(Brian Wildsmith, 1930~)는 다채롭고 화려한 색상을 자유자재로 사용하여 '색채의 마술사'로 불린다. 1962년에 출간한 첫 그림책 『ABC 동물원』으로 케이트 그리너웨이상을 받으며 널리 이름을 알렸다. 존 버닝햄(John Burningham, 1936~2019)은 1963년 첫 그림책 『깃털 없는 기러기 보르카』

로 케이트 그리너웨이상을 받았고, 1970년에 『검피 아저씨의 뱃놀이』로 다시 같은 상을 받으면서 세계적인 작가로 떠올랐다. 간결한 글과 아이가 그린 듯한 자유로운 그림에 아이들의 심리와 상상의 세계를 재치 있으면서도 진지하게 담아내었다. 앤서니 브라운(Anthony Browne, 1946~)은 『고릴라』(1983)와 『동물원』(1992)으로 케이트 그리너웨이상을 두 번 받았으며, 2000년에는 그림책의 노벨상이라 할 수 있는 안데르센상을 받으며 현대를 대표하는 그림책 작가의 반열에 올랐다. 현대사회의 단면을 기발한 상상력과 유머, 자신만의 독특한 시각과 스타일로 담아낸 그의 그림책은 아이들뿐 아니라 어른들의 마음까지 사로잡는 매력을 지녔다.

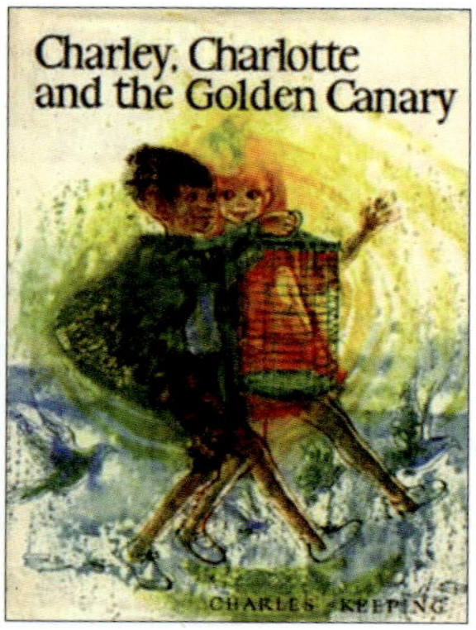

『찰리, 샬럿, 금빛 카나리아』(1967)

『ABC 동물원』(1962)

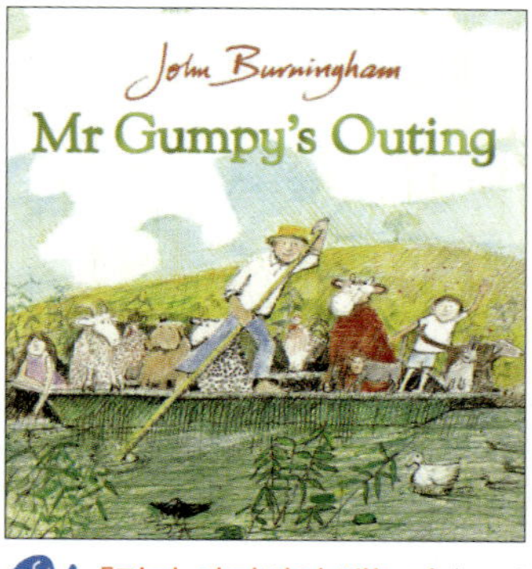

『검피 아저씨의 뱃놀이』(1970)

『고릴라』(1983)

2) 독일의 아동문학

(1) 19세기 이전

17세기 독일에서는 최초의 아동용 그림책이 등장했다. 바로 체코의 사상가이자 교육자인 요한 아모스 코메니우스(Johann Amos Comenius, 1592~1670)가 만든 『세계도회』(1658)다. 『세계도회』는 150장의 목판그림을 통해 세상에 대한 다양한 지식을 쉽게 알려 주는 교육용 책으로, 지식그림책의 출발이라 할 수 있다. '어린이'라는 존재를 인정하고 그들의 특성과 성장을 고려한 교육을 실행했다는 점, 누구에게나 평등한 교육기회를 제공한다는 범사회적인 자세에서 출발했다는 점 그리고 삽화를 체계적으로 처리하여 시각적인 매력과 역할을 충분히 살리면서 내용 이해와 지식 습득을 추구했다는 점(신명호, 2009)에서 큰 의의가 있다.

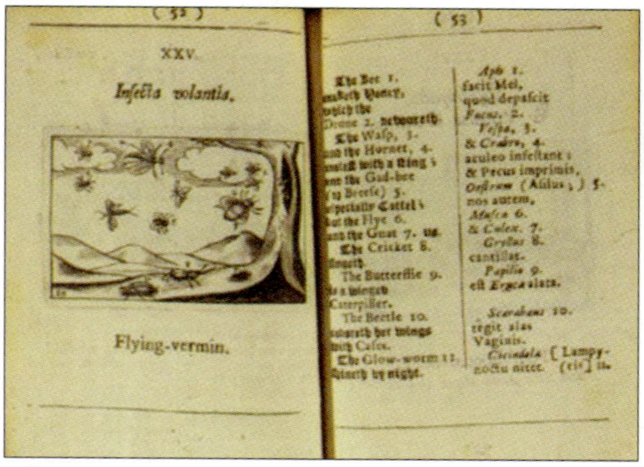

『세계도회』(1658) 본문

(2) 19세기

1805년에는 독일 최초의 아동문학으로 알려진 민담집 『소년의 마술피리』(1805~1808)가 출간되었다. 아힘 폰 아르님(Karl Joachim Friedrich Ludwig von Arnim, 1781~1831)과 클레멘스 브렌타노(Clemens Brentano, 1778~1842)가 함께 펴낸 작품으로, 독일의 옛민요와 민담, 찬미가 등 600여 편이 수록되었다.

1812년에는 야코프 그림(Jacob Grimm, 1785~1863)과 빌헬름 그림(Wilhelm Grimm, 1786~1859) 형제가 독일의 전설과 민담을 채록한 이야기 모음집 『어린이와 가정을 위한 동화집』을 출간하여 세계 아동문학의 발달에 커다란 영향을 미쳤다. 언어학자이자 문헌학자였던 그림 형제는 독일 여러 지방의 전설과 민담을 채록하고, 이를 연구 · 분석하여 잔인하거나 외설적인 요소들을 제거하는 등 아이들

『어린이와 가정을 위한 동화집』(1812)

에게 맞게 재구성하였다. 1812년부터 1857년까지 수정 · 보완된 이 동화집에는 약 200편의 이야기가 실려 있다. 그림 형제의 동화집은 자료의 정확성뿐 아니라 문학적 · 예술적으로도 뛰어난 작품으로 인정받고 있다. 대표적인 작품으로는 『헨젤과 그레텔』, 『브레멘의 음악대』, 『개구리 왕자』, 『라푼젤』 등이 있다. 이 이야기들은 독일은 물론 전 세계에 널리 알려졌으며, 전승문학이 아동문학으로 성립하는 데 큰 공헌을 하였다. 이런 점이 인정되어 그림 형제는 안데르센과 함께 세계 아동문학사에 가장 뛰어난 인물로 평가되고 있다(노운서 외, 2013).

1816년에는 E.T.A. 호프만(Enerst Theodor Amadeus Hoffmann, 1776~1822)이 『호두까기 인형』을 발표했다. 이 작품은 호프만이 친구의 아이들을 위해 쓴 이야기로, 본래 제목은 '호두까기 인형과 생쥐 왕'이었다. 그러나 1892년 이를 모티브로 만든 차이콥스키의 발레극 「호두까기 인형」이 유명해지면서 지금의 제목으로 더 많이 알려지게 되었다.

(3) 20세기

독일의 20세기 대표 아동문학작품으로는 발데마르 본젤스(Waldemar Bonsels, 1880~1952)의 『꿀벌 마야의 모험』(1912), 에리히 캐스트너(E. Kästner, 1899~1974)의 『하늘을 나는 교실』(1933) 등이 있다. 현대 독일문학을 대표하는 작가이자 나치즘에 저항한 지식인으로 잘 알려진 캐스트너는 특유의 날카로운 풍자와 재치 있는 유머, 발랄한 상상력으로 아이들의 마음을 사로잡은 아동문학가로도 유명하다. 『하늘을 나는 교실』은 아동소설의 걸작으로 평가받는다.

1960년대 이후 독일을 대표하는 작가는 미하엘 엔데(Michael Ende, 1929~1995)다. 그는 첫 작품 『짐 크노프와 기관차 루카스』(1960)로 독일청소년 문학상을 수상하며 작가의 길에 들어섰다. 이후 『모모』(1973)와 『끝없는 이야기』(1979) 등을 출간하며 세계적인 판타지 아동문학가로 이름을 알렸다.

엔데가 세상을 떠나자, 세계 언론에서는 '동화라는 수단을 통해 돈과 시간의 노예가 된 현대인을 비판한 철학가'라고 평하며 그의 죽음을 애도했다.

『모모』(1973)

3) 프랑스의 아동문학

(1) 19세기 이전

1668년에 프랑스의 시인 라 퐁텐(Jean de La Fontaine, 1621~1695)이 이솝우화와 로마 시기 우화들을 운문으로 각색하여 『우화집』을 펴냈다. 동물들을 인간에 빗대어 인간사를 풍자한 이 작품에는 총 124편의 이야기가 실려 있다. 잘 알려진 이야기로는 「개미와 베짱이」, 「시골 쥐와 도시 쥐」, 「토끼와 거북이」 등이 있다. 당시 아이들 교육용으로 활용되었던 우화는 문학적 가치를 인정받지 못했지만, 라 퐁텐의 우화시는 프랑스 고전주의 시문학을 대표할 만큼 탁월하다는 평가를 받았다.

1697년에는 샤를 페로(Charles Perrault, 1628~1703)가 자녀들에게 들려주기 위해 구전되어 오던 옛이야기를 재화하여 『페로 동화집』을 펴냈다. 이 책은 아동을 직접적인 독자로 인식하고 쓴 최초의 작품이라는 점에서 큰 의의가 있으며, 이로 인해 페로는 세계 최초의 아동문학 작가이자 '근대 아동문학의 아버지'라 불린다. 페로의 동화집은 교훈과 풍자가 가득하고, 아름답고 간결한 문장으로 인해 아이들에게 큰 사랑을 받았다. 대표적인 이야기로는 「잠자는 숲속의 미녀」, 「빨간 모자」, 「장화 신은 고양이」, 「신데렐라」 등이 있다.

『페로 동화집』(1697) 표지와 본문

(2) 19세기

근대적 아동관이 성립된 19세기 프랑스에서는 아동문학에 대한 관심이 높아졌고, 아동잡지와 아동신문의 발간이 활발해져 작가들의 등용문이 되었다. 아동잡지를 통해 잘 알려진 작가로는 쥘 베른(Jules Verne, 1828~1905)이 대표적이다. 공상과학소설의 선구자인 베른은 과학적 사실과 논리에 근거한 공상과 모험의 세계를 치밀한 구성과 문학적 상상력으로 펼쳐 보이며 많은 사랑을 받았다. 주요 작품으로는 『80일간의 세계 일주』(1872), 『15소년 표류기』(1888) 등이 있다.

(3) 20세기

20세기 프랑스 아동문학을 대표할 만한 작품으로는 1931년에 출간된 장 드 브루노프(Jean de Brunhoff, 1899~1937)의 『코끼리 왕 바바의 모험』이 있다. 이 작품은 아내가 두 아들에게 들려주던 아기 코끼리의 좌충우돌 모험 이야기를 바탕으로 만든 그림책으로, 교훈적이고 도덕적인 기존 책들과 달리 신나는 모험과 상상의 세계를 담아내어 아이들의 마음을 사로잡았다. 그는 그림과 글이 어우러져 함께 이야기를 끌고 나가게 했다는 점에서 오늘날의 그림책에 큰 영향을 준 '현대 그림책의 아버지'라 불리기도 한다.

1945년에 출간된 생텍쥐페리(Antoine de Saint-Exupéry, 1900~1944)의 『어린 왕

자』 또한 20세기 프랑스의 대표적인 작품이다. 소박하면서도 격조 있는 문장에 철학적 깊이와 성찰이 담긴 이 작품은 아이들뿐 아니라 어른들도 사랑하는 세계적인 명작이 되었다.

4) 북유럽의 아동문학

(1) 19세기 이전

북유럽의 대표적인 나라로는 노르웨이, 스웨덴, 핀란드, 덴마크, 아이슬란드 등이 있다. 이 나라들은 본질적으로 공통되는 언어, 습관, 풍속, 신앙이 있다. 이 중에서도 고대 북유럽의 신화 및 영웅전설을 서사시로 엮은 『에다』는 아동을 위한 문학은 아니지만 북유럽의 아이들에게 친숙하게 전해지고 있다. 『에다』는 구비문학의 귀중한 자료 중 하나이며 영국과 독일의 문학에도 많은 영향을 끼친 근대문학의 소중한 원천이다(이춘희, 2005).

(2) 19세기

19세기 초 덴마크의 어촌 마을 오덴세에서는 창작동화의 길을 연 근대아동문학의 거장 한스 크리스티안 안데르센(Hans C. Andersen, 1805~1875)이 태어났다. 그는 세계 아동문학사에서 가장 뛰어난 인물로 평가받고 있다. 안데르센은 1835년 『어린이를 위한 동화집』을 시작으로, 1870년경까지 매해 크리스마스 때 동화집을 출간하였다. 이렇게 발표한 동화가 150여 편에 이른다. 대표적인 작품으로는 「인어공주」, 「눈의 여왕」, 「성냥팔이 소녀」, 「미운 오리 새끼」 등이 있다. 민담이나 전설을 바탕으로 적극적인 상상력을 발휘해 창작한 그의 작품들은 전래문학이 현대의 환상문학으로 발전하는 다리 역할을 하였다. 전승문학을 채록, 집대성한 그림 형제와 달리 안데르센은 전승문학에 바탕을 두었으나 자신만의 자유롭고 풍부한 상상력과 경험을 바탕으로 새로운 이야기를 만들어 낸 것이다. 시적이면서도 간결한 문장과 섬세한 감정 표현, 독창적이고 풍부한 상상력을 지닌 안데르센의 동화는 문학성과 예술성이 뛰어나다는 평가를 받고 있다. 1956년 스위스 취리

한스 크리스티안 안데르센
(1805~1875)

『어린이를 위한 동화집』
(1835)

히에 설립된 국제아동청소년도서협의회(IBBY)에서는 안데르센을 기념하기 위해 '안데르센상'을 제정하여, 2년마다 가장 우수한 동화를 쓴 작가에게 시상해 오고 있다. 1966년부터는 그림책 분야도 신설하였다.

(3) 20세기

20세기 북유럽을 대표하는 아동문학 작가로는 스웨덴의 아스트리드 린드그렌(Astrid Lindgren, 1907~2002)을 들 수 있다. 1945년에 출간한 첫 책 『내 이름은 삐삐 롱스타킹』은 나오자마자 선풍적인 인기를 끌었다. 너무 황당한 이야기라며 출판을 거절당하기도 했던 삐삐 이야기는 전 세계 60여 개 언어로 번역되었고, 40여 편의 영화와 텔레비전 시리즈로도 제작되는 등 지금까지도 많은 사랑을 받고 있다. 장례식에 스웨덴 국왕 내외가 참석하고, 독일에만 그녀의 이름을 딴 초등학교가 150개가 넘을 정도로, 린드그렌은 스웨덴을 넘어 세계적인 아동문학가로 이름을 남겼다.

5) 미국의 아동문학

(1) 19세기 이전

미국의 아동문학은 영국의 영향을 크게 받았다. 17세기에 아메리카 대륙으로 건너간 영국의 아동문학은 청교도주의와 교훈주의가 주가 되었다. 아이들에게 청교도주의를 심어 주고, 문학에도 관심을 갖도록 하기 위한 종교서적과 교본류가 중심이 되어 내용이 그다지 재미있지는 않았다. 그러다가 18세기 후반 영국에서 뉴베리가 출판한 아동도서들이 들어오자 비로소 본격적인 아동문학의 역사가 시작되었다(이춘희, 2005).

(2) 19세기

미국의 아동문학은 19세기 초에 이르러 본격적으로 발전하기 시작하였고, 1820년대 이후에는 유럽 문학의 영향에서 벗어난 독자적인 아동문학의 길이 열렸다.

1852년에 출간된 해리엇 스토(Harriet B. Stowe, 1811~1896)의 『톰 아저씨의 오두막』은 미국 소설로는 처음으로 밀리언셀러를 기록하며 문학사에 커다란 영향을 주었다. 이 작품을 계기로 노예제에 대한 깊은 반감이 일어났으며 노예해방운동과 남북전쟁의 불씨가 되기도 했다. 1868년에는 루이자 메이 올컷(Louisa M. Alcott, 1832~1888)의 『작은 아씨들』이 출간되어 독자들에게 많은 감동을 전해 주었다.

1876년에는 마크 트웨인(Mark Twain, 1835~1910)의 『톰 소여의 모험』이 출간되며, 미국 아동문학의 독자적인 발전에 큰 영향을 주었다. 19세기 미시시피강 유역의 소년을 주인공으로, 소년의 꿈과 이상, 모험과 자립정신을 담아낸 이 작품은 교훈성과 도덕성을 배제했다는 점에서 미국 아동문학이 영국 문학의 틀을 벗어나 한 단계 발전했음을 보여준다.

『톰 소여의 모험』(1876)

1886년에는 프랜시스 호지슨 버넷(Frances Hodgson Burnett, 1849~1924)이 『소공자』를 출판하여 선풍적인 인기를 얻었다. 이후 불우했던 어린 시절을 바탕으로 쓴 『소공녀』(1888)와 『비밀의 화원』(1911)도 많은 사랑을 받았다.

(3) 20세기

20세기에 들어서자 청교도 정신은 힘을 잃었고, 정신적인 자유에 대한 관심이 높아졌다. 이런 분위기 속에 미국 아동문학은 빠른 속도로 성장하였다. 20세기 미국의 대표적인 동화로는 라이먼 프랭크 바움(L. F. Baum, 1856~1919)의 『오즈의 마법사』(1900), 루시 몽고메리(Lucy Montgomery, 1874~1942)의 『빨간 머리 앤』(1908), 휴 로프팅(Hugh Lofting, 1886~1947)의 『둘리틀 선생의 항해』(1922), 엘윈 화이트(E. B. White, 1899~1985)의 『샬롯의 거미줄』(1952) 등이 있다. 『샬롯의 거미줄』은 동물을 다룬 가장 뛰어난 환상동화라는 평을 받으며 지금까지 많은 사랑을 받고 있다.

20세기에는 인쇄기술의 비약적인 발달과 영유아 도서에 대한 요구로 그림책이 획기적으로 발달했다. 특히 미국은 1930년대 이후 세계 그림책의 중심 역할을 하며 걸출한 작가들을 배출하였다. 1930년대부터 1960년대까지는 미국 그림책의 전통이 나타난 황금기로, 대표적인 작품으로는 완다 가그(Wanda Gag, 1893~1946)의 『백만 마리 고양이』(1928), 버지니아 리 버튼(Virginia Lee Burton, 1909~1968)의 『작은 집 이야기』(1942), 레오 리오니(Leo Lionni, 1910~1999)의 『파랑이와 노랑이』(1959) 등이 있다.

『괴물들이 사는 나라』(1963)

현대적 그림책은 1963년 모리스 센닥(Maurice Sendak, 1928~2012)의 『괴물들이 사는 나라』를 시작으로 본격적으로 발전했다고 할 수 있다. 환상그림책의 새로운 장을 연 『괴물들이 사는 나라』가 출판되었을 당시, 센닥은 아동문학계는 물론 교육자, 아동심리학자 등으로부터 신랄한 비판을 받았다. 해괴망측한 괴물들과 말 안 듣는 맥스가 나오는 이 책이 예쁘고 귀여운 어린이 세계를 배반했다는 것이다. 이로 인해 도서관에서 대출 금지 소동이 벌어지기도 했다. 그러나 『괴물들이 사는 나라』는 아이들의 열광적인 지지를 받았고, 이듬해 칼데콧상을 수상했다.

에즈라 잭 키츠(Ezra Jack Keats, 1916~1983) 또한 미국의 대표적인 그림책 작가다. 1962년에 출판된 『눈 오는 날』은 그림책 최초로 흑인 아동을 주인공으로 등장시키는 등 큰 반향을 일으켰다. 어느 날 잡지에서 흑인 아이의 사진을 보고 자신의 가난했던 어린 시절의 모습을 떠올리며 만든 작품으로, 마블링과 콜라주 기법을 사용한 새로운 이미지를 선보이며 그림책의 신세계를 열었다. 유니세프에서는 그의 이름을 딴 '에즈라 잭 키츠상'을 설립하여 전 세계의 우수한 그림책에 시상하고 있다.

이 밖에 대표적인 그림책 작가로는 레오 리오니, 윌리엄 스타이그, 유리 슐레비츠, 데이비드 위즈너, 마르쿠스 피스터, 케빈 헹크스 등이 있다.

참고문헌

공인숙, 김영주, 최나야, 한유진(2013). 아동문학. 경기: 양서원.

김서정(2014). 한국출판연감. 대한출판문화협회.

김세희(2000). 유아교사를 위한 유아문학교육. 서울: 양서원.

김자연(2003). 아동문학 이해와 창작의 실제. 서울: 청동거울.

노운서, 노명희, 김명화, 백미열(2013). 아동문학. 경기: 양서원.

류재수(1985). 우리나라 어린이도서 일러스트레이션의 현황 및 근본 문제: 그림책 일러스트레이션을 중심으로. 디자인. 1985년 5월호, 38-44.

신명호(2009). 그림책의 세계. 서울: 주니어김영사.

신헌재(2011). 한국 아동문학이 나아갈 지향점. 한국아동문학연구, 21, 5-24.

유창근(1997). 현대 아동문학의 이해. 서울: 동문사.

이성은(2003). 아동문학교육. 서울: 교육과학사.

이원수(2001). 아동문학입문. 서울: 소년한길.

이재철(1983). 아동문학의 이론. 서울: 형설출판사.

이춘희(2005). 유아문학교육, 창의성 향상을 위한 이론과 실제. 서울: 동문사.

정선혜(2000). 한국 아동문학을 위한 탐색. 서울: 청동거울.

조은숙(2006). 한국 그림책의 발전. 어린이문학교육연구, 7(2), 113-151.

Townsend, J. R. (2000). 어린이책의 역사(강무홍 옮김). 서울: 시공주니어. (원저는 1965년 출판).

본문에 실린 아동문학작품

가끔씩 비 오는 날 이가을 글. 창비. 1998.

감기 걸린 물고기 박정섭 지음. 사계절. 2016.

거울속으로 이수지 지음. 비룡소. 2009.

고양이 학교 김진경 글, 김재홍 그림. 문학동네어린이. 2001.

고양이는 나만 따라해 권윤덕 글 · 그림. 창비. 2005.

괜찮아 최숙희 글 · 그림. 웅진주니어. 2005.

괭이부리말 아이들 김중미 글, 송진헌 그림. 창비. 2001.

구름빵 백희나 글 · 그림. 한솔수북. 2004.

그 도마뱀 친구가 뜨개질을 하게 된 사연 채인선 글, 강을순 그림. 창비. 1999.

그림자 놀이 이수지 지음. 비룡소. 2010.

기차 ㄱㄴㄷ 박은영 글 · 그림. 비룡소. 1997.

까막나라에서 온 삽사리 정승각 글 · 그림. 초방책방. 1994.

까막눈 삼디기 원유순 글, 이현미 그림. 웅진주니어. 2007.

나의 린드그렌 선생님 유은실 글, 권사우 그림. 창비. 2005.

내 짝꿍 최영대 채인선 글, 정순희 그림. 재미마주. 1997.

너도 하늘말나리야 이금이 글, 송진헌 그림. 푸른책들. 2007.

눈물바다 서현 글 · 그림. 사계절. 2009.

달님은 알지요 김향이 글, 정순희 그림. 비룡소. 2004.

동물원 이수지 글 · 그림. 비룡소. 2004.

두더지의 소원 김상근 지음. 사계절. 2017.

마당을 나온 암탉 황선미 글, 김환영 그림. 사계절. 2002.

마법에 걸린 병 고경숙 글 · 그림. 재미마주. 2005.

만희네 집 권윤덕 글 · 그림. 길벗어린이. 1995.

몽실 언니 권정생 글. 창작과비평사. 1984.

바위나리와 아기별 마해송 글, 정유정 그림. 길벗어린이. 1998.

백두산 이야기 류재수 글 · 그림. 통나무. 1988.

벽 정진호 지음. 비룡소. 2016.

빅 피쉬 이기훈 지음. 비룡소. 2014.

샘마을 몽당깨비 황선미 글, 권사우 그림. 웅진주니어. 1999.

솔이의 추석 이야기 이억배 글 · 그림. 길벗어린이. 1995.

아씨방 일곱 동무 이영경 글 · 그림. 비룡소. 1998.

아주 특별한 우리 형 고정욱 글, 송진헌 그림. 대교출판. 2008.

오소리네 집 꽃밭 권정생 글, 정승각 그림. 길벗어린이. 1997.

장수탕 선녀님 백희나 글 · 그림. 책읽는곰. 2012.

지하철은 달려온다 신동준 글 · 그림. 초방책방. 2003.

초정리 편지 배유안 글, 홍선주 그림. 창비. 2006.

최승호 시인의 말놀이 동시집 1 최승호 시, 윤정주 그림. 비룡소. 2005.

콩, 너는 죽었다 김용택 시, 박건웅 그림. 실천문학사. 2003.

쿨쿨 할아버지 잠깬 날 위기철 글. 사계절. 1998.

파도야 놀자 이수지 지음. 비룡소. 2009.

플루토 비밀 결사대 한정기 글, 유기훈 그림. 비룡소. 2005.

A Christmas Carol(크리스마스 캐럴) Charles Dickens. Chapman & Hall. 1843.

A Little Princess(소공녀) Frances Hodgson Burnett. Charles Scribner's Sons. 1905.

A.B.C.(ABC 동물원) Brian Wildsmith. Oxford University Press. 1962.

Alice's Adventures in Wonderland(이상한 나라의 앨리스) Lewis Carroll, John Tenniel. Macmillan. 1865.

Anne of Green Gables(빨간 머리 앤) Lucy Maud Montgomery. L.C. Page & Co. 1908.

At the Back of the North Wind(북풍의 등에서) George MacDonald. 1871.

Babes in the Wood(숲 속의 어린이들) Randolph Caldecott. 1879.

Borka: the Adventures of a Goose with No Feathers(깃털 없는 기러기 보르카) John Burningham. Jonathan Cape Ltd. 1963.

Charley, Charlotte and the Golden Canary(찰리, 샬럿, 금빛 카나리아) Charles Keeping Oxford University Press. 1967.

Charlie and the Chocolate Factory(찰리와 초콜릿 공장) Roald Dahl. Alfred A. Knopf, Inc. 1967.

Charlotte's Web(샬롯의 거미줄) E. B. White. Harper & Brothers. 1952.

Das fliegende Klassenzimmer(하늘을 나는 교실) E. Kastner. 1933.

Der Struwwelpeter(더벅머리 페터) Heinrich Hoffmann. 1845.

Deux ans de vacances(15소년 표류기) Jules Verne. Pierre-Jules Hetzel. 1888.

Die Biene Maja(꿀벌 마야의 모험) Waldemar Bonsels. 1912.

Die unendliche Geschichte(끝없는 이야기) Michael Ende, Thienemann Verlag. 1979.

Eventyr, fortalte for Byrn(어린이를 위한 동화집) Hans Christian Andersen. C. A. Reitzel. 1835.

Gorilla(고릴라) Anthony Browne. Julia MacRae. 1983.

Harry Potter and the Philosopher's Stone(해리 포터와 마법사의 돌) J. K. Rowling. Thomas Taylor. Bloomsbury. 1997.

Histoire de Babar(코끼리 왕 바바의 모험) Jean de Brunhoff. L'Ecole des loisirs. 1931.

Jim Knopf und Lukas der Lokomotivfuhrer(짐 크노프와 기관차 루카스) Michael Ende. 1960.

Kinder-und Hausmarchen(어린이와 가정을 위한 동화집) The Brothers Grimm. 1812.

Le Petit Prince(어린 왕자) Antonie de Saint-Exupery. Gallimard. 1945.

Le tour du monde en quatre-vingts jours(80일간의 세계 일주) Jules Verne. Pierre-Jules Hetzel. 1873.

Little Blue and Little Yellow(파랑이와 노랑이) Leo Lionni. Astor-Honor Inc. 1959.

Little Lord Fauntleroy(소공자) Frances Hodgson Burnett. Charles Scribner's Sons. 1886.

Little Women(작은 아씨들) Louisa May Alcott. Roberts Brothers. 1868.

Mary Poppins(메리 포핀스) P. L. Travers, Mary Shepard. HarperCollins. 1934.

Millions of Cats(백만 마리 고양이) Wanda Gag. Coward-McCann, 1928.

Momo(모모) Michael Ende. Thienemann Verlag. 1973.

Mr Gumpy's Outing(검피 아저씨의 뱃놀이) John Burningham. Jonathan Cape Ltd. 1970.

Nussknacker und Mausekonig(호두까기 인형) E. T. A. Hoffmann. 1816.

Oliver Twist(올리버 트위스트) Charles Dickens. Cathay Books. 1838.

Peter and Wendy(피터 팬) J. M. Barrie, F. D. Bedford. Hodder & Stoughton. 1911.

Pippi Langstrump(내 이름은 삐삐 롱스타킹) Astrid Lindgren. Raben & Sjogren. 1945.

The Adventures of Tom Sawyer(톰 소여의 모험) Mark Twain. American Publishing Company. 1876.

The Baby's Own Aesop(이솝 이야기) W. J. Linton, Walter Crane. 1887.

The Diverting History of John Gilpin(존 길핀의 유쾌한 이야기) Randolph Caldecott. 1878.

The Frog Prince and other stories(개구리 왕자) Walter Crane. 1874.

The Highwayman(노상강도) Charles Keeping. Oxford University Press. 1981.

The Jungle Book(정글북) Rudyard Kipling, John Lockwood Kipling. Macmillan Publishers. 1894.

The Lion, the Witch and the Wardrobe(사자와 마녀와 옷장) C. S. Lewis. Pauline Baynes. Geoffrey Bles. 1950.

The Little House(작은 집 이야기) Virginia Lee Burton. New York Scholastic Inc. 1942.

The Lord of the Rings(반지의 제왕) J. R. R. Tolkien. George Allen & Unwin. 1954.

The Pied Piper of Hamelin(하멜른의 피리 부는 사나이) Robert Browning, Kate Greenaway. Frederick Warne and Co., Ltd. 1888.

The Secret Garden(비밀의 화원) Frances Hodgson Burnett. Frederick A. Stokes. 1911.

The Snowy Day(눈 오는 날) Ezra Jack Keats. Puffin. 1962.

The Story of Little Black Sambo(꼬마 깜둥이 삼보) Helen Bannerman. Grant Richards. 1899.

The Tale of Peter Rabbit(피터 래빗 이야기) Beatrix Potter. Frederick Warne & Co. 1902.

The Three Jovial Huntsmen(익살꾸러기 사냥꾼 삼총사) Randolph Caldecott. 1880.

The Voyages of DR Dolittle(둘리틀 선생의 항해) Hugh Lofting. J. B. Lippincott & Co. 1922.

The Water-Babies(물의 아이들) Charles Kingsley. Macmillan. 1863.

The Wonderful Wizard of Oz(오즈의 마법사) L. F. Baum. George M. Hill Company. 1900.

Through the Looking-Glass(거울나라의 앨리스) Lewis Carroll, John Tenniel. Macmillan. 1871.

Tom's Midnight Garden(한밤중 톰의 정원에서) Philippa Pearce, Susan Einzig. Oxford University Press. 1958.

Treasure Island(보물섬) Robert Louis Stevenson. Cassell and Company. 1883.

Uncle Tom's Cabin(톰 아저씨의 오두막집) Harriet. B. Stowe. John P. Jewett and Company. 1852.

Under the Window(창가 아래서) Kate Greenaway, Edmund Evans. George Routledge & Son. 1879.

Where the Wild Things Are(괴물들이 사는 나라) Maurice Sendak. HarperTrophy. 1963.

Winnie-the-Pooh(곰돌이 푸우 이야기) A. A. Milne, E. H. Shepard. Methuen & Co. Ltd. 1926.

Zoo(동물원) Anthony Browne. Julia MacRae. 1992.

CHAPTER 03

아동문학과 아동발달

아동에게 적합한 문학작품을 선정하기 위해서는 아동의 발달 단계에 따른 특성과 아동의 기본적 욕구를 이해하고 있어야 한다. 이 장에서는 연령별 발달 특성과 그에 적합한 그림책에 대해 알아보고, 매슬로 이론에 따른 인간의 기본적 욕구를 충족시켜 줄 수 있는 그림책에 대해 살펴보고자 한다.

1. 연령별 발달 특성과 아동문학

아동의 발달적 특성에 따라 각각 어떤 종류의 그림책이 적절한지에 대해서는 다음과 같은 기준이 있다. 그러나 이 기준이 절대적이지 않음에 유의해야 한다. 즉, 글자를 전혀 모르는 영아도 문장의 수가 많은 그림책의 그림을 따라가면서 풍부한 이야기를 이해할 수 있고, 유아나 성인이 영아 대상의 그림책을 읽을 수도 있기 때문이다.

1) 0세 영아

영아는 출생 후 4개월 정도가 지나면 관심의 대상이 자신의 신체에서 외부로 확대된다. 즉, 주변의 놀잇감이나 모빌에 관심을 보이고 손에 쥐어지는 것을 잡고 흔들기 시작한다. 영아가 다른 사람의 말을 주의 깊게 듣거나 눈을 마주치고 반응하기 시작하면 간단한 영아용 책을 보여 주기 시작할 때다.

(1) 발달적 특성

0세 영아는 보고, 맛보고, 냄새 맡고, 만지는 등 모든 감각을 사용하여 직접적이고 구체적인 경험을 통해 주변 세계를 탐색하고 개념을 형성한다. 양육자와의 적극적인 옹알이 상호작용이 시작되는 시기는 6~8개월 정도부터인데, 영아는 놀이를 지원해 주는 양육자와의 애착을 통해 더욱 잘 배우고 발달한다. 다른 사람의 말을 주의 깊게 듣거나 눈을 마주치고 반응하기 시작하는 시기로 간단한 영아용 책을 보여 주는 것이 좋다.

표 3-1 0세 영아의 발달 특성

구분	0세 영아의 발달 특성
신체 발달	• 4~6개월까지는 구르기, 손으로 발을 잡고 놀기, 배밀이, 물건을 잡고 앉기 등을 할 수 있다. • 8개월경 배밀이를 통해 몸을 이동시킬 수 있으며, 혼자 앉기 시작한다. • 12개월경에는 혼자 일어설 수 있고, 어른이 붙잡아 주면 걸을 수 있다. • 일어서거나 잡고 돌아다니는 등 움직임의 범위가 커지지만 아직 균형감각이 부족한 시기다. • 사물을 부딪쳐 큰 소리 내기, 넣어 보기, 깨물기, 던져 보기, 열고 닫기, 밀거나 당기기, 쏟고 채우기, 질질 끌고 다니기 등을 시도한다. • 계단을 기어서 오른다. • 물장구치는 목욕 놀이를 좋아한다.
언어 발달	• 울음으로 시작된 신생아의 의사 표현은 차츰 쿠잉이나 옹알이와 같은 좀 더 적극적인 시도로 변화한다. • 1개월경 소리를 내기 시작한다. • 6개월경 영아는 마, 다, 나와 유사한 발성을 한다. • "안 돼."라는 말의 어조에 반응한다. • 9~10개월경 의도적으로 다른 소리를 모방한다. • 생후 1년경 한 단어 말을 할 수 있고, 운율, 리듬, 노래를 즐긴다. • 언어로 지시하면 사물을 바라볼 수 있다.
인지 발달	• 눈과 귀, 손, 발, 입의 오감각을 통해 환경을 적극적으로 탐색하기 시작한다. • 출생 시 녹색과 적색을 구분할 수 있고, 2개월이면 삼원색을 구별할 수 있다. • 직선보다는 곡선을 선호하고 대조되는 색 패턴을 좋아한다. • 생후 3개월간 자기조절 능력이 향상되고, 3개월 이후에 환경을 탐색하는 외부와의 상호작용이 활발해진다. • 4개월 이후에 의도적으로 어떤 행동을 시도하는 목적성을 갖게 된다. • 6~8개월경에 의도적으로 어떠한 행동을 시도하거나, 흥미 있는 결과를 기대하며 반복하여 행동하기를 즐긴다. 즉, 행동이 목표 지향적이 된다. • 대상영속성이 발달한다. • 그릇과 그릇에 담긴 것과의 관계에 관심이 있으며, 벽장, 서랍, 용기에 담긴 것을 쏟아 버리기를 좋아한다. • 열고 닫기, 밀고 당기기 등 간단한 장치를 작동하는 것을 좋아하고 그 결과를 관찰한다. • 사람, 물체, 게임, 장난감을 가지고 한 행동 등을 기억해 낸다.

정서 · 사회성 발달	• 생후 3개월부터 주양육자와 밀접한 심리적 유대감을 형성하게 된다. • 6개월이 되면 새로운 사람에 대해 전보다 두려움을 나타낸다. • 주의 끌기와 사람과의 접촉을 추구하기 시작한다. • 자신의 감정을 차츰 구체적으로 표현하게 된다. • 어른이나 다른 사람을 지켜보고 모방할 때도 있다. • 간단한 사회적 놀이(예: 까꿍놀이)를 즐긴다. • 다른 영아에 대한 호기심과 관심이 더욱 증가한다.

출처: 보건복지가족부(2008).

(2) 적합한 그림책의 특성

0세 영아는 책을 '본다'는 것보다는 책과 '상호작용한다'는 편이 더 적절하다(고문숙, 임영심, 김수향, 손혜숙, 2013). 이 시기에는 책을 만져 보고 들여다보면서 책의 특성을 탐색하므로 헝겊책, 촉감을 느낄 수 있는 책, 비닐책, 소리 나는 책 등 다양한 형태의 책을 제공해 주어 감각적인 경험을 즐길 수 있도록 해 주는 것이 바람직하다.

- 큰 그림이나 대조적 색상의 패턴이 있는 그림책
- 촉각적인 경험을 줄 수 있는 촉감 그림책
- 누워서 볼 수 있는 모빌 형태의 그림책
- 세워 놓을 수 있는 병풍 형태의 그림책
- 영아의 손에 잡히는 작은 사이즈의 책
- 세탁할 수 있는 헝겊 그림책
- 물에서 가지고 놀 수 있는 무독성 비닐 그림책
- 두꺼운 종이로 만든 보드북
- 신체 부위나 일상생활에서 흔히 보이는 소재의 반복이 많은 그림책
- 운율, 리듬, 노래가 들어간 그림책
- 수 그림책, 사물 그림책, 동물 그림책

안녕! 내 친구 코야

작은북 글, 오연진 그림, 블루래빗, 2021

베이비 초점책

꿈꾸는달팽이 글 · 그림, 꿈꾸는 달팽이, 2023

누르면 삑삑! 흔들면 딸랑딸랑 소리 나는 아기 목욕책

애플비북스 편, 애플비북스, 2022

엄마랑 뽀뽀

김동수 글 · 그림, 보림, 2008

2) 1세 영아

(1) 발달적 특성

1세는 감각기관과 운동기관의 협응을 통해 정신적 표상능력과 인지발달이 이루어지는 시기다. 또한 한 단어를 시작으로 어휘발달이 폭발적으로 이루어지고, 두 단어를 결합시킨 문장을 사용하기 시작한다. 강한 행동으로 자신의 정서를 표현하고, 자기 스스로 하려는 행동을 보이며 기본적인 생활습관이 형성되기 시작한다.

표 3-2 1세 영아의 발달 특성

구분	1세 영아의 발달 특성
신체 발달	• 다른 사람의 도움 없이 혼자 걸을 수 있게 된다. • 계단을 오르고 내리는 것을 좋아한다. • 공을 던질 수 있다. • 잘 달릴 수 있고 달리다가 멈출 수 있다. • 질질 끌고 다니기, 뒤집어 비우기, 끌어당기기, 쌓기, 부수기, 비우고 채우기를 좋아한다. • 관심의 대상이 확대되고, 손과 팔의 협응력이 발달한다.
언어 발달	• 말할 수 있는 단어의 수가 증가하고, 간단한 명령을 이행할 수 있다. • 반복적인 운율이나 리듬이 있는 그림책을 즐긴다. • 12~18개월경 사물의 이름을 말할 수 있고 의성어를 흉내 낼 수 있다. • 12~18개월경 운율 있는 노래를 들으면 일부분을 따라 한다. • 두세 단어로 된 문장을 사용할 수 있다.
인지 발달	• 문제를 해결하기 위해 새로운 행동을 시도하고 시행착오를 겪게 된다. • 움직일 수 있는 놀잇감을 좋아한다. • 어떠한 것이 일어나는 원인을 인식하게 된다. • 대상영속성 개념이 완전히 발달한다. • 과거 사건을 모방하고 내적 표상에 의해서 생각을 기억하며 후에 그것을 재생산한다.
정서 · 사회성 발달	• 분노, 부끄러움, 공포까지도 완성되지만, 아직은 그 표현이 세분화되지 못하여 대개 화를 내거나 짜증을 부리거나 우는 것으로 표현하는 경우가 많다. • 떼쓰기가 나타난다. • 성인에게 애정을 표시한다. • 성취감을 통해 긍정적인 자존감을 발달시킨다. • '싫어.'라는 부정적인 태도를 자주 표현한다. • 다른 영아들과 함께 놀이를 하나 상호작용이 많지 않고, 놀잇감이나 물건을 다른 사람과 나누기가 어렵다.

출처: 보건복지가족부(2008).

(2) 적합한 그림책의 특성

1세 영아를 위한 그림책으로는 감각적인 놀이 요소를 가지고 있는 것이 좋으며, 일상생활에서 친근하게 접하는 탈것, 사물, 동물을 소재로 한 내용의 그림책이 적절하다.

- 신체 표현이나 동작을 따라 할 수 있는 그림책
- 친숙한 사물이나 그림이 있는 그림책(사물 그림책, 이름 말하기 책)
- 의성어나 의태어가 나오는 그림책
- 단어, 구, 문장이 반복되는 그림책
- 운율이나 리듬이 들어간 그림책
- 영아가 가지고 다니기에 적당하게 손잡이가 달린 그림책
- 만져 보거나 잡아당기는 등 상호작용이 가능한 그림책
- 이야기가 짧고 단순한 그림책
- 탈것, 동물 등에 관한 그림책

까꿍, 나야 나!
에릭 칼 글 · 그림, 스토리랩 옮김, 시공주니어, 2022

사과가 쿵!
다다 히로시 지음, 정근 옮김, 보림, 2006

두드려 보아요
안나 클라라 티돌름 글 · 그림, 사계절, 2007

사랑해 사랑해 사랑해
버나뎃 로제티 슈스탁 글, 캐롤라인 제인 처치 그림, 신형건 옮김, 보물창고, 2021

안아 줘!
제즈 앨버로우 글 · 그림, 웅진주니어, 2000

안녕, 내 친구!
로드 캠벨 저, 이상희 옮김, 보림, 2018

나도 나도
최숙희 글 · 그림, 웅진주니어, 2009

잘 자요, 달님
마거릿 와이즈 브라운 글, 클레먼트 허드 그림, 시공주니어, 1999

3) 2세 영아

(1) 발달적 특성

2세 영아는 운동기능이 발달하고 신체 움직임이 유연해지며, 자신의 감정을 다른 사람이 알아주기를 원한다. 친구들에게 관심을 갖기 시작하고, 언어를 사용하여 어른들과 교류하게 되며, 주변을 탐색하기 위해 관찰, 질문, 조작, 분류, 측정을 사용한다.

표 3-3 2세 영아의 발달 특성

구분	2세 영아의 발달 특성
신체 발달	• 한 발로 서기, 뛰기, 뛰다 멈추기, 뛰어넘기, 오르내리기 등의 운동기능이 발달한다. • 발 바꿔 계단 오르내리기를 한다. • 소근육의 발달로 숟가락, 빨대를 효과적으로 사용할 수 있다. • 문 손잡이나 핸들을 돌릴 수 있다. • 단추를 채우고 지퍼 잠그는 것을 시도할 수 있다.
언어 발달	• 의사소통 능력이 증가한다. • 질문하고 질문에 답할 수 있다. • 어휘가 급격하게 증가한다. • 극놀이를 통해 사회적 맥락에 적절한 언어를 연습한다.
인지 발달	• 2세 말경에 뇌 크기가 성인의 80%에 도달한다. • 2세를 전후해서 시냅스와 뇌세포가 연결되는 과정이 가장 빠르게 일어난다. • 가상놀이가 나타난다. • 크고 작은 것의 차이를 안다. • 지연 모방을 나타낸다. • 호기심이 많고 탐색적이다. • 주변을 탐색하기 위해 관찰, 질문, 조작, 분류, 측정을 사용한다.
정서 · 사회성 발달	• 도움의 필요성을 깨닫지만 보다 독립적이 되어 간다. • 성인에게서 볼 수 있는 거의 모든 정서로 자신의 감정을 표현한다. • 자신의 감정을 다른 사람이 알아주기를 원한다. • 소유하려는 행동을 나타낸다. • 다른 사람의 관심을 얻으려고 한다. • 내 것과 너의 것의 차이를 인지한다. • 남을 도울 수 있다. • 순서 지키기를 할 수 있다. • 병행놀이, 협동놀이가 나타난다.

출처: 보건복지가족부(2008).

(2) 적합한 그림책의 특성

2세 영아를 위한 그림책으로는 옷 입기, 배변 훈련, 잠자기 등 영아의 일상생활을 담고 있는 그림책이나 스스로 할 수 있다는 내용이 담긴 그림책이 적절하다.

- 이야기가 짧고 단순한 그림책
- 운율이 있는 전래동요나 창작동요, 자장가가 담긴 그림책
- 가족, 수면, 대소변 등 생활습관이 담긴 그림책
- 스스로 먹고 입기와 같은 자조기술 습득에 관한 그림책
- 각 장마다 내용을 잘 이해할 수 있게 그림이 그려진 그림책
- 수, 색, 모양 개념에 관한 그림책

내가 만든 똥
박하잎 글 · 그림, 미래엔아이세움, 2019

아주아주 배고픈 애벌레
에릭 칼 지음, 김세실 옮김, 시공주니어, 2022

누구 그림자일까?
최숙희 글 · 그림, 보림, 2000

악어도 깜짝, 치과 의사도 깜짝!
고미 타로 글 · 그림, 이종화 옮김, 비룡소, 2000

우리 몸의 구멍
허은미 글, 이혜리 그림, 길벗어린이, 2000

구름빵
백희나 저, 한솔수북, 2019

누가 내 머리에 똥 쌌어?
베르너 홀츠바르트 글, 볼프 예를브루흐 그림, 사계절, 2002

왜냐면…
안녕달 글 · 그림, 책읽는곰, 2017

4) 3~5세 유아

(1) 발달적 특성

3~5세 유아는 주변 세계에 대한 호기심이 높아지면서 "왜?"라는 질문이 증가하고, 언어와 상징을 사용하여 사고하기 시작하며 상상놀이를 즐기게 된다. 이 시기 유아들은 글과 그림을 구별할 줄 알게 되면서 인쇄된 글자에 대해 관심을 갖게 된다. 또래와의 상호작용이 증가하고 자신의 정서뿐만 아니라 타인의 정서를 이해하기 시작한다.

표 3-4 3~5세 유아의 발달 특성

구분	3~5세 유아의 발달 특성
신체 발달	• 대근육 사용을 즐기며 몸의 균형이 증가한다. • 운동의 속도나 정확도가 증가한다. • 가위질이 능숙해진다. • 옷 입고 벗기, 벨트 풀기, 단추 끼우기, 지퍼 올리고 내리기, 양말 신고 벗기 등 자조능력이 증가한다.

언어 발달	• 성인과 같은 언어를 사용하게 되며 언어발달이 가속화된다. • 언어적인 공격을 사용한다. • 복수형과 과거시제를 사용한다. • 점차 문법 규칙이 숙달되며 구어를 완전히 습득한다.
인지 발달	• 모든 것에 이유나 목적이 있다고 생각하여 끊임없이 질문을 되풀이한다. • 가능한 것과 불가능한 것의 구분이 더 많아진다. • 기준에 따라 사물을 분류할 수 있다. • 점차 논리적이 되어 간다. • 알고자 하는 것에 대해 적극적으로 질문하고 궁리하며 해결하려는 탐구력이 증가한다.
정서 · 사회성 발달	• 모든 감정이 분화되어 표정, 태도, 의사표현, 동작이 풍부해진다. • 자기주장이 강해진다. • 자신감이 증가하여 허풍을 떨기도 하고 과장하기도 한다. • 상상놀이와 사회극놀이를 즐긴다. • 독립성이 길러지고 점차 주체성이 확립된다. • 상당한 시간 동안 집단활동이 가능해진다. • 호기심이 많고 새로운 시도에 쉽게 흥미를 느낀다. • 협동적 놀이가 증가하여 협동심과 책임감을 갖게 된다.

출처: 보건복지가족부(2008).

(2) 적합한 그림책의 특성

3~5세 유아를 위한 그림책으로는 정보전달이나 개념 습득에 도움이 되고, 호기심과 상상력을 충족해 줄 수 있는 그림책이 좋다. 또한 가족, 친구관계, 다른 사람과의 관계에 대한 그림책과 긍정적인 자아개념 형성을 돕는 그림책이 적절하다.

- 이야기 구조가 분명한 그림책
- 개념 습득에 도움을 주는 그림책
- 초보적 수세기나 글자 이해에 관한 그림책
- 상상 이야기, 의인화된 이야기의 그림책
- 분야별로 다양한 정보를 주는 그림책

- 풍부한 이야기를 끌어내는 글 없는 그림책
- 행복한 결말과 권선징악의 내용이 있는 그림책
- 도덕적 딜레마가 있는 그림책
- 친구관계를 다룬 그림책
- 자아개념을 다룬 그림책
- 타인의 생각과 감정을 이해하는 탈중심화 과정을 담고 있는 책
- 여러 나라의 전래동화

곰 사냥을 떠나자
마이클 로젠 글, 헬린 옥슨버리 그림, 공경희 옮김, 시공주니어, 2022

돼지책
앤서니 브라운 글 · 그림, 허은미 옮김, 웅진주니어, 2001

네 기분은 어떤 색깔이니?
최숙희 글 · 그림, 책읽는곰, 2023

무지개 물고기
마르쿠스 피스터 저, 공경희 옮김, 시공주니어, 1994

장수탕 선녀님
백희나 글 · 그림, 스토리보울, 2024

틀려도 괜찮아
마키타 신지 글, 하세가와 토모코 그림, 유문조 옮김, 토토북, 2006

당근 유치원
안녕달 글 · 그림, 창비, 2020

헤엄이
레오 리오니 글 · 그림, 김난령 옮김, 시공주니어, 2019

허허 할아버지
전지은 글 · 그림, 사계절, 2013

치과의사 드소토 선생님
윌리엄 스타이그 글 · 그림, 조은수 옮김, 비룡소, 1995

올빼미 기사
크리스토퍼 데니스 글 · 그림, 노은정 옮김, 비룡소, 2023

민들레는 민들레
김장성 글, 오현경 그림, 이야기꽃, 2014

2. 아동의 기본적 욕구와 아동문학

아동문학은 아동의 기본적 욕구에 부합하는 것이어야 한다. 매슬로(Maslow, 1970)는 인간의 성장 발달을 기본적인 욕구를 충족해 나가는 과정으로 설명하였으며, [그림 3-1]과 같이 기본적인 욕구들을 위계적으로 제시하였다. 욕구위계 이론은 낮은 단계에 있는 욕구가 어느 정도 충족되어야 더 높은 단계의 욕구를 의식하거나 동기가 부여된다고 가정하고 있다.

아동은 문학작품을 통해 기본적인 욕구를 충족하게 되는데, 매슬로 이론을 중심으로 아동의 기본적인 욕구에 대해 살펴보고 그에 적절한 문학작품의 예를 살펴보고자 한다. 다만, 한 책에 여러 욕구가 혼합되어 있는 경우가 많으므로 반드시 어느 한 욕구의 절대적인 기준에 의한 것만은 아니다.

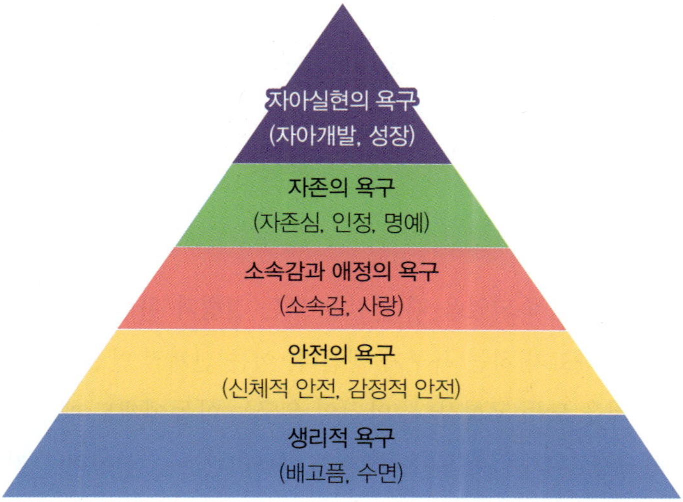

그림 3-1 매슬로의 욕구위계 이론

1) 생리적 욕구

생리적 욕구는 인간의 욕구 중에서 가장 기본적이며 강한 것으로, 선천적이고 본능적인 것과 관련된 것이다. 주로 음식, 물, 수면, 배설, 성에 대한 욕구가 포함된다. 아동의 생리적 욕구를 다룬 문학작품을 소개하면 다음과 같다.

응가하자, 끙끙

최민오 저, 보림, 2004

염소, 개 등 여러 동물이 변기에 앉아 응가를 하는 모습을 보여 줌으로써 자연스럽게 배설에 대한 기본적인 욕구를 충족시켜 주는 그림책이다.

2) 안전의 욕구

생리적인 욕구가 충족되었을 때 인간은 모든 질병과 위험으로부터 자기 자신을 안전하게 보호하고자 하는 욕구가 생긴다. 이는 신체적 안전뿐만 아니라 물질적 · 정서적 안전을 모두 포함한다. 안전의 욕구는 아동에게도 매우 중요한 기본적 욕구다. 따라서 부모나 교사는 물질뿐만 아니라 정서 · 심리적 안전에 대한 아동의 요구에 민감하게 반응해 주어야 한다. 정서적 안전감은 아동이 자신에 대해 긍정적인 감정을 갖게 해 주고 나아가 다른 사람과 성공적인 관계를 맺도록 하는 데 필수적인 요소이기 때문이다(노운서 외, 2013). 아동의 안전의 욕구를 다룬 문학 작품을 소개하면 다음과 같다.

하나도 안 무서워! 큰 고슴도치와 작은 고슴도치 이야기

브리타 테켄트럽 글 · 그림, 김서정 옮김, 주니어RHK, 2022

작은 고슴도치는 어둡고 낯선 상황에 마음속에서 불쑥 솟아나는 두려움을 '창피하고 멋지지 않은 것'이라 여기고 애써 외면하려 한다. 작은 고슴도치가 큰 고슴도치와의 소풍, 그리고 그 여정에서 겪는 크고 작은 사건을 통해 두려움은 우리에게 꼭 필요한 감정임을, 무서운 것을 무섭다고 인정하고 마주하는 것이 진정한 용기임을 배운다는 내용의 그림책이다.

3) 소속감과 애정의 욕구

인간은 사랑하고 싶고 또한 사랑받기를 원하며 다른 사람과 친밀한 관계를 유지하면서 소속감을 갖기를 원한다. 사랑을 주고받는 기본 단위는 가족이며 아동은 가족 간의 사랑과 우애를 통해서 자신에 대한 긍정적 감정을 갖게 되며, 좌절이나 갈등 상황을 극복할 수 있는 정신적 강인함을 얻는다. 아동은 '우리 엄마', '우리 동생' 등의 가족 속에서 자기 자신을 인식하는 것부터 시작하여 '우리 선생님', '우리 반' 등으로 점차 소속의 범위가 확대되어 가면서 한 집단의 구성원으로서 소속감을 형성하게 된다. 아동의 소속감과 애정의 욕구를 다룬 문학작품을 소개하면 다음과 같다.

당나귀 실베스터와 요술 조약돌

윌리엄 스타이그 글 · 그림, 김영진 옮김, 비룡소, 2017

당나귀 실베스터가 소원을 들어주는 요술 조약돌을 주워 실수로 바위가 된 후, 가족들이 실베스터를 그리워하고 결국 가족에게 돌아가게 된다는 내용으로 가족의 소중함을 다룬 그림책이다.

4) 자존의 욕구

자존의 욕구는 스스로 자기 자신을 존중하고, 자신이 중요하다고 여기는 다른 사람으로부터 사랑과 존중을 받고자 하는 욕구다. 이러한 욕구가 적절히 충족되면 자신에 대한 올바른 자아개념과 자아존중감을 형성할 수 있고 대인관계를 원만하게 잘 이룰 수 있다. 반면, 이 욕구가 충족되지 못할 경우에는 좌절감과 열등감을 초래하게 된다. 아동의 자존의 욕구를 다룬 문학작품을 소개하면 다음과 같다.

나는 크고 아름다워요

배슈티 해리슨 글 · 그림, 김서정 옮김, 책읽는곰, 2024

규격화된 작은 사이즈에 집착하는 현실사회 속에서 덩치가 큰 흑인 여자아이가 획일적인 규격과 편견에 상처받지만, 자기 자신의 가치를 스스로 인정하고 당당하게 대처하는 성장 과정에 대한 그림책이다.

5) 자아실현의 욕구

자아실현의 욕구는 최상의 욕구 단계로 자신의 재능, 능력, 잠재력을 발견하고 실현하기 위해 노력하는 것을 말한다. 아동은 자신이 소망하는 어떤 것을 이루기 위해 여러 번의 실패와 좌절에도 불구하고 끝까지 노력하여 성공하는 모습을 통해 이러한 욕구를 충족시킬 수 있다. 아동의 자아실현의 욕구를 다룬 문학작품을 소개하면 다음과 같다.

휘파람을 불어요

에즈라 잭 키츠 글 · 그림, 김희순 옮김, 시공주니어, 1999

휘파람을 너무나 불고 싶은 피터가 절대 포기하지 않고 노력하여 결국 휘파람을 불게 된다는 내용의 그림책이다.

참고문헌

고문숙, 임영심, 김수향, 손혜숙(2021). 아동문학교육. 경기: 양성원.

김은심, 유지안, 문선영(2025). 유아교사를 위한 아동문학. 서울: 학지사.

김현자, 조미영, 김기웅(2020). 아동문학. 서울: 창지사.

노운서, 노명희, 김명화, 백미열(2013). 아동문학. 경기: 양서원.

보건복지가족부(2008). 보육프로그램 총론.

심호규, 황혜원(2021). 아동문학교육. 경기: 양성원.

정경미, 조메리명희(2021). 그림책 경험에 기초한 아동문학. 서울: 창지사.

최나야, 정수지, 최지수, 김효은, 박상아(2022). 문해력 유치원: 우리 아이 문해력 발달의 모든 것. 서울: EBS BOOKS.

Maslow, A. H. (1970). *Motivation and personality*. NY: Harper and Row.

본문에 실린 아동문학작품

곰 사냥을 떠나자 마이클 로젠 글, 헬린 옥슨버리 그림. 공경희 옮김. 시공주니어. 2022.

구름빵 백희나 저. 한솔수북. 2019.

까꿍, 나야 나! 에릭 칼 글 · 그림. 스토리랩 옮김. 시공주니어. 2022.

나는 크고 아름다워요 배슈티 해리슨 글 · 그림. 김서정 옮김. 책읽는곰. 2024.

나도 나도 최숙희 글 · 그림. 웅진주니어. 2009.

내가 만든 똥 박하잎 글 · 그림. 미래엔아이세움. 2019.

네 기분은 어떤 색깔이니? 최숙희 글 · 그림. 책읽는곰. 2023.

누가 내 머리에 똥 쌌어? 베르너 홀츠바르트 글, 볼프 에를브루흐 그림. 사계절. 2002.

누구 그림자일까? 최숙희 글 · 그림. 보림. 2000.

누르면 삑삑! 흔들면 딸랑딸랑 소리 나는 아기 목욕책 애플비북스 편. 애플비북스. 2022.

당근 유치원 안녕달 글 · 그림. 창비. 2020.

당나귀 실베스터와 요술 조약돌 윌리엄 스타이그 글 · 그림. 김영진 옮김. 비룡소. 2017.

돼지책 앤서니 브라운 글 · 그림. 허은미 옮김. 웅진주니어. 2001.

두드려 보아요 안나 클라라 티돌름 글 · 그림. 사계절. 2007.

무지개 물고기 마르쿠스 피스터 글 · 그림. 공경희 옮김. 시공주니어. 1994.

민들레는 민들레 김장성 글, 오현경 그림. 이야기꽃. 2014.

베이비 초점책 꿈꾸는달팽이 글 · 그림. 꿈꾸는달팽이. 2023.

사과가 쿵! 다다 히로시 지음. 정근 옮김. 보림. 2006.

사랑해 사랑해 사랑해 버나뎃 로제티 슈스탁 글, 캐롤라인 제인 처치 그림. 신형건 옮김. 보물창고. 2021.

아주아주 배고픈 애벌레 에릭 칼 글 · 그림. 김세실 옮김. 시공주니어. 2022.

악어도 깜짝, 치과 의사도 깜짝! 고미 타로 글 · 그림. 이종화 옮김. 비룡소. 2000.

안녕, 내 친구! 로드 캠벨 저. 이상희 옮김. 보림. 2018.

안녕! 내 친구 코야 작은북 글, 오연진 그림. 블루래빗. 2021.

안아 줘! 제즈 앨버로우 글 · 그림. 웅진주니어. 2000.

엄마랑 뽀뽀 김동수 글 · 그림. 보림. 2008.

올빼미 기사 크리스토퍼 데니스 글 · 그림. 노은정 옮김. 비룡소. 2023.

왜냐면… 안녕달 글 · 그림. 책읽는곰. 2017.

우리 몸의 구멍 허은미 저, 이혜리 그림. 길벗어린이. 2000.

응가하자, 끙끙 최민오 지음. 보림. 2004.

잘 자요, 달님 마거릿 와이즈 브라운 글, 클레먼트허드 그림. 시공주니어. 1999.

장수탕 선녀님 백희나 글 · 그림. 스토리보울. 2024.

치과의사 드소토 선생님 윌리엄 스타이그 글 · 그림. 조은수 옮김. 비룡소. 1995.

틀려도 괜찮아 마키타 신지 글, 하세가와 토모코 그림. 유문조 옮김. 토토북. 2006.

하나도 안 무서워! 큰 고슴도치와 작은 고슴도치 이야기 브리타 테켄트럽 글 · 그림. 김서정 옮김. 주니어RHK. 2022.

허허 할아버지 전지은 글 · 그림. 사계절. 2013.

헤엄이 레오 리오니 글 · 그림. 김난령 옮김. 시공주니어. 2019.

휘파람을 불어요 에즈라 잭 키츠 글 · 그림. 김희순 옮김. 시공주니어. 1999.

CHAPTER 04

아동문학과 표준보육과정

문학은 표준보육과정의 모든 영역과 밀접하게 연결되어 있으며, 특히 놀이와 흥미 중심의 보육현장에서는 문학 경험이 통합적이고 유기적으로 전 영역에서 활용되고 있다. 이 장에서는 표준보육과정의 영역별 내용과 관련된 문학작품에 대해 알아보고, 그중 문학과 직결되는 의사소통영역의 내용범주를 중심으로 문학 관련 교육 내용과 지도방법에 대해 구체적으로 살펴보고자 한다.

1. 신체운동 · 건강영역과 아동문학

신체운동 · 건강영역은 영유아가 자신의 신체를 탐색하며 대소근육을 조절해 보고 신체활동에 즐겁게 참여하면서 즐거운 식사, 적당한 휴식을 통해 건강한 생활습관을 기르며, 일상에서 안전하게 생활하는 경험을 하는 내용으로 구성되었다. 신체운동 · 건강영역의 내용범주는 '신체활동 즐기기', '건강하게 생활하기', '안전하게 생활하기'이다.

내용범주	내용		
	0~1세	2세	3~5세
신체활동 즐기기	다양한 감각을 경험한다.		
	신체와 주변을 탐색한다.	신체를 인식하고 움직인다.	
	대소근육을 조절한다.		신체 움직임을 조절한다.
	기본 운동을 시도한다.	기본 운동을 즐긴다.	기초적인 이동운동, 제자리 운동, 도구를 이용한 운동을 한다.
	실내외 신체활동을 즐긴다.		실내외 신체활동에 자발적으로 참여한다.
건강하게 생활하기	도움을 받아 몸을 깨끗이 한다.	자신의 몸과 주변을 깨끗이 해 본다.	자신의 몸과 주변을 깨끗이 한다.
	음식에 관심을 가진다.	음식을 즐겁게 먹는다.	몸에 좋은 음식에 관심을 가지고 바른 태도로 즐겁게 먹는다.
	하루 일과를 편안하게 경험한다.	하루 일과를 즐겁게 경험한다.	하루 일과에서 적당한 휴식을 취한다.
	건강한 배변 습관을 갖는다.		
			질병을 예방하는 방법을 알고 실천한다.

<table>
<tr><td rowspan="4">안전하게 생활하기</td><td>안전한 상황에서 놀이하고 생활한다.</td><td>안전하게 놀이하고 생활한다.</td><td>일상에서 안전하게 놀이하고 생활한다.</td></tr>
<tr><td colspan="2"></td><td>TV, 컴퓨터, 스마트폰 등을 바르게 사용한다.</td></tr>
<tr><td colspan="2">안전한 상황에서 교통수단을 이용해 본다.</td><td>교통안전 규칙을 지킨다.</td></tr>
<tr><td>위험하다는 말에 주의한다.</td><td>위험한 상황에 대처하는 방법을 경험한다.</td><td>안전사고, 화재, 재난, 학대, 유괴 등에 대처하는 방법을 경험한다.</td></tr>
</table>

출처: 교육부(2025b).

신체운동 · 건강영역에 관련된 문학작품을 소개하면 다음과 같다.

난 토마토 절대 안 먹어
로렌 차일드 글 · 그림, 조은수 옮김, 국민서관, 2001

입이 똥꼬에게
박경효 글 · 그림, 비룡소, 2008

콩떡콩떡 줄넘기
이현영 글 · 그림, 토끼섬, 2024

내 친구 스마트폰
최정현 글, 대성 그림, 꿈터, 2013

2. 의사소통영역과 아동문학

의사소통영역은 영유아가 일상생활에서 자신의 경험, 느낌, 생각을 표현하는 것을 즐기고, 그림, 상징, 글자를 읽고 쓰는 것에 관심을 가지며, 책이나 이야기에 관심을 가지고, 책과 이야기를 통해 상상하기를 즐기는 내용으로 구성되었다. 의사소통영역의 내용범주는 '듣기와 말하기', '읽기와 쓰기에 관심 가지기', '책과 이야기 즐기기'이다. 의사소통영역의 세 가지 내용범주 모두 문학과 직간접적으로 관련이 있는 교육 내용이다.

<table>
<tr><th rowspan="2">내용범주</th><th colspan="3">내용</th></tr>
<tr><th>0~1세</th><th>2세</th><th>3~5세</th></tr>
<tr><td rowspan="6">듣기와 말하기</td><td>표정, 몸짓, 말과 주변의 소리에 주의를 기울인다.</td><td>표정, 몸짓, 말에 주의를 기울여 듣는다.</td><td>말이나 이야기를 관심 있게 듣는다.</td></tr>
<tr><td colspan="2" rowspan="2"></td><td>자신의 경험, 느낌, 생각을 말한다.</td></tr>
<tr><td>상황에 적절한 단어를 사용하여 말한다.</td></tr>
<tr><td>상대방의 이야기를 들으면서 말소리를 낸다.</td><td>상대방의 이야기를 듣고 말한다.</td><td>상대방이 하는 이야기를 듣고 관련해서 말한다.</td></tr>
<tr><td>표정, 몸짓, 말소리로 의사를 표현한다.</td><td>자신의 요구와 느낌을 말한다.</td><td>바른 태도로 듣고 말한다.</td></tr>
<tr><td colspan="2"></td><td>고운 말을 사용한다.</td></tr>
<tr><td rowspan="3">읽기와 쓰기에 관심 가지기</td><td colspan="2"></td><td>말과 글의 관계에 관심을 가진다.</td></tr>
<tr><td colspan="2">주변의 그림과 상징에 관심을 가진다.</td><td>주변의 상징, 글자 등의 읽기에 관심을 가진다.</td></tr>
<tr><td>끼적이기에 관심을 가진다.</td><td>끼적이며 표현하기를 즐긴다.</td><td>자신의 생각을 글자와 비슷한 형태로 표현한다.</td></tr>
</table>

<table>
<tr><td rowspan="3">책과
이야기
즐기기</td><td>책에 관심을 가진다.</td><td>책에 관심을 가지고
상상한다.</td><td>책에 관심을 가지고
상상하기를 즐긴다.</td></tr>
<tr><td colspan="2">말놀이와 이야기에 재미를 느낀다.</td><td>동화, 동시에서 말의
재미를 느낀다.</td></tr>
<tr><td colspan="2"></td><td>말놀이와 이야기 짓기를
즐긴다.</td></tr>
</table>

출처: 교육부(2025b).

의사소통영역에 관련된 문학작품을 소개하면 다음과 같다.

구름 한 숟가락 ㄱㄴㄷ
황숙경 글 · 그림, 비룡소, 2024

도서관 고양이
최지혜 글, 김고둥 그림, 한울림어린이, 2020

끝말잇기
김영진 글 · 그림, 길벗어린이, 2023

쉿, 내 말 좀 들어 봐!
아델하이트 다히메네 글, 젤다 마를린 조간치 그림, 조국현 옮김, 소년한길, 2010

1) 듣기와 말하기

'듣기와 말하기'는 영아의 경우 자신에게 말하는 사람의 표정, 몸짓, 주변 소리, 말소리, 이야기 등에 주의를 기울여 듣고, 상대방의 이야기에 표정, 몸짓, 말소리로 의사를 표현하며, 자신의 요구나 느낌 등을 말하는 내용이다. 유아의 경우 다른 사람의 말이나 이야기를 관심 있게 듣고, 자신의 경험, 느낌, 생각을 상황에 적절한 단어를 사용하여 말하고, 고운 말을 사용하는 내용이다.

(1) 0~1세

□ 표정, 몸짓, 말과 주변의 소리에 주의를 기울인다

0~1세 영아가 상대방의 얼굴에 나타나는 느낌이나 기분, 상대방이 만드는 몸의 움직임을 바라보고, 교사나 또래의 말이나 주변에서 나는 소리에 귀를 기울여 의도를 알아차리려고 듣는 것을 알아 가는 내용이다.

□ 상대방의 이야기를 들으면서 말소리를 낸다

0~1세 영아가 자신에게 향하는 교사나 또래가 말하는 소리, 단어와 문장을 들으며, 표정, 몸짓 등을 포함하여 짧은 음절의 소리, 단어 등으로 호응하는 것을 알아 가는 내용이다.

□ 표정, 몸짓, 말소리로 의사를 표현한다

0~1세 영아가 자신의 느낌, 상태, 감정, 생각, 요구 등을 비언어적 소통 방식을 포함하여 음성이나 단어로 표현하여 상대방과 소통하는 것을 알아 가는 내용이다.

영아 경험의 실제

적응 중인 영아가 불편한 느낌으로 손을 얼굴에 대고 우는 소리를 내자, 한 영아가 다가온다. 이 영아는 책에서 노래가 나오는 버튼을 눌러 주며 우는 아이를 달래려고 한다. 울던 영아는 의도를 알아차리는 듯 또래의 몸짓에 시선을 보내고 울음을 멈춘다. 두 영아는 몸짓, 소리와 같은 비언어적 방식으로 소통하고 있다.

산책 중에 교사가 "오늘은 어디로 갈까? 거기에는 길이 없는데."라고 말하자, 영아가 교사의 말을 듣고 손을 뻗어 방향을 가리키거나, 방향을 바꾸며 "저기, 저기 가자!"라고 말하며 걸어간다. 영아는 손으로 가리키고 말을 하며 교사와 소통하는 것을 알아 간다.

돼지 모자를 쓴 영아가 녹음기를 가리키며 교사에게 노래를 틀어 달라는 의사를 몸짓으로 표현한다. 바닥에 놀잇감이 많아 춤추다가 다칠 수 있으니 놀잇감을 치우자는 교사의 말을 듣고, 영아는 시무룩한 표정과 고개를 숙이는 몸짓으로 실망스러움을 표현한다.

출처: 교육부(2025b).

(2) 2세

□ 표정, 몸짓, 말에 주의를 기울여 듣는다

2세 영아가 상대방의 얼굴에 나타나는 느낌이나 기분, 상대방의 움직임을 바라보고, 교사나 또래의 대화나 이야기에 귀를 기울여 상대방의 의도를 파악하려고 듣는 것을 알아 가는 내용이다.

□ 상대방의 이야기를 듣고 말한다

2세 영아가 교사나 또래의 표정, 몸짓, 말에서 이야기의 내용과 대화의 흐름을 알아차리고 자신의 말로 표현하여 대화하는 것을 알아 가는 내용이다.

□ 자신의 요구와 느낌을 말한다

2세 영아가 자신에게 필요한 것과 자신의 느낌, 상태, 감정, 생각, 의도를 몸짓 등의 비언어적 방식과 함께 단어나 문장으로 짧게 표현하여 상대방과 소통하는 것을 알아 가는 내용이다.

영아 경험의 실제

놀이기구 위에 앉아 있던 영아가 올라오려고 시도하다가 잘 안 되자 우는 또래의 표정을 보고 의도를 알아차린다. "내가 올려 줄게."라고 말하며 아래로 내려와 의자를 쌓아 준다. "여기를 밟은 다음 여기(줄사다리)를 밟고 올라가면 돼."라고 말하며 또래가 올라갈 수 있도록 도와주며 소통의 즐거움을 알아 간다.

영아가 "나는 노란 수박 먹어 본 적 있어."라고 말한다. 다른 영아가 이야기를 듣고 또래가 가리키는 수박 그림에 눈길을 주며, "나는 빨간 수박 먹어 봤어. 노란 수박은 무슨 맛이야?"라고 묻는다. 영아는 상대방의 이야기를 듣고 맥락에 맞는 말을 하며 소통한다.

블록과 모형 자동차를 가지고 놀이하고 있는 또래에게 한 영아가 다가가서 또래의 얼굴을 쳐다보고 눈을 마주치며 "나도 같이 하자."라고 말한다. 또래와 함께 놀이하고 싶은 요구를 말하여 소통한다.

출처: 교육부(2025b).

(3) 3~5세

□ 말이나 이야기를 관심 있게 듣는다

유아가 다른 사람이 하는 말과 흥미로운 주제, 익숙한 경험이 담긴 이야기에 관심을 가지며 듣는 내용이다.

□ 자신의 경험, 느낌, 생각을 말한다

유아가 상대방에게 자신의 경험, 느낌, 생각을 자유롭게 말하는 내용이다.

□ 상황에 적절한 단어를 사용하여 말한다

유아가 때와 장소, 대상과 상황을 고려하여 적절한 단어와 문장을 선택하여 말하는 내용이다.

□ 상대방이 하는 이야기를 듣고 관련해서 말한다

유아가 다른 사람이 이야기하는 내용을 듣고 말하는 사람의 생각, 의도, 감정을 고려하여 말하는 내용이다.

□ 바른 태도로 듣고 말한다

유아가 말하는 사람에게 주의를 기울이며 듣는 내용이다. 말을 끝까지 듣고, 자신의 의견을 말하는 내용이다.

□ 고운 말을 사용한다

유아가 일상생활에서 자주 쓰는 유행어, 속어, 신조어, 상대방을 비난하는 말을 사용하지 않고, 우리말을 바르게 사용하는 내용이다.

유아 경험의 실제

유아가 친구들에게 동물원에 놀러 갔던 이야기를 신나고 재미있게 들려준다. 유아는 "나는 호랑이다. 어흥!" 하며 눈을 크게 뜨고, 목소리를 굵고 거칠게 한다. 이어 원숭이에 대한 이야기를 할 때는 가늘고 날카로운 음성으로 바꿔 말한다. 옆에서 이야기를 듣던 유아들이 원숭이 동작과 목소리를 흉내 내며 웃는다.

유아들이 병원 놀이를 한다. 의사 역할을 하는 유아가 "어디가 아파서 오셨어요?"라고 묻자 환자 역할을 하는 유아가 "의사 선생님, 배가 너무 아파요."라고 말하며 배를 움켜쥔다. 의사가 진찰을 한 후 옆에 있던 간호사 역할을 하는 유아가 "이쪽으로 오세요. 주사 맞아야 합니다."라고 말한다.

유아들이 자신이 가장 좋아하는 음식에 대해 서로 이야기를 나누고 있다. 수정이가 "나는 아이스크림이 좋아. 왜냐하면 시원하고 달콤……." 하고 말을 끝내기도 전에 옆에 있던 우진이가 "나는 짜장면!" 하며 끼어든다. 그때 수정이가 "야! 내가 말하고 있잖아. 내 말 아직 안 끝났거든. 기다려 봐."라고 말하며 "아이스크림은 달콤해. 딸기 아이스크림이 제일 좋아. 넌?"

출처: 교육부, 보건복지부(2019c).

2) 읽기와 쓰기에 관심 가지기

'읽기와 쓰기에 관심 가지기'는 영아의 경우 그림과 상징에 관심을 가지고, 그림과 같은 끼적이기를 하며 자신의 느낌이나 생각 등을 소통하려고 하는 내용이다. 유아의 경우 말과 글의 관계에 관심을 가지고, 주변의 상징, 글자 등을 읽으며, 자신의 생각을 글자와 비슷한 형태로 표현해 보는 내용이다.

(1) 0~1세

□ 주변의 그림과 상징에 관심을 가진다

0~1세 영아가 주변의 사진, 그림책을 포함한 인쇄물의 그림, 글자, 숫자 등과 같은 기호가 의미하는 바가 있음을 알고 그 의미를 읽어 보려고 하는 내용이다.

□ 끼적이기에 관심을 가진다

0~1세 영아가 쓰기나 그리기 도구를 사용하여 흔적을 만드는 것에 흥미를 느끼고, 만들어진 흔적에 주의를 기울이는 등으로 초기 쓰기를 알아 가는 내용이다.

영아 경험의 실제

한 영아가 교사가 붙여 둔 놀이 장면 사진을 보면서 "여기 현서야."라고 말하며 사진에 현서가 있다는 것을 말한다. 그 옆에 있던 현서가 사진 속의 책을 들고 와서 "이거! 이거!"라고 말하며, 사진에서 책을 읽고 있는 자신의 모습을 가리킨다. 두 영아는 사진 장면을 말로 표현하고, 사진의 의미를 알아 가고 있다.

영아는 분필로 선을 긋다가 색을 칠해 주듯이 분필을 꾹 눌러 힘을 주어 칠하기를 반복한다. 잠시 일어나서 자신이 그린 그림을 쳐다보고, 다시 앉아서 색칠하며 흔적을 만든다.

출처: 교육부(2025b).

(2) 2세

□ 주변의 그림과 상징에 관심을 가진다

2세 영아가 주변의 사진, 그림책을 포함한 인쇄물의 그림, 글자, 숫자 등과 같은 기호가 의미하는 바가 있음을 알고 그 의미를 읽어 보려고 하는 내용이다.

□ 끼적이며 표현하기를 즐긴다

2세 영아가 쓰기나 그리기 도구를 사용하여 선이나 모양, 그림, 말로 의미를 나타내는 것을 좋아하고 반복하며 초기 쓰기를 알아 가는 내용이다.

영아 경험의 실제

영아가 놀이터 표지판을 보고 손가락으로 놀이기구를 가리키면서 "여기 가자."라고 말하며, 또래와 표지판 상징의 의미를 나누며 알아 가고 있다.

영아는 종이에 끼적이면서 "엄마 사랑해, 아빠 사랑해, 형아 사랑해, 선생님 사랑해."라고 말하며, 자신의 마음을 나타내는 상징(하트 모양)을 적극 활용한다. 상징을 활용한 끼적이기로 자신의 마음을 나타낼 수 있음을 알아 가고 있다.

출처: 교육부(2025b).

(3) 3~5세

□ 말과 글의 관계에 관심을 가진다

유아가 일상에서 말이 글로, 글이 말로 옮겨지는 것에 관심을 갖는 내용이다.

□ 주변의 상징, 글자 등의 읽기에 관심을 가진다

유아가 일상에서 자주 보는 상징(표지판, 그림문자 등)이나 글자 읽기에 관심을 가지는 내용이다. 유아가 상징이나 글자에는 사람들의 생각과 감정, 정보가 담겨 있다는 것을 이해하는 내용이다.

□ 자신의 생각을 글자와 비슷한 형태로 표현한다

유아가 자신의 생각이나 말을 끼적거리거나 글자와 비슷한 선이나 모양, 글자와 비슷한 형태로 표현하는 내용이다.

유아 경험의 실제

유아들이 음식점놀이를 하고 있다. 유아가 "선생님, 우리 지금 가게 만들 건데 '김밥 가게' 어떻게 적어요?" 하며 교사에게 도움을 요청한다. 교사는 유아가 잘 볼 수 있도록 보드판에 천천히 '김밥 가게' 글자를 크게 적는다. 유아는 보드판의 글자를 보며 천천히 따라 적는다.

유아가 교실 입구의 비상구 표시등을 가리키며 "저것 봐! 사람이 초록 색깔이야. 이렇게 하고 있어." 하며 비상구 사람의 모습을 흉내 낸다. 함께 이야기를 나누던 유아는 "나 저거 알아. 저거는 불날 때 저쪽으로 빨리 피하라는 말이야."라고 말한다.

출처: 교육부, 보건복지부(2019c).

3) 책과 이야기 즐기기

'책과 이야기 즐기기'는 영아의 경우 책과 이야기에 관심을 가지고, 이야기를 만들고 이어 가는 것을 반복하며 이를 즐기는 내용이다. 유아의 경우 다양한 책에 관심을 가지고 상상하며, 동화, 동시에서 말의 재미를 느끼고, 말놀이와 이야기 짓기를 즐기는 내용이다.

(1) 0~1세

□ 책에 관심을 가진다

0~1세 영아가 책 자체를 탐색하는 것을 포함하여 책의 그림과 상징의 의미, 책 보는 것을 알아 가는 내용이다.

□ 말놀이와 이야기에 재미를 느낀다

0~1세 영아가 말로 만드는 다양한 운율, 리듬, 패턴을 즐기고, 이야기를 반복하거나 바꾸는 것에 흥미를 느끼고, 이야기를 만들고 나누는 것을 좋아하는 내용이다.

영아 경험의 실제

영아는 블록을 쌓다가 책꽂이에 있는 책을 가져와서 블록 사이에 끼워서 쌓으며, 그림책을 놀잇감으로 활용한다.

영아는 소리가 나는 동물 책에서 닭 소리를 듣고, 웃으면서 고개를 들고 "꼬끼오!"라고 말한다. 의성어의 의미와 행위를 연결하는 재미를 알아 간다.

출처: 교육부(2025b).

(2) 2세

□ 책에 관심을 가지고 상상한다

2세 영아가 책 속의 그림, 등장인물, 상황 등과 관련지어 이야기를 지어내며 책 보는 것을 즐기는 내용이다.

□ 말놀이와 이야기에 재미를 느낀다

2세 영아가 말로 만드는 다양한 운율, 리듬, 패턴을 즐기고, 이야기를 반복하거나 바꾸는 것에 흥미를 느끼며, 이야기를 만들고 나누는 것을 좋아하는 내용이다.

영아 경험의 실제

영아가 "불이야!" 책을 함께 보며, 소방 대피 훈련의 경험을 떠올려 책 속 인물이 대피하는 장면을 따라 해 본다. 코와 입을 막은 채 고개를 숙이며 책 내용을 말과 몸짓으로 읽으며 책의 내용을 풍부하게 경험한다.

영아가 또래와 함께 놀이한 사진으로 만든 책을 보면서, 놀이 상황을 떠올린다. "옛날 옛날에 돼지와 늑대가 살았어요. 후~ 불었더니 안 돼. 여기는 내 집이야. 후~ 바람을 불었더니, 도깨비가 나타났다니까. 그래서 하하하하. 그래서 얘도 살았어요."라며 자신의 경험을 그림책과 연결하여 이야기를 만드는 즐거움을 알아 간다.

출처: 교육부(2025b).

(3) 3~5세

□ 책에 관심을 가지고 상상하기를 즐긴다

유아가 책에 흥미를 가지며 책 보는 것을 즐기고 상상하는 즐거움을 경험하는 내용이다.

□ 동화, 동시에서 말의 재미를 느낀다

유아가 동화와 동시를 자주 들으며 우리말의 재미와 아름다움을 느끼는 내용이다.

□ 말놀이와 이야기 짓기를 즐긴다

유아가 끝말잇기, 수수께끼, 스무고개 등 다양한 말놀이를 즐기는 내용이다. 자신의 경험, 생각, 상상을 기초로 새로운 이야기를 만드는 과정을 즐기는 내용이다.

유아 경험의 실제

유아가 여러 책을 한꺼번에 쌓아 두고 읽는다. 다른 유아가 와서 "내가 좋아하는 공룡 책 여기 있어?" 하며 책을 찾는다. 유아가 책장을 넘기며 공룡 이름 맞히기를 하다가 브라키오사우루스가 나오자 "와! 정말 길다. 여기서 여기 끝까지 미끄럼 타면 진짜 재미있겠다.", "그런데 여기까지는 어떻게 올라가지?" 하며 낄낄낄 웃는다.

서은이가 친구들에게 이야기를 한다.

서은: 그 공주님이 사는 성에는 아~주 유명한 사다리가 있어. 그런데 그 사다리는 하늘까지 올라가고, 또 하늘을 넘어 가지고~

하영: 우주도 넘어?

서은: 어. 우주에 우주까지도 넘는대.

유아들: 헤엑~~

3세 반에서 교사가 동시를 읽어 주자 유아들이 서로 "꼬불꼬불?"이라고 말하며 까르르 웃는다. 그리고 유아들은 리본 막대를 휘두르며 "꼬불꼬불" 하며 서로 까르르 웃는다.

출처: 교육부, 보건복지부(2019c).

유아 경험의 실제 – 의사소통영역의 통합적 경험

[말놀이: 끝없이 이어지는 아이들의 이야기]

유아들이 모여 솔비가 풍부한 상상력을 발휘하여 지어낸 이야기를 듣고 있다. 솔비는 운율과 리듬을 실어 자신이 상상으로 지어낸 이야기를 신나게 펼쳐 내고, 친구들은 서로 맞장구를 치며 재미있게 듣고 있다.

솔비: 어떤 아이가~ 엄~~청 엄청 부잣집에 살고 있었는데↗, 그 집은……. 엄~청 밥도↘ 많고↗~ 장난감도↘ 많고↗ 돈도↘ 많고↗ 쌀도 많고↗ 가구도 엄청 좋은 거고~

지호: 변기통도↘ 많고↗~ 바가지도↘ 많고↗~

아이들: 하하하하.

솔비: 근데 방이……. 만~개가 되는 거야.

정훈: 옛날 집인데도?

솔비: (속삭이며) 옛날 집 아니야. 근데 그 옆에는 엄~~~청 가난한 집이 있었어. 쌀도 한 개도↘ 없고 집에 방도 하나도↘ 없고~ 아예 집에~ 코딱지 한 개도 없는 거야.

지호: 벌레 하나도 없어 가지고~~~ 하하하.

솔비: 그런데 거기는 아~~주 유명한 공주 장난감이 있었는데. 그 공주 장난감에는 사다리가 하늘까지 하늘을 넘어 가지고 우주를 넘어 가지고 저어~~~~우주를 넘는 사다리가 아주 긴~~사다리가 나오는데, 그게……. 만 원도↘ 넘고↗ 그다음 백만 원도↘ 넘고↗ 너~무 비싼 거야~~

현민: 일 억도 넘어?

솔비: (고개를 끄덕임) 너~~무 비싸 가지고……. 억만 백천구백 원이었대.

아이들: 헤엑~~~

지호: 만 원 백 개로 살 수 있겠다.

현민: 만 원 백 개 있으면 백만 원인데?

솔비: 그래서~ 나무를 팔아 가지고 책상도↘ 만들고↗~ 의자도↘ 만들고↗~ 해서, 그 가난한 집은 금방 부자가 됐대~~.

출처: 교육부, 보건복지부(2019c).

3. 사회관계영역과 아동문학

사회관계영역은 영유아가 자신을 이해하고 존중하며, 친구와 가족 또는 다른 사람들과 사이좋게 지내며, 영유아가 속한 지역사회와 우리나라, 다양한 문화에 관심을 갖는 내용으로 구성되었다. 사회관계영역의 내용범주는 0~1세, 2세 보육과정의 경우 '나를 알고 존중하기', '더불어 생활하기'이고, 3~5세 보육과정(누리과정)의 경우 '사회에 관심 가지기'가 추가된다.

내용범주	내용		
	0~1세	2세	3~5세
나를 알고 존중하기	나의 고유함을 알아 간다.		나를 알고 소중히 여긴다.
	나의 욕구와 감정을 표현한다.		나의 감정을 알고 상황에 맞게 표현한다.
	나에게 친숙한 것을 안다.	내가 좋아하는 것을 해 본다.	내가 할 수 있는 것을 스스로 한다.
더불어 생활하기	안정적인 애착을 형성한다.	가족에게 관심을 가진다.	가족의 의미를 알고 화목하게 지낸다.
	또래에게 관심을 가진다.	또래와 함께 놀이한다.	친구와 서로 도우며 사이좋게 지낸다.
			친구와의 갈등을 긍정적인 방법으로 해결한다.
	다른 사람의 감정과 행동에 관심을 가진다.		서로 다른 감정, 생각, 행동을 존중한다.
			친구와 어른께 예의 바르게 행동한다.
	반에서 편안하게 지낸다.	지켜야 할 약속이 있음을 안다.	약속과 규칙의 필요성을 알고 지킨다.
사회에 관심 가지기			내가 살고 있는 곳에 대해 궁금한 것을 알아본다.
			우리나라에 대해 자부심을 가진다.
			다양한 문화에 관심을 가진다.

출처: 교육부(2025b).

사회관계영역에 관련된 문학작품을 소개하면 다음과 같다.

괜찮아

최숙희 글 · 그림, 웅진주니어, 2005

이상한 엄마

백희나 글 · 그림, 스토리보울, 2024

안녕 빠이빠이 창문

노턴 저스터 글, 크리스 라쉬카 그림, 삐아제어린이, 2006

강아지와 염소 새끼

권정생 시, 김병화 그림, 창비, 2014

4. 예술경험영역과 아동문학

예술경험영역은 영유아가 자연과 생활에서 아름다움을 느끼고, 소리와 리듬, 노래, 움직임과 춤, 미술, 극놀이 등을 통해 자신의 느낌과 생각을 창의적으로 표현하는 과정을 즐기며, 다양한 예술 작품을 감상하는 내용으로 구성되었다. 예술경험영역의 내용범주는 0~1세, 2세 보육과정의 경우 '아름다움 찾아보기', '창의적으로 표현하기'이고, 3~5세 보육과정(누리과정)의 경우 '예술 감상하기'가 추가된다.

<table>
<tr><th rowspan="2">내용범주</th><th colspan="3">내용</th></tr>
<tr><th>0~1세</th><th>2세</th><th>3~5세</th></tr>
<tr><td rowspan="2">아름다움 찾아보기</td><td colspan="2">자연과 생활에서 아름다움을 느낀다.</td><td>자연과 생활에서 아름다움을 느끼고 즐긴다.</td></tr>
<tr><td colspan="2">예술에서 아름다움을 느낀다.</td><td>예술적 요소에 관심을 갖고 찾아본다.</td></tr>
<tr><td rowspan="5">창의적으로 표현하기</td><td rowspan="2">소리와 리듬, 노래로 표현한다.</td><td rowspan="2">익숙한 노래와 리듬을 표현한다.</td><td>노래를 즐겨 부른다.</td></tr>
<tr><td>신체, 사물, 악기로 간단한 소리와 리듬을 만들어 본다.</td></tr>
<tr><td>움직임으로 표현한다.</td><td>움직임과 춤으로 표현한다.</td><td>신체나 도구를 활용하여 움직임과 춤으로 자유롭게 표현한다.</td></tr>
<tr><td>다양한 미술 재료를 경험한다.</td><td>다양한 미술 재료와 도구로 표현한다.</td><td>다양한 미술 재료와 도구로 자신의 생각과 느낌을 표현한다.</td></tr>
<tr><td>모방하기를 즐긴다.</td><td>상상놀이를 한다.</td><td>극놀이로 경험이나 이야기를 표현한다.</td></tr>
<tr><td rowspan="3">예술 감상하기</td><td colspan="2" rowspan="3"></td><td>다양한 예술을 감상하며 상상하기를 즐긴다.</td></tr>
<tr><td>서로 다른 예술 표현을 존중한다.</td></tr>
<tr><td>우리나라 전통 예술에 관심을 갖고 친숙해진다.</td></tr>
</table>

출처: 교육부(2025b).

예술경험영역에 관련된 문학작품을 소개하면 다음과 같다.

노란우산
류재수 저, 보림, 2007

쪽빛을 찾아서
유애로 글 · 그림, 보림, 2005

뒤죽박죽 미술관
유주연 글 · 그림, 책읽는곰, 2012

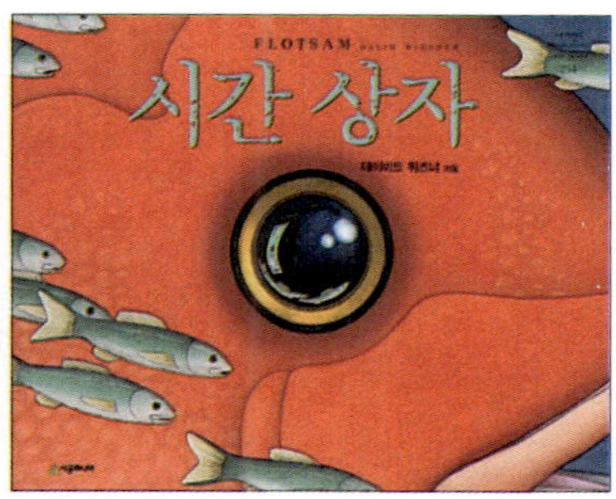

시간상자
데이비드 위즈너 저, 베틀북, 2007

5. 자연탐구영역과 아동문학

자연탐구영역은 영유아가 자신을 둘러싸고 있는 주변 세계에 대해 호기심을 가지고 궁금한 것을 적극적으로 탐구하는 과정을 즐기고, 일상생활에서 부딪히는 현상이나 문제를 수학적, 과학적으로 탐구해 보며, 생명과 자연에 관심을 갖고 존중하는 내용으로 구성되었다. 자연탐구영역의 내용범주는 '탐구과정 즐기기', '생활 속에서 탐구하기', '자연과 더불어 살기'이다.

<table>
<tr><th rowspan="2">내용범주</th><th colspan="3">내용</th></tr>
<tr><th>0~1세</th><th>2세</th><th>3~5세</th></tr>
<tr><td rowspan="3">탐구과정 즐기기</td><td colspan="2">주변 환경과 자연에 대해 호기심을 가진다.</td><td>주변 세계와 자연에 대해 지속적으로 호기심을 가진다.</td></tr>
<tr><td colspan="2">사물과 자연 탐색하기를 즐긴다.</td><td>궁금한 것을 탐구하는 과정에 즐겁게 참여한다.</td></tr>
<tr><td colspan="2"></td><td>탐구과정에서 서로 다른 생각에 관심을 가진다.</td></tr>
<tr><td rowspan="7">생활 속에서 탐구하기</td><td colspan="2">친숙한 물체를 감각으로 탐색한다.</td><td>물체의 특성과 변화를 여러 가지 방법으로 탐색한다.</td></tr>
<tr><td colspan="2">일상에서 수에 관심을 가진다.</td><td>물체를 세어 수량을 알아본다.</td></tr>
<tr><td colspan="2">공간과 모양을 탐색한다.</td><td>물체의 위치와 방향, 모양을 알고 구별한다.</td></tr>
<tr><td colspan="2"></td><td>일상에서 길이, 무게 등의 속성을 비교한다.</td></tr>
<tr><td>규칙성을 경험한다.</td><td>규칙성에 관심을 가진다.</td><td>주변에서 반복되는 규칙을 찾는다.</td></tr>
<tr><td rowspan="2"></td><td>사물을 같고 다름에 따라 구분한다.</td><td>일상에서 모은 자료를 기준에 따라 분류한다.</td></tr>
<tr><td>생활 도구에 관심을 가진다.</td><td>도구와 기계에 대해 관심을 가진다.</td></tr>
<tr><td rowspan="3">자연과 더불어 살기</td><td colspan="3">주변의 동식물에 관심을 가진다.</td></tr>
<tr><td colspan="2"></td><td>생명과 자연환경을 소중히 여긴다.</td></tr>
<tr><td>날씨의 변화를 느낀다.</td><td>날씨와 계절의 변화를 느낀다.</td><td>날씨와 계절의 변화를 생활과 관련짓는다.</td></tr>
</table>

출처: 교육부(2025b).

자연탐구영역에 관련된 문학작품을 소개하면 다음과 같다.

100층짜리 집
이와이 도시오 저, 김숙 옮김, 북뱅크, 2009

알록달록 동물원
로이스 엘러트 저, 문정윤 옮김, 시공주니어, 2001

동글동글 달팽이야
권오길 저, 양상용 그림, 비룡소, 2020

낡은 타이어의 두 번째 여행
자웨이 글, 주청량 그림, 노란상상, 2018

참고문헌

교육부(2025a). 교육부고시 제2024-23호 2024 개정 표준보육과정.

교육부(2025b). 2024 개정 표준보육과정(0~2세) 해설서.

교육부(2025c). 2024 개정 표준보육과정(0~2세) 0~1세 실행자료.

교육부(2025d). 2024 개정 표준보육과정(0~2세) 2세 실행자료.

교육부, 보건복지부(2019a). 2019 개정 누리과정 놀이실행자료.

교육부, 보건복지부(2019b). 2019 개정 누리과정 놀이이해자료.

교육부, 보건복지부(2019c). 2019 개정 누리과정 해설서.

본문에 실린 아동문학작품

100층 짜리 집 이와이 도시오 저. 김숙 옮김. 북뱅크. 2009.

강아지와 염소 새끼 권정생 시, 김병화 그림. 창비. 2014.

괜찮아 최숙희 글 · 그림. 웅진주니어. 2005.

구름 한 숟가락 ㄱㄴㄷ 황숙경 글 · 그림. 비룡소. 2024.

끝말잇기 김영진 글 · 그림. 길벗어린이. 2023.

난 토마토 절대 안 먹어 로렌 차일드 글 · 그림. 조은수 옮김. 국민서관. 2001.

낡은 타이어의 두 번째 여행 자웨이 글, 주청량 그림. 노란상상. 2018.

내 친구 스마트폰 최정현 글, 대성 그림. 꿈터. 2013.

노란우산 류재수 저. 보림. 2007.

도서관 고양이 최지혜 글, 김고둥 그림. 한울림어린이. 2020.

동글동글 달팽이야 권오길 저, 양상용 그림. 비룡소. 2020.

뒤죽박죽 미술관 유주연 글 · 그림. 책읽는곰. 2012.

쉿, 내 말 좀 들어 봐! 아델하이트 다히메네 글, 젤다 마를린 조간치 그림. 조국현 옮김. 소년한길. 2010.

시간상자 데이비드 위즈너 저. 베틀북. 2007.

안녕 빠이빠이 창문 노턴 저스터 글, 크리스 라쉬카 그림. 삐아제어린이. 2006.

알록달록 동물원 로이스 엘러트 저. 문정윤 옮김. 시공주니어. 2001.

이상한 엄마 백희나 글 · 그림. 스토리보울. 2024.

입이 똥꼬에게 박경효 글 · 그림. 비룡소. 2008.

쪽빛을 찾아서 유애로 글 · 그림. 보림. 2005.

콩떡콩떡 줄넘기 이현영 글 · 그림. 토끼섬. 2024.

PART 2

아동문학의 장르별 이해

Children's Literature Education

CHAPTER

05 전래동화

전래동화는 오랜 세월 구전된 설화를 바탕으로 아동에 맞게 재구성된 이야기로, 아동문학의 대표적인 장르다. 아동의 문학적 흥미와 상상력을 자극할 뿐 아니라 도덕적 · 교육적으로도 중요한 역할을 수행해 온 전래동화는 각 민족의 역사와 문화, 가치관을 반영하는 소중한 문화유산으로 후손들에게 전승해야 할 가치가 있는 자산이기도 하다. 이 장에서는 전래동화의 정의와 문학적 특성에 대해 알아보고, 전설, 신화, 민담을 바탕으로 유형을 구분해 보며, 전래동화가 가지는 교육적 가치와 실제 교육 현장에서의 활용방법에 대해 살펴보고자 한다.

1. 전래동화의 정의

사람들은 문자를 사용하기 이전부터 수많은 이야기를 만들었고, 그중 일부는 사람들의 입에서 입으로 전해지며 오늘날까지 이르고 있다. 이처럼 일정한 구조를 가지고 오랫동안 구전되어 온 이야기를 구전설화 또는 옛이야기라고 한다. 구전설화는 이야기를 만들어 낸 사회 구성원들의 생각과 정서를 담고 있으며, 그 지역의 전통과 생활, 민족적 · 지역적 특성이 반영되어 있고, 지금까지도 문화와 예술, 문학 전반에 걸쳐 많은 영향을 주고 있다.

신화, 전설, 민담과 같은 구전설화는 오랜 세월 사람들의 입에서 입으로 전해지다 근대에 와서 본격적으로 수집되고 기록되기 시작하였다. 대부분 성인을 위한 이야기였던 초기 구전설화 중 아동에게 들려줄 만한 이야기를 전래동화라고 부른다. 전래동화는 전승되어 오던 이야기를 아동의 발달적 수준과 사회문화적 여건에 적합하게 내용을 고쳐 쓴, 개작 동화가 대부분을 차지한다(강문희, 이혜상, 2008). 즉, 전래동화란 옛날부터 전해 내려오는 구전설화 중에서 아동에게 유익하고 적합한 내용으로 재구성된 전통문학의 한 종류다.

전래동화는 재구성되는 과정에서 동일한 이야기라도 기준이 되는 판본에 따라 구조나 의미가 변하거나 내용이 생략되기도 하므로 자칫하다가는 옛이야기 원본의 참된 의미와 매력, 문학적 가치가 사라질 수도 있다. 따라서 전래동화를 아동에게 소개할 때는 옛이야기 특유의 특성이 잘 살아 있고, 이야기의 상징과 함축된 의미가 변질되지 않았으며, 내용의 변형이나 생략이 심하지 않은 작품을 신중하게 선택해야 한다.

2. 전래동화의 특성

전래동화는 구전설화의 특징과 문학적인 형식이 결합하면서 독특한 특성을 지니게 되었다. 특히 전래동화는 구전설화 중 신화나 전설보다는 민담에 근간을 둔 경우가 많으므로, 여기에서는 우리나라 민담에 근간을 둔 전래동화의 특성을 문학적 요소별로 살펴보고자 한다.

1) 배경

대부분의 전래동화에서는 시간과 장소에 대한 구체적인 묘사 없이 관용적인 표현을 쓴다. 예를 들어, '옛날 옛날에', '호랑이 담배 피던 시절에' 등으로 시작하여 아주 오래된 이야기임을 암시하고, '깊고 깊은 산속에', '어느 마을에'처럼 장소도 불분명하거나 추상적이다.

옛이야기의 공간은 비현실계와 현실계로 구분되는데, 비현실계는 천상계, 지상계, 수중계 등으로 나타나고, 현실계는 산중이나 농촌이 대부분이다(선주원, 2013).

2) 등장인물

전래동화의 등장인물은 그 수가 적고, 성격은 전형적이거나 일차원적으로 묘사되어 전반적인 행동에 대한 예측이 가능하다. 즉, 아름다운 사람은 친절하고, 공주는 아름다우며, 왕자는 용감하고, 여우는 교활하다는 등의 표현으로 묘사된다(김세희, 2000). 사람뿐 아니라 의인화된 동물, 의인화된 무생물, 초현실적인 존재 등이 등장한다.

사람이 주인공일 경우 창작동화와 달리 매우 단순하게 언급되는데, 이름이나 성격, 외모 등에 대한 자세한 묘사 없이 주로 나무꾼, 어부, 사냥꾼 등 직업이나 성씨 정도만 알려 준다. 주인공은 평민이나 가난한 사람인 경우가 많고, 여성보다는 남성이 많다. 『반쪽이』나 『아기 돼지 삼 형제』, 『구렁덩덩 새신랑』처럼 삼 형제나 세 자매가 나오는 경우에는 대부분 막내가 주인공이다. 형들보다 못나고 쫓겨나기도 하는 막내가 주인공이 되는 이유는 강하고 권세 있는 사람보다 약하고 가난한 사람이 주인공이 되어 고난을 극복하고 행복을 얻는다는 이야기가 전래동화를 주로 듣고 전했던 일반 백성들에게 카타르시스를 주었기 때문이다(김영주, 1998).

3) 내용 및 주제

전래동화의 주제는 매우 다양하지만, 동서양을 막론하고 아동에게 널리 알려진 전래동화는 권선징악(勸善懲惡)의 도덕률과 인과응보(因果應報)의 윤리관을 담고 있는 경우가 많다. 특히 우리나라의 전래동화는 효도나 우애, 은혜, 정직, 절제 등을 강조하며 교훈성과 교육성이 강하다. 착한 사람은 언제나 승리하고 보상을 받으며, 욕심을 부리거나 악한 사람은 결국 벌을 받거나 모든 것을 잃는다는 이야기를 통해 아동은 선한 인물을 동일시하여 도덕성을 획득한다.

우리나라의 전래동화에는 서민들의 애환과 민중 의식이 깃들어 있다. 삶의 기본적인 문제인 의식주에 대한 내용이 많고, 유머와 풍자를 통해 특권층을 비판하기도 한다. 예를 들어, 『해와 달이 된 오누이』에서 탐욕스럽고 바보 같기도 한 호랑이는 사회 지도층을 비유적으로 표현한 것이다.

우리나라의 전래동화는 권선징악을 강조하나 악에 대해 소극적이어서 악인에 관대하다. 또한 현실세계를 비극적이고 염세적으로 묘사하며, 지하나 지상 또는 초현실의 세계를 화려하고 살기 좋은 곳으로 묘사하고 있다는 점이 서양의 전래동화와 다른 점이다(강성화, 김경희, 2003).

4) 표현 방식

전래동화의 표현 방식은 다음과 같은 특징이 있다.

① 서두와 결말 부분에 일정한 형식이 있다

전래동화는 '옛날 옛날에', '옛날 옛날 오랜 옛날' 등으로 시작하여 '오래오래 행복하게 살았습니다.'로 끝나는 경우가 많다. 결말에서는 이야기의 출처를 밝히거나 유머와 해학을 곁들여 마무리하기도 한다.

전래동화에서 사용되는 서두와 결말의 관용적 표현은 이야기가 서사적 과거 시제로 전개됨을 분명히 나타내고, 이야기가 끝나면 현재로 되돌아오게 해 주는 역할을 한다. 또한 이야기가 허구임을 나타내고 흥미를 불러일으키는 역할도 한다(신헌재, 권혁준, 곽춘옥, 2007). 즉, 아동은 '옛날 옛날에'와 함께 마법의 세계로 들어가 신나게 모험을 즐긴 후, '행복하게 잘 살았습니다.'와 함께 다시 현실로 돌아오며 안도감을 느끼게 된다.

② 대립법과 반복법을 자주 사용한다

전래동화는 대립과 반복을 통해 이야기를 흥미진진하게 끌어간다. 대립 표현 중 가장 대표적인 것은 선과 악의 대립이다. 『홍부 놀부』, 『콩쥐 팥쥐』, 『혹부리 영감과 도깨비』 등은 선과 악의 대립이 극명하게 나타나는 이야기로, 아동이 선과 악의 차이를 분명히 이해하고 선택하도록 돕는다. 이 외에도 부자와 가난한 사람의 대립, 성인과 아동의 대립, 여성과 남성의 대립, 형들과 막내의 대립, 인간과 동물의 대립, 지혜로운 동물과 힘센 동물의 대립 등이 있다(공인숙, 김영주, 최나야, 한유진, 2013).

전래동화는 비슷하거나 같은 사건과 문장의 반복을 통해 이야기를 쉽게 기억하도록 하며, 이야기에 흥미를 더해 준다. 『해와 달이 된 오누이』에서 어머니가 고개를 넘을 때마다 "떡 하나만 주면 안 잡아먹지." 하고 나타나는 호랑이 때문에 이야기는 오래도록 아동의 기억에 남는다. 『팥죽 할멈과 호랑이』에서도 밤톨과 맷돌, 동아줄, 멍석, 지게가 등장할 때마다 "할멈, 할멈, 왜 울어?", "팥죽 한 그릇 주면 호랑이를 쫓아 주지."가 반복되면서 옛이야기 특유의 리듬감과 활력, 유머를 느끼게 한다.

③ 숫자 '3'이 많이 나온다

전래동화에서는 삼 형제, 세 자매, 세 마리 염소, 아기 돼지 세 마리 등 등장인물뿐 아니라 세 가지 소원, 세 가지 모험, 세 개의 보물, 세 가지 시련 등 이야기 내용에서도 '3'이라는 숫자가 많이 나온다. 이야기가 반복될 경우에도 세 번 반복되는

데, 이야기가 반복될수록 사건의 강도는 점점 강해지고 완전해지며, 주인공은 대부분 세 번째 인물인 경우가 많다. 숫자 '3'은 고대부터 신성하고 완전한 숫자로 여겨져 그리스 신화나 단군신화 등 다양한 신화에도 빈번하게 등장한다.

5) 전개 형식

전래동화는 이야기와 구성이 단순하고 반복적인 경우가 많다. 부가적인 설명이나 묘사 없이 줄거리 중심으로 이야기를 빠르게 전개하여 흥미와 관심을 유지시키고 기억하기 쉽도록 한다. 이러한 전개 형식은 오랜 세월 기억에 의존해 구전되는 과정에서 만들어진 효과적인 전달 방법이다. 전래동화에서 주로 사용되는 전개 형식을 구체적으로 살펴보면 다음과 같다.

(1) 단선적 형식

단선적 형식은 전래동화의 기본적인 형식으로, 한 인물의 행동이나 사건이 시간의 흐름에 따라 전개되는 것이다. 『혹부리 영감과 도깨비』, 『콩쥐 팥쥐』처럼 두 인물이 대립되는 경우에는 먼저 한 인물의 행동을 이야기하고, 다음에 다른 인물의 행동을 이야기하는 형식을 취한다(최운식, 김기창, 1988).

(2) 누적적 형식

누적적 형식은 유사한 사건들이 반복으로 이루어지며, 한 사건이 원인이 되어 다음 사건들이 누적적으로 일어나는 형식이다. 따라서 중간에 한 사건이라도 생략하면 이야기가 성립되지 않는다. 좁쌀 한 톨이 쥐가 되고, 고양이가 되고, 망아지가 되고, 결국 색시가 되는 전래동화 『좁쌀 한 톨로 장가든 총각』이 누적적 형식의 좋은 예다.

(3) 연쇄적 형식

연쇄적 형식은 누적적 형식처럼 유사한 사건들이 반복되나, 사건과 사건 사이에 인과관계가 없는 형식이다. 따라서 중간에 사건이 하나 생략되더라도 이야기 진행에 큰 영향을 주지 않는다. 예를 들어, 『팥죽 할멈과 호랑이』의 경우, 밤톨과 맷돌, 동아줄, 멍석, 지게가 등장하여 할머니와 반복적으로 이야기를 주고받으며 사건을 끌고 가나, 다른 판본에서는 다른 사물이 들어가기도 하고, 이 중 한두 개가 빠지기도 한다.

(4) 회귀적 형식

회귀적 형식은 비슷한 사건들이 연쇄적 혹은 누적적으로 반복되다가 결말 부분에서 다시 처음으로 되돌아가 끝을 맺는 형식이다. 대표적인 예로는 세상에서 가장 힘센 사윗감을 찾아 나선 두더지 가족이 해와 구름, 바람, 돌부처를 만나고는 결국 두더지가 가장 힘이 세다는 사실을 깨닫고 다시 동굴로 돌아오는 이야기를 다룬 『사윗감 찾는 두더지』가 있다.

3. 전래동화의 유형

전래동화는 오랫동안 구전되어 온 구비설화인 신화와 전설, 민담에 뿌리를 두고 있다. 따라서 여기에서는 신화와 전설, 민담의 특징과 내용을 살펴보고, 이를 바탕으로 전래동화의 유형을 살펴보고자 한다.

1) 신화

신화는 주로 신과 영웅이 등장하는 신성한 이야기로, 동화 발생의 기원이며 인간의 세계관과 인생관을 제시하는 가장 원초적인 문학 형태다(강성화, 김경회, 2003). 환상과 마술, 상상적 요소가 풍부하고, 고대인의 사회적 관습, 신념이 반영되어 있으며, 인류와 사회 종교적 관습의 기원, 민족과 국가의 발생, 해와 달, 천둥, 번개 등 자연의 신비, 인생의 희로애락 등을 다룬다. 또한 신화는 종교적 · 철학적 의미를 내포하고, 우리의 삶에 존엄성과 의미를 부여한다.

(1) 우리나라 신화

우리나라의 신화는 건국신화나 개국신화가 대부분으로, 개국시조의 유래와 출생에 대한 인간신화이며, 난생사상이나 태양숭배사상을 담고 있다(강성화, 김경희, 2003). 가장 대표적인 신화는 우리 민족의 기원을 다룬 고조선의 『단군신화』로, 『삼국유사』, 『세종실록지리지』, 『동국여지승람』 등에 실려 전한다. 가락국의 수로왕 신화, 신라의 박혁거세, 탈해왕, 김알지 신화, 고구려의 주몽 신화, 동명성왕 탄생 신화 또한 널리 알려져 있으며, 이들 대부분은 『삼국유사』, 『삼국사기』 등의 문헌에 수록되어 전해지고 있다. 이 밖에 구전되어 전해지고 있는 신화로는 세상의 기원을 다룬 『마고할미』, 『창세가』, 『대별왕 소별왕』, 제주도의 기원을 담은 『설문대할망』, 저승과 죽음을 관장하는 바리공주 이야기를 담은 『바리공주』, 출

산과 양육을 관장하는 신을 다룬 『삼신할미』 등이 있다. 『해와 달이 된 오누이』, 『연오랑과 세오녀』는 해와 달이 생겨난 이야기로, 일월신화로 분류되기도 한다.

(2) 그리스 로마 신화

그리스 신화는 대부분 신들과 그들의 자손인 영웅들의 이야기로, 비유적 내용과 암시가 많고 매우 다채롭다. 신들은 사람처럼 행동하고 사랑도 하며 화를 내거나 질투와 시기를 하는 등 인간과 비슷하지만 영원히 죽지 않는다는 점에서 인간과 다르다. 신들은 형체를 마음대로 바꾸어 동물이 되기도 하고, 생명 없는 물체가 되기도 하는 등 아동의 흥미를 돋우는 요소가 많다. 그리스 신화는 호메로스의 영웅 서사시 『일리아드』와 『오디세이』, 헤시오도스의 서사시 『신통기』와 『노동과 나날』 등에 기록되어 전해진다. 이들은 신과 영웅들의 생생한 모습을 보여 줌으로써 그리스 신화에 생명을 불어넣었다. 로마 신화는 그리스 신화를 받아들이고 융합한 것으로, 그리스 신화와 매우 밀접하고 비슷한 성격을 지닌다.

그리스 로마 신화는 2,500여 년 동안 다듬어지고 변형되면서 인류의 상상력을 자극하는 위대한 문학 유산이 되었고, 미술, 연극 등 다양한 분야에 영향을 미치며 생명력을 유지하고 있다. 근대에 와서는 아동들에게 이야깃거리로 환영받고 있으며, 그 결과 아동용 그리스 로마 신화는 성경 이야기 다음으로 많이 출판되었다(고문숙, 임영심, 김수향, 손혜숙, 2021).

(3) 북유럽 신화

노르웨이, 덴마크, 스웨덴, 아이슬란드 등 북유럽 지역에 전해오는 게르만 민족의 신화로, 그리스 신화와 함께 유럽 신화의 두 축을 이룬다. 그리스 신화에 비해 장식성이 없고 간결한 언어로 기록되어 있으며 이야기가 극적이다. 또한 거칠고 영웅적인 기질을 가진 신들을 통해 불리한 자연조건 속에서 생존하는 노력과 지혜를 담고 있다. 북유럽 신화에서는 천지창조가 얼음과 불의 이원 대립에서 비롯되어 선과 악 두 세력이 싸우고 있고, 악의 세력이 강하여 신들은 끊임없이 지혜와 무예를 닦으면서 악에 대비한다. 최후에는 세계가 멸망하는 날이 온다는 비극적 세계관을 내포하고 있는 북유럽 신화는 옛 아이슬란드어로 쓰인 고대 북유럽의 신화와 영웅 전설을 모아 놓은 책 『에다』에 의해 전해진다.

2) 전설

전설은 특정 민족 또는 지역에서 전해 내려오는 이야기로, 역사적 인물이나 사건, 자연물의 유래, 공동체의 내력 등을 소재로 하며 이야기를 뒷받침하는 기념물이나 증거물이 남아 있다는 것이 특징이다. 신화가 신 중심이라면 전설은 인간 중심이며 초자연적인 것에 덜 의존하고, 강한 지역성과 역사성을 지닌다. 신화가 까마득한 태초, 역사 이전의 이야기라면 전설은 특정 시대와 지역, 특정 인물에 관한 이야기로, 지역 공동체에 문화적 · 역사적 통합성을 부여해 준다. 전설은 대개 사실과 상상적 요소가 섞여 있지만 화자와 청자는 그 이야기가 사실이라고 믿는 경향이 있다.

전설은 문헌으로 전하는 문헌전설과 구비전설로 나뉘는데, 구비전설은 등장하는 대상에 따라 그 유형이 다양하다.

- 자연물: 지역지명, 산, 고개, 바위, 샘, 우물, 곶 등
- 유적 · 유물: 성터나 정자, 비석, 무덤, 복식, 음식, 사찰, 탑, 종 등
- 동물: 용, 호랑이, 뱀 등
- 인물: 충신, 학자 등

우리나라의 대표적인 전설로는 은하수를 중심으로 동서에 자리 잡고 있는 견우성과 직녀성을 소재로 한 '견우 직녀' 이야기, 고려 시대에 몽고로 끌려갔던 소녀가 돌아와 가족을 그리워하다 죽은 자리에 하얀 꽃이 피었다는 '찔레꽃' 이야기, 이무기를 퇴치하러 간 남자를 기다리다 죽은 처녀의 혼이 백 일 동안 붉게 피었다 지는 꽃이 되었다는 '백일홍' 이야기, 홀로 된 어머니가 세 딸에게 박대받고 죽어 할미꽃이 되었다는 '할미꽃' 이야기, 신라 시대 성덕대왕 신종에 관련된 전설로, 승려의 시주 요구에 어린 자식을 종을 만드는 데 바쳤다는 '에밀레종' 이야기 등이 있다. 이 외에 전라북도 고창 선운사의 창건을 소재로 한 '도솔산 선운사' 이야기, 치악산에 내려오는 감동적인 전설 '은혜 갚은 꿩' 이야기는 그림책으로 만들어져 전해진다.

3) 민담

민담은 주로 민간에서 전해 내려오는 이야기로 '재미나게 꾸며진 상상의 이야기'다. 전승문학 중에서 가장 널리 사랑받은 장르로, 많은 전래동화가 민담에 뿌리

를 두고 있다. 누구에게나 친숙하며 호소력이 있고 민중성이 강하다. 사실 여부에 구애받지 않고 흥미진진하게 엮어 나가며, 비현실적인 환상이나 과장된 표현이 많이 등장한다(선주원, 2013). 신화나 전설은 엄숙하지만, 민담은 유머와 해학이 있고 오락성을 띠는 특징이 있다. 또한 이야기꾼에 따라 내용의 개작이 많이 이루어지기 때문에 다양한 내용으로 변형되기도 한다.

민담은 주인공과 내용에 따라 동물 이야기, 유머 이야기, 마술 이야기 등으로 나눌 수 있다.

(1) 동물 이야기

동물 이야기는 아동이 가장 즐기는 민담 유형 중 하나로, 의인화된 동물들이 주인공으로 등장한다. 동물의 생김새나 특성이 이야기에 자연스럽게 녹아 있고, 인간 행동을 과장하여 표현함으로써 유머와 재미를 준다. 이런 이야기를 통해 동물

들에 대한 이미지가 만들어진다. 예를 들어, 여우는 약삭빠르고, 토끼는 재빠르고 지혜로우며, 호랑이는 용맹하고 사나우나 때때로 어리석다는 이미지가 만들어졌다(공인숙 외, 2013). 우리나라 전래동화 중에서는 『토끼와 자라』, 『토끼의 재판』, 『옛날에 여우가 메추리를 잡았는데』, 『호랑이와 곶감』, 『팥죽 할멈과 호랑이』, 『개와 고양이』 등이, 서양의 전래동화 중에서는 『장화 신은 고양이』, 『아기 돼지 삼형제』, 『늑대와 일곱 마리 아기 염소』, 『브레멘 음악대』, 『용감무쌍 염소 삼 형제』 등이 동물 이야기에 해당한다.

(2) 유머 이야기

유머 이야기는 익살과 유머, 해학이 많은 이야기로, 바보나 멍청이, 조금 모자란 사람 등이 등장한다. 엉뚱하고 우스꽝스러운 사건들이 펼쳐지며, 사회의 권위나 경직된 관념을 풍자함으로써 삶의 진실을 보여 준다. 벼슬아치나 양반, 가부장제 속 남성들을 풍자하는 이야기 또한 이 유형에 속한다. 『소가 된 게으름뱅이』,

『훨훨 간다』, 『줄줄이 꿴 호랑이』, 『임금님 귀는 당나귀 귀』, 『요술 항아리』, 『호랑이와 곶감』, 『여우와 메추라기』, 『사윗감 찾는 두더지』, 『꽁지 닷 발 주둥이 닷 발』 등이 대표적인 유머 이야기다. 이수지 작가의 『그늘을 산 총각』은 재미난 옛날이야기를 현대적 일러스트와 아코디언 형식의 그림책으로 담아내어 전래동화를 신선하고 흥미롭게 접할 수 있게 한다.

(3) 마술 이야기

마술 이야기는 도깨비, 요정, 마녀, 귀신, 산신령, 거인, 난쟁이, 초인 등이 등장하는 이야기로, 다수의 민담이 이 유형에 속한다. 마술적 인물들은 현실적으로 불가능한 일을 하고, 주인공을 방해하거나 구해 주기도 하면서 극적인 재미와 흥미를 돋운다. 『콩쥐 팥쥐』, 『혹부리 영감과 도깨비』, 『여우누이』, 『정신없는 도깨비』, 『우렁각시』, 『도깨비감투』, 『신데렐라』, 『찔레꽃 공주』, 『복숭아동자』, 『바바야가』, 『빨간 부채 파란 부채』 등이 마술 이야기의 대표적인 예다.

최운식과 김기창(1988)은 신화, 전설, 민담의 차이를 〈표 5-1〉과 같이 제시하고 있으나, 신화와 전설, 민담이 확연하게 구분되지는 않아서 구전설화를 내용에 의해 신화, 전설, 민담으로 구분하기 어려운 경우가 많다.

표 5-1 신화, 전설, 민담의 차이

구분	신화	전설	민담
전승자의 태도	진실하고 신성하다고 인식	진실되리라 믿고, 실제로 있었다고 주장	흥미 본위로, 진실성, 신성성은 문제되지 않음
시간과 장소	일상적인 경험으로 측정할 수 있는 범위를 넘어선 태초의 일	구체적으로 제한된 시간과 장소	구체적인 시간과 장소가 없음
증거물	매우 포괄적	특정 증거물을 가짐	증거물이 제시되지 않음
주인공 및 그 행위	주인공은 신 신이 지닌 능력을 발휘	여러 종류의 인간 인간과 인간, 인간과 사물 사이에서 일어나는 예기치 않은 관계	일상적인 인간 운명을 개척해 감
전승 범위	민족의 범위	지역적 범위	지역이나 민족으로 제한되지 않음
기능 면	전 집단의 신앙을 요청하며 집단 단결의 핵심적 역할	일정 지역을 발판으로 애향심 고취	흥미 본위의 이야기로 예능적 문학성이 뛰어남

출처: 최운식, 김기창(1988).

4. 전래동화의 기능

전래동화는 아동에게 전통문화유산을 전달해 주고, 도덕성과 바람직한 인격 형성을 도와주며, 정신적 힘을 길러 줌과 동시에 상상력과 창의적 사고를 키워 주는 기능을 담당한다.

① 전통문화유산을 전달해 준다

과거와 현재를 연결하는 매개체인 전통문화유산은 민족의 정체성 확립과 화합의 기틀을 마련해 주며, 삶의 다양한 측면에 영향을 미치는 중요한 자산이다. 전래동화는 이야기를 만들어 낸 구성원들의 풍속과 습관, 생활, 사상, 신앙, 정서 등을 담고 있으며, 민족 중심 사회가 출현한 후 더욱 민족적 특성을 지니게 되었다.

즉, 전래동화는 민족의 고유한 전통과 사상의 뿌리를 가지기 때문에 전통사회의 중요 가치를 되살리는 좋은 도구가 될 수 있다(공인숙, 유안진, 한미현, 김영주, 권혜진, 2001). 아동들은 재미있는 이야기 형식을 통해 자연스럽게 충, 효, 우애, 신의 같은 우리 민족의 전통적 가치를 배우고, 조상들의 유머와 재치, 풍자와 해학, 생활의 멋과 지혜도 자연스럽게 접할 수 있다(최운식, 김기창, 1988).

② 도덕성과 바람직한 인격 형성을 도와준다

많은 전래동화의 주제는 권선징악이다. 바른 심성과 정직, 효행, 인내, 보은, 욕심에 대한 경계를 강조하는 전래동화는 아동의 도덕성과 윤리의식, 바람직한 인격 형성에 긍정적인 영향을 준다.

전래동화에서는 모든 선과 악이 어떤 인물의 모습이나 행위로 형상화되어 있다. 악한이 벌을 받는 결말 부분에서 아동이 도덕적 교훈을 얻는 것은 아니다. 현실에서나 옛이야기에서나 처벌에 대한 두려움은 악행을 제한적으로 억제할 뿐이고, 악행으로는 결코 승리할 수 없다는 확신이 더 효과적인 악행 억제 수단이다. 이것이 바로 옛이야기 속에서 악한이 마지막에 모든 것을 잃게 되는 이유다. 또한 마지막에는 선이 승리한다는 사실보다는 주인공이 너무나 매력적이라는 사실이 아동의 도덕성 발달에 더 기여한다. 아동은 주인공과 자신을 동일시하는데, 주인공과 더불어 온갖 시련과 고통을 겪다가 마지막에 승리하면 자기도 함께 승리했다고 상상한다. 아동은 이런 동일시를 통해 주인공의 내적 · 외적 투쟁으로부터 얻은 도덕률을 마음속 깊이 새긴다(Bettelheim, 1998). 즉, 아동은 암시적이고 흥미진진한 이야기를 통해 거부감 없이 자연스럽게 도덕 교육을 받게 된다. 이렇듯 전래동화는 친절, 겸손, 정직을 장려하고, 어려움에 처한 사람들에게는 용기를, 집단에게는 권선징악을 가르침으로써 도덕규범의 전승자 역할을 담당하였다(김세희, 2000).

③ 심리적 욕구와 문제를 해결할 수 있는 정신적 힘을 길러 준다

전래동화가 아동에게 충족감을 주면서 오랫동안 사랑받고 있는 이유 중 하나는 애착 형성과 분리불안, 부모 자녀 갈등, 형제간의 우애와 경쟁 등 아동 발달상의 다양한 욕구와 문제를 다루고 있기 때문이다. 옛이야기를 심리학적으로 분석하고 연구했던 심리학자 브루노 베텔하임(Bettelheim, 1988)은 아동이 다른 책보다 옛이야기에서 훨씬 만족감을 느끼는 이유를 옛이야기가 아동이 무의식적으로 겪는 심각한 내면적 억압을 이해하도록 해 주고, 내적 갈등을 소홀히 다루지 않으며, 일시적이면서도 영구적인 해결책을 제공하기 때문이라고 했다. 평범하고 힘없는 주인공들이 예기치 못한 곤경과 어려움, 역경에 굴하지 않고 맞서 싸워서 마침내 모든 장애물을 극복하고 결국에는 승리하게 되는 이야기를 통해 아동은 용기와 자신감을 얻고, 자신의 문제를 해결할 수 있는 정신적 · 심리적 힘을 기르게 된다.

④ 상상력과 창의적 사고를 키워 준다

유아기는 모든 사물에 영혼이 있다고 믿는 물활론적 사고를 하며, 인과응보식 도덕 판단을 하는 시기다. 유아기의 이런 특징은 전래동화의 인물 구성이나 사건, 권선징악적 윤리관과 매우 유사하다. 전래동화의 주제와 구성, 주인공의 성격이 아동의 사고방식에 가장 적합하므로 아동이 전래동화에 쉽게 몰입하게 된다(Bettelheim, 1998). 아동은 신과 영웅, 거인, 소인, 요정, 마녀, 공주와 왕자, 도깨비, 말하는 동물과 사물 등 매력적인 주인공이 등장하고 마법적 사건들이 펼쳐지는 공상의 세계에 푹 빠져 마음껏 즐기면서 무한한 상상력과 창의적 사고를 키우게 된다.

5. 전래동화의 활용

전래동화는 아동에게 매력적이고 전승 가치가 있는 문학작품일 뿐 아니라 발달적 · 교육적 측면에서도 중요성을 지닌 매체다. 따라서 아동교육 현장에서 전래동화를 활용한 다양한 프로그램을 개발하고 실시하는 것은 의미 있는 일이다.

전래동화는 통합교육활동의 자료로 다양하게 활용된다. 전래동화 한 편을 통해 언어교육뿐 아니라 미술, 음악, 인지 추론, 역사, 동극, 신체활동 등 다양한 교육으로 확장할 수 있다. 또한 『바바야가』, 『커다란 순무』, 『짚으로 만든 소』, 『빨간 모자』, 『장화 신은 고양이』, 『복숭아동자』 등 세계 여러 나라의 전래동화를 통해 다른 지역의 역사와 문화, 지리에 대한 관심도 이끌 수 있다. 『반쪽이』, 『재주 많은 다섯 친구』, 『주먹이』 같은 전래동화는 반편견 교육의 자료로 활용된다.

『아기 늑대 세 마리와 못된 돼지』, 『늑대가 들려주는 아기 돼지 삼 형제 이야기』, 『양들을 부탁해』처럼 널리 알려진 전래동화의 주제나 인물, 플롯, 시대적 배경 등을 변형하여 새로 쓴 패러디 동화는 아동으로 하여금 또 다른 즐거움과 흥미를 유발하고, 다양한 관점에서 사고할 수 있는 기회를 준다. 『개구리 왕자 그 뒷이야기』처럼 전래동화 뒷이야기 지어내기 활동은 아동의 상상력과 창의적 사고를 키우고, 창작의 즐거움을 알려 준다.

그림 5-1 '내가 좋아하는 책표지 그리기' 활동 중인 유아 (1)

그림 5-2 '내가 좋아하는 책표지 그리기' 활동 중인 유아 (2)

더 알아보기 **아동이 옛이야기에 매력을 느끼는 이유**

- 옛이야기의 초자연적인 배경과 사건이 매력을 느끼게 한다. 생활동화에서는 아동이 판타지나 상상의 세계에 빠져들기 힘들지만 초자연적인 시공간과 환상적인 사건이 등장하는 옛이야기에서는 아동이 무한한 상상력의 날개를 펼칠 수 있다.
- 옛이야기가 창작동화보다 훨씬 더 사실적일 수 있다. 즉, 부모에게 버림받은 아동, 아내를 버린 남편, 아버지의 무기력과 자식에 대한 무관심, 형제간의 갈등, 인간의 잔인성과 이기심, 극한 상황에서 홀로서기 등 어른들이 솔직하게 말해 주지 않는 인간과 삶의 어두운 진실이 담겨 있기 때문이다.

- 서술방식이 지닌 장점을 들 수 있다. 옛이야기는 교훈적 메시지와 삶의 진실을 상징과 이미지를 통해 간접적으로 전달한다. 그래서 아동은 '충효'나 '권선징악' 같은 교훈적인 메시지를 어른들로부터 배우는 것이 아니라 스스로의 힘으로 해독한다.
- 주인공의 성격적 매력과 사건의 극적 전개에서 찾을 수 있다. 많은 옛이야기에서 주인공들은 창작동화보다 훨씬 더 용감하고 진취적이며 독립적이다. 작고 힘이 없고 어수룩해서 가족과 사회의 주변을 맴돌던 인물들이 시련을 이기고 영웅이 된다.
- 사회계층 간의 장벽이 쉽게 무너진다. 가난한 과부의 아들 잭은 공주와 결혼하고, 천대받던 외톨이 신데렐라는 왕자와 결혼하며, 흉측한 외모를 지닌 신선비는 예쁘고 착한 대감집 딸과 결혼한다. 이러한 옛이야기들은 주인공에 대한 동일시를 통해 아동이 삶을 낙관적으로 바라보게 한다.

출처: 김환희(2005).

참고문헌

강문희, 이혜상(2008). 아동문학교육. 서울: 학지사.

강성화, 김경회(2003). 유아문학교육 이론과 실제. 서울: 동문사.

고문숙, 임영심, 김수향, 손혜숙(2021). 아동문학교육. 경기: 양성원.

공인숙, 김영주, 최나야, 한유진(2013). 아동문학. 경기: 양서원.

공인숙, 유안진, 한미현, 김영주, 권혜진(2001). 전래동화 활용 공평성 향상 프로그램이 유아의 공평성 추천에 미치는 영향. 한국가정관리학회지, 19(2), 23-30.

김세희(2000). 유아교사를 위한 유아문학교육. 경기: 양서원.

김영주(1998). 전래동화와 창작동화에 나타난 아버지 역할 비교. 서울대학교 대학원 박사학위논문.

김환희(2005). 옛이야기의 매력과 들려주기, 그리고 유년기의 추억. 서울: 열린어린이.

선주원(2013). 교육과정 개정에 따른 아동문학교육론. 서울: 박이정.

신헌재, 권혁준, 곽춘옥(2007). 아동문학과 교육. 서울: 박이정.

임성규(2008). 초등 문학교육의 담론과 아동문학의 지평. 서울: 한국문화사.

장영주(2008). 유아, 아동문학의 이론과 실제. 서울: 교육과학사.

최운식, 김기창(1988). **전래동화교육론**. 서울: 집문당.

Bettelheim, B. (1998). **옛이야기의 매력 1**(김옥순, 주옥 공역). 서울: 시공주니어. (원저는 1975년 출판).

본문에 실린 아동문학작품

개구리 왕자 그 뒷이야기 존 셰스카 글, 스티븐 존슨 그림. 보림. 1996.
개와 고양이 김중철 편. 유승하 · 최호철 그림. 웅진주니어. 1999.
견우 직녀 김향이 글, 최정인 그림. 비룡소. 2009.
구렁덩덩 새신랑 박경효 글 · 그림. 비룡소. 2009.
그늘을 산 총각 이수지 지음. 비룡소. 2021.
그리스 로마 신화 박선희 편. 아이즐북스. 2014.
꽁지 닷 발 주둥이 닷 발 김기정 글, 남주현 그림. 비룡소. 2016.
늑대가 들려주는 아기돼지 삼 형제 이야기 존 셰스카 글, 레인 스미스 그림. 보림. 1996.
늑대와 일곱 마리 아기 염소 그림 형제 글, 펠릭스 호프만 그림. 김재혁 옮김. 비룡소. 2000.
단군신화 이형구 글, 홍성찬 그림. 보림. 2007.
대별왕 소별왕 한태희 글 · 그림. 한림출판사. 2008.
도깨비 감투 정해왕 글, 이승현 그림. 시공주니어. 2008.
도솔산 선운사 이상희 글, 한태희 그림. 한림출판사. 2001.
마고할미 정근 글, 조선경 그림. 보림. 2006.
바리공주 김승희 글, 최정인 그림. 비룡소. 2006.
바바야가 타이마르크 르 탕 글, 레베카 도트르메르 그림. 김예령 옮김. 비룡소. 2008.
반쪽이 이미애 글, 이억배 그림. 보림. 1997.
복숭아동자 마쓰이 다다시 글, 아카바 수에키치 그림. 김난주 옮김. 비룡소. 2006.
북유럽 신화 에드거 파린 돌레르 · 인그리 돌레르 공저. 이창식 옮김. 시공주니어. 2002.
브레멘 음악대 그림 형제 글, 리즈베트 츠베르거 그림. 서애경 옮김. 어린이작가정신. 2015.
빨간 모자 그림 형제 글, 베르나데트 와츠 그림. 우순교 옮김. 시공주니어. 1996.

빨간 부채 파란 부채 이상교 글, 심은숙 그림. 시공주니어. 2006.

사윗감 찾는 두더지 유타로 글, 김선배 그림. 비룡소. 2014.

삼신할미 서정오 글, 이강 그림. 봄봄. 2006.

설문대할망 송재찬 글, 유동관 그림. 봄봄. 2007.

소가 된 게으름뱅이 김기택 글, 장경혜 그림. 비룡소. 2011.

신데렐라 샤를 페로 글, 로베르토 인노첸티 그림. 이다희 옮김. 비룡소. 2007.

아기 늑대 세 마리와 못된 돼지 유진 트리비자스 글, 헬린 옥슨버리 그림. 김경미 옮김. 시공주니어. 2006.

아기 돼지 삼 형제 폴 갈돈 글 · 그림. 이상희 옮김. 시공주니어. 2007.

양들을 부탁해 김세진 글 · 그림. 비룡소. 2014.

여우누이 김성민 글 · 그림. 사계절. 2005.

여우와 메추라기 이상교 글, 정현진 그림. 비룡소. 2016.

연오랑과 세오녀 김향이 글, 박철민 그림. 비룡소. 2012.

옛날에 여우가 메추리를 잡았는데 오호선 글, 박재철 그림. 길벗어린이. 2007.

요술 항아리 이수아 글 · 그림. 비룡소. 2008.

용감무쌍 염소 삼 형제 아스비에른센 · 모에 글, 마샤 브라운 그림. 김기택 옮김. 비룡소. 2008.

우렁각시 김용철 글 · 그림. 길벗어린이. 2009.

임금님 귀는 당나귀 귀 서정오 글, 한지희 그림. 보리. 1997.

은혜 갚은 꿩 이야기 이상희 글, 김세현 그림. 한림출판사. 2010.

장화 신은 고양이 샤를 페로 글, 프레드 마르셀리노 그림. 홍연미 옮김. 시공주니어. 2000.

정신없는 도깨비 서정오 글, 홍연우 그림. 보리. 2007.

재주 많은 다섯 친구 양재홍 글, 이춘길 그림. 보림. 1996.

좁쌀 한 톨로 장가든 총각 이상교 글. 보림. 1997.

주먹이 서정오 글, 이영경 그림. 삼성출판사. 2012.

줄줄이 꿴 호랑이 권문희 글 · 그림. 사계절. 2005.

짚으로 만든 소 우치다 리사코 글, 발렌틴 고르디추크 그림. 고향옥 옮김. 비룡소. 2015.

찔레꽃 공주 그림 형제 글, 펠릭스 호프만 그림. 한미희 옮김. 비룡소. 2000.

창세가 고승현 글, 김병하 그림. 책읽는곰. 2010.

처음 읽는 그리스 로마 신화 1 최설희 지음, 한현동 그림. 미래엔아이세움. 2020.

커다란 순무 김영미 지음, 박정인 그림. 하루놀. 2019.

콩쥐 팥쥐 송언 글, 조민경 그림. 애플트리테일즈. 2009.

토끼와 자라 성석제 글, 윤미숙 그림. 비룡소. 2010.

토끼의 재판 홍성찬 글 · 그림. 보림. 2012.

팥죽 할멈과 호랑이 소중애 글, 김정한 그림. 비룡소. 2010.

해와 달이 된 오누이 김미혜 글, 최정인 그림. 비룡소. 2014.

호랑이와 곶감 위기철 글, 김환영 그림. 국민서관. 2004.

혹부리 영감과 도깨비 오호선 글, 윤미숙 그림. 길벗어린이. 2014.

훨훨 간다 권정생 글, 김용철 그림. 국민서관. 2003.

흥부 놀부 홍영우 글 · 그림. 보리. 2014.

CHAPTER

06 생활동화

생활동화는 아동의 실제 생활 모습을 사실적으로 다룬 창작동화로, 가정과 학교, 사회 속에서 펼쳐지는 아동의 다채로운 삶의 모습과 고민들이 생생하게 담겨 있다. 아동은 친근한 주인공과 이야기가 담긴 생활동화를 통해 문학적 재미와 즐거움을 경험할 수 있을 뿐 아니라 위로를 받거나 문제해결방법을 배우고, 세상을 보는 시야를 넓힐 수 있다. 이 장에서는 생활동화의 정의와 특성을 알아보고, 다루고 있는 소재나 아동을 둘러싼 환경을 기준으로 생활동화의 유형을 구분해 본다. 그리고 생활동화가 가지는 교육적 가치와 실제 교육 현장에서의 활용방법에 대해 살펴보고자 한다.

1. 생활동화의 정의

생활동화란 아동의 삶과 주변 세계, 생활 경험을 사실적으로 다룬 동화를 말한다. 실제로 일어날 수 있는 범위 안에서 이야기가 펼쳐지므로 사실동화라 부르기도 한다. 좋은 생활동화란 삶의 맥락에서 개인적 · 사회적 관심사를 실제적으로 묘사하고, 작가의 관점에서 이를 조망해 보는 것이다. 생활동화가 다루는 삶이란 고통스러울 수도 있고, 익살스러울 수도 있고, 즐거울 수도 있는 여러 가지 측면에서의 삶이다. 즉, 생활동화는 나와 가족, 친구, 우정, 탄생과 죽음, 사랑과 증오 등 다양한 영역의 주제를 포함하고, 현재 우리 사회가 안고 있는 많은 문제를 사실적으로 반영한다(공인숙, 김영주, 최나야, 한유진, 2013).

2. 생활동화의 특성

생활동화는 비현실적인 세계를 다루는 환상동화와는 다른 특성을 지니는데, 생활동화의 특성을 문학의 요소별로 살펴보면 다음과 같다.

1) 배경

생활동화는 아동이 경험할 수 있는 사실 세계를 다루기 때문에 현실의 시공간이 배경이 된다. 작가는 실제 상황이거나 현실적으로 사건이 일어날 수 있는 공간과 시간을 설정하여 이야기를 끌어 나간다. 과거의 이야기든, 현재의 이야기든, 주인공이 사는 집이나 먹는 음식, 입는 옷 등은 시대적 상황에 맞아야 하고, 특정 장소를 배경으로 한다면 그 장소에 대한 묘사나 설명이 사실에 근거해야 한다. 또한 주인공의 이동 경로가 필요하다면 실제 지도상의 내용과 일치해야 한다. 사실동화에서는 인물의 성격이나 플롯은 자유롭게 선정할 수 있으나, 역사적 사건이나 장소는 정확하게 다루어져야 한다(공인숙 외, 2013).

2) 등장인물

생활동화의 인물은 주변에서 흔히 볼 수 있는 평범한 사람들로, 전형적이지 않고 다양한 장단점을 지녔으며 다차원적인 인물들이다. 따라서 아동은 주인공과 등장인물을 동일시하고 공감하기 쉽다. 이야기의 주인공은 대부분 특별한 사건을 겪고 문제를 해결해 가면서 심리적으로 좀 더 성숙해지고 긍정적인 변화를 겪는다. 인물의 성격이나 가치관 등은 말이나 행동에 드러나며 인물이 속한 지역이나 나라의 문화적 · 지역적 · 역사적 특성을 반영하기도 한다.

3) 구성

생활동화는 현실의 논리에 맞게 이야기가 전개된다. 누구나 겪을 수 있는 사건이나 갈등 상황이 발생하고, 주인공은 사건을 해결하기 위해 고민하고 현실적으로 가능한 행동을 취하면서 문제를 해결해 나간다. 전래동화나 환상동화처럼 비현실적인 조력자가 나타나는 경우는 거의 없으며, 전래동화처럼 항상 행복한 결말로 끝나는 것도 아니다. 특히 장애와 같은 주제를 다루는 생활동화에서는 장애의 징후를 정확하게 다루어야 하며, 문제가 현실적으로 해결되도록 주의해야 한다. 생활동화는 지어낸 이야기이지만 현실성과 사실성에 바탕을 두고 있으므로 독자들이 공감할 수 있는 좋은 생활동화를 쓰기 위해서는 인간 심리 및 행동에 대한 자료 조사가 바탕이 되어야 한다.

4) 내용 및 주제

생활동화는 실제 아동의 삶을 둘러싸고 있는 다양한 문제나 사건들을 소재로 다루고, 시대에 따라 변하는 문화사회적 가치도 반영한다. 생활동화에서 주로 다루는 소재로는 아동의 성장과 발달과제, 자아개념과 정체성 문제, 가족과의 관계, 부모의 이혼과 재혼, 친구나 학교생활, 더 나아가 가난과 전쟁, 인종차별 등 지역 사회와 환경 문제 등이 있다.

현대사회에서 증가하고 있는 이혼율, 미혼부모, 한부모가정 등 가족제도의 변화, 환경재해 및 오염 문제, 폭력과 범죄, 종교적·민족적 갈등 등 수많은 문제가 현대를 살고 있는 아동에게도 직접적인 영향을 미치고 있으며, 이러한 주제들도 생활동화에서 폭넓게 다루어지고 있다(고문숙, 임영심, 김수향, 손혜숙, 2021).

3. 생활동화의 유형

생활동화는 다루고 있는 소재나 아동을 둘러싼 환경에 따라 자아개념 및 성장에 관한 생활동화, 가족 이야기를 다룬 생활동화, 학교 이야기를 다룬 생활동화, 지역사회 및 사회 문제를 다룬 생활동화로 나눌 수 있다.

1) 자아개념 및 성장에 관한 생활동화

자아의 성장과 발달에 관한 생활동화는 아동이 성장하면서 겪게 되는 문제들을 통해 자아개념을 형성하고, 새로운 변화에 적응해 가는 과정을 그린다. 사회화 과정의 기본인 생활습관 형성과 아동의 자립심, 성취감을 다룬 생활 그림책부터 사춘기 시기의 고민이나 갈등을 다룬 동화까지, 다양한 연령대의 생활동화들이 이 유형에 속한다.

이슬이가 처음으로 심부름을 하게 되면서 겪는 일을 실감 나게 다룬 『이슬이의 첫 심부름』, 지원이와 병관이 남매가 단둘이 지하철을 타고 할머니 댁에 가는 과정을 담은 『지하철을 타고서』, 걱정이 많아 늘 불안해하는 빌리가 할머니로부터 걱정인형을 선물 받고 성장해 가는 이야기를 다룬 『겁쟁이 빌리』, 아버지의 실직으로 도시의 외삼촌댁에 맡겨진 리디아가 자신이 좋아하는 원예를 통해 어려움

을 극복하고 가족 간의 사랑을 가꾸어 가는 『리디아의 정원』, 옷이 작아져서 입을 수 없게 된 펠레가 새 옷을 얻기까지의 과정을 그린 『펠레의 새 옷』 등은 생생하고 아름다운 그림과 현실적인 이야기가 어우러져 흥미를 더한다. 유머와 재치로 아동 독자들의 사랑을 받고 있는 작가 수지 모건스턴의 대표작 『엉뚱이 소피의 못 말리는 패션』은 옷을 하도 이상하게 입어서 엉뚱이라 불리고 심리치료까지 받게 되지만 늘 당당하고 창의성 넘치는 소피의 모습을 통해 진정한 자존감과 개성이 무엇인지를 느끼게 해 준다. 그 외 작품으로는 『뻥! 나도 축구왕』, 『토마토라고 놀리지 마!』 등이 있다.

2) 가족 이야기를 다룬 생활동화

가족관계는 아동의 성장 발달에서 가장 중요하고 기초적인 관계다. 그런 만큼 현대 생활동화에서 가족 이야기는 가장 많이 다루어지는 소재로, 가족 간의 갈등과 화해, 사랑 이야기가 주류를 이룬다. 관계 측면에서는 부모-자녀 관계, 형제자매 관계, 조부모나 친척과의 관계 등으로 나눌 수 있고, 가족 내에서 일어나는 사건 측면에서는 부모의 이혼과 재혼, 아동학대, 조부모의 죽음이나 질병 등에 관한 내용으로 나눌 수 있다.

『피터의 의자』, 『난 형이니까』, 『순이와 어린 동생』, 『내 동생 싸게 팔아요』, 『동생이 미운 걸 어떡해!』, 『형보다 커지고 싶어』, 『장난감 형』 등은 형제자매 사이에서 일어나는 질투와 갈등, 사랑을 솔직하고 재치 있게 풀어낸 이야기로 아동에게 공감을 불러일으킨다. 청각장애 여동생을 둔 언니가 여동생의 일상을 담담하면서도 애정 어린 시선으로 이야기하는 『내게는 소리를 듣지 못하는 여동생이 있습니다』와 뇌성마비 형과 살아가는 동생의 이야기를 다룬 『아주 특별한 우리 형』은 장애를 가진 형제자매의 솔직한 마음과 사랑이 담겨 있어 장애에 대한 편견을 버리게 하고, 가족의 소중함을 깨닫게 도와준다.

일하는 엄마와 아이의 일상을 재미난 그림과 함께 담아낸 『엄마는 회사에서 내 생각해?』, 잔소리 많고 심부름만 시키는 엄마 아빠를 팔아 버린다는 발칙한 상상을 담은 『왕창 세일! 엄마 아빠 팔아요』는 부모자녀가 서로의 마음을 이해할 수 있게 도와주는 이야기다. 『누리에게 아빠가 생겼어요』, 『내 생각은 누가 해 줘?』는 재혼가정 아이의 고민을 진솔하게 풀어냈다. 『오른발, 왼발』, 『우리 가족입니다』, 『마레에게 일어난 일』은 조부모의 질병으로 인해 겪게 되는 아이의 심리를 사실적으로 보여 주고, 조부모와의 사랑과 교감을 느끼게 해 주는 이야기다. 할아버지의 죽음과 장례식에 대한 이야기를 유머와 감동으로 풀어낸 『마지막 이벤트』는 열세 살 주인공 영욱이를 통해 가족들이 겪는 현실적인 문제와 갈등을 생생하게 보여 주면서, 가족이 무엇이고 죽음이 무엇인지를 진지하게 생각해 보게 한다.

3) 학교 이야기를 다룬 생활동화

학교에 관한 생활동화는 학령기 아동의 공감을 불러일으키고 학교에서 벌어지는 다양한 갈등과 문제에 대해 생각해 보게 한다는 점에서 의의가 있다. 이 유형의 동화에서는 주로 또래 괴롭힘 문제, 친구 사이의 갈등과 폭력, 교사와의 관계, 학교생활 적응 등에 관해 다룬다.

『으앙, 오줌 쌌다!』, 『틀려도 괜찮아』, 『칠판 앞에 나가기 싫어!』, 『작으면 뭐가 어때서!』는 아이들이 학교생활에서 겪는 어려움과 적응 과정을 아동의 입장에서 솔직하고 생생하게 담아냈다. 학교 이야기를 다룬 생활동화 중에는 초등학교 교사로 일했던 작가들의 작품이 많다. 소중애 작가의 『거짓말쟁이 최효실』, 『내 맘대로 선생님 만들기』, 송언 작가의 『오시큰둥이의 학교생활』, 『멋지다 썩은 떡』, 『잘한다 오광명』, 류호선 작가의 『달마시안 선생님』, 천효정 작가의 『대박 쉽게 숙제하는 법』 등이 대표적이다. 교사로서의 경험과 고민을 담은 이 작품들을 통해 아이들은 책 읽는 재미를 느낄 뿐 아니라 학교와 친구, 선생님에 대한 긍정적인 마음을 키울 수 있다. 일본의 국민작가이자 교사였던 하이타니 겐지로가 쓴 『너는 닥스 선생님이 싫으냐?』는 고베시의 한 초등학교 교사의 실화에 바탕을 둔 이야기로 괴짜 선생님과 아이들의 갈등과 화해 과정을 통해 진정한 교육이 무엇인지에 대해 생각해 보게 하는 생활동화다. 섬세한 심리 묘사와 마음을 어루만지는 사실적인 이야기로 많은 사랑을 받고 있는 황선미 작가의 『나쁜 어린이 표』, 『초대받은 아이들』, 『들키고 싶은 비밀』, 『어느 날 구두에게 생긴 일』 등은 선생님의 관심을 받고 싶은 아이들, 친구들과 잘 어울리고 싶은 아이들의 심리와 행동을 생생하게 그려 낸 대표적인 생활동화다. 그리고 요즘 심각한 학교 문제가 되고 있는 또래 괴롭힘이나 학교폭력을 다룬 책들로는 『내겐 드레스 백 벌이 있어』, 『양파의 왕따 일기』, 『너, 그거 이리 내놔! 』, 『내 짝꿍 최영대』, 『까마귀 소년』, 『나를 괴롭히는 아이가 있어요』 등이 있다. 또래 괴롭힘이나 학교폭력은 피해자나 가해

자뿐 아니라 이를 지켜보는 아동에게도 부정적 영향을 줄 수 있으므로 이에 관심을 갖고 문제를 해결하는 데 다양한 문학작품을 활용해 보는 것이 좋다.

4) 지역사회 및 사회 문제를 다룬 생활동화

아동은 자라면서 가족, 학교라는 울타리를 벗어나 자신이 속한 지역과 나라, 지구촌에서 일어나는 일들에도 관심을 갖게 된다. 시대와 사회상을 반영하는 생활동화를 통해 아동은 사회와 세계에 대한 이해를 넓히고, 다양한 사회문제에 관심을 갖게 되며, 문제를 해결하기 위한 자신의 역할에 대해 생각해 볼 기회를 얻는다. 이 유형에 속한 생활동화의 주제로는 빈곤과 인종차별, 다문화, 전쟁, 환경 문제 등이 있다.

김중미 작가의 『종이밥』과 『괭이부리말 아이들』은 가난한 판자촌과 도시 변두리 달동네에서 살아가는 아이들과 사람들의 삶을 사실적이면서 가슴 저리게 담아낸 대표적인 생활동화다. 『사라, 버스를 타다』는 1950년대 미국 흑인 인권 운동의 시발이 된 로사 팍스의 이야기를 바탕으로 한 작품이다. 당시 미국에서 흑인들은 거의 모든 면에서 차별을 받았는데, 버스에서도 흑인과 백인의 자리가 구분되어 있었다. 미국 남부에 살고 있던 흑인 소녀 사라는 붐비는 버스 안에서 백인 자리에 앉았다가 일어나도록 강요받았지만 이를 거부하여 체포되었다. 이를 계기로 '버스 승차 거부 운동'이 시작되었고, 마틴 루서 킹 목사가 이 운동을 이끌었다.

『찬다 삼촌』, 『외갓집에 가고 싶어요』는 우리 사회의 중요한 이슈가 되고 있는 다문화 가정의 이야기를 통해 외국인에 대한 편견을 없애고 그들을 진심으로 이해하도록 도와준다. 『곰 인형 오토』, 『엄마에게』, 『적』, 『꽃할머니』와 『비무장지대에 봄이 오면』, 『무기 팔지 마세요!』, 『집으로 돌아가는 길』 등은 전쟁의 잔인함을 일깨워 주고, 평화의 소중함을 생각하게 한다. 해방 직후부터 1950년대까지를 배경으로 쓴 권정생의 『몽실 언니』는 전쟁과 가난으로 얼룩진 세상에서 부모를 잃고 어린 동생을 돌보면서도 착한 마음을 잃지 않고 굳세게 살아가는 몽실이를 통해 가슴 아픈 우리 역사와 사회상을 돌아보게 하고 감동과 희망을 전한다.

댐 건설로 수몰된 마을의 이야기를 다룬 『강물이 흘러가도록』, 도시의 재개발 과정을 사실적으로 다룬 『나의 사직동』은 문명의 발전과 환경 문제, 자연의 소중함에 대해 여러 가지 고민을 하게 만든다.

4. 생활동화의 기능

아동은 문학적 재미뿐 아니라 현실의 다양한 문제를 다루고 있는 생활동화를 통해 독서의 즐거움을 경험하고, 삶을 살아가는 다양한 방법을 배운다. 또한 삶의 의미와 가치를 생각해 볼 수 있어 정신적으로 한층 성장할 수 있다. 생활동화의 기능과 교육적 가치는 다음과 같다.

① 주인공에 대한 공감을 불러일으키고 독서의 즐거움을 알려 준다

생활동화는 주변에서 흔히 볼 수 있는 친숙한 인물들이 주인공으로 등장하며, 현실에 있음 직한 사건들이 펼쳐지므로 아동은 이야기에 쉽게 빠져들고 자신과 주인공을 동일시한다. 이러한 몰입 경험은 독서를 더욱 재미있고 즐거운 경험으로 인식하게 한다.

② 현실에서 당면하는 문제를 해결할 용기와 힘을 준다

자아개념 및 자아정체감 혼란, 형제자매 간 다툼, 또래 사이에서 벌어지는 문제, 가족 간 갈등은 대부분의 아동이 살아가면서 경험하는 문제들이다. 아동은 생활동화를 통해 다른 아동도 자신처럼 기뻐하고, 슬퍼하고, 두려워하며, 문제에 부딪히고, 갈등한다는 것을 알게 된다. 그리고 그러한 문제를 여러 가지 방법으로 해결해 나가는 동화 속의 인물을 통해 자신의 문제를 극복할 용기와 힘을 갖게 된다(김세희, 2000).

③ 간접 경험을 통해 시야를 넓혀 준다

아동은 서로 다른 문화와 지역, 시대를 배경으로 한 생활동화를 읽으면서 새로운 음식이나 의복, 독특한 생활상 등을 간접적으로나마 생생하게 경험한다. 이를 통해 역사적 · 문화적 다양성을 인식하고 시야를 넓힌다. 또한 서로 비슷한 시공간일지라도 개개인의 사정에 따라, 가족 및 지역사회의 특성에 따라 당면하는 문제나 해결과정, 가치관 등이 다름을 체험하면서 타인을 이해하고 존중하는 마음을 가지게 된다.

④ 사회문제에 관심을 갖고 올바른 가치관을 정립하도록 돕는다

생활동화는 아동을 둘러싼 사회문화적 환경이 반영되어 있는 문학으로, 빈곤이나 인권, 전쟁, 폭력, 환경 문제와 같이 다소 무거운 소재들을 다루기도 한다. 아동은 자라면서 자기 자신과 지역사회뿐 아니라 다른 나라와 지구촌의 다양한 문제에도 관심을 갖게 된다. 개인주의와 이기주의가 팽배한 현대사회에서 타인에 대한 따듯한 관심과 더불어 살아가는 가치에 대한 인식은 희미해질 수밖에 없다. 다양한 사회문제를 진솔하면서도 흥미롭게 다룬 생활동화는 아동이 자연스럽게 사회문제에 관심을 갖게 하고, 현실을 직시하게 한다는 점에서 큰 의의가 있다. 동화를 읽으면서 아동은 타인의 고통과 아픔을 공감하고, 모두가 행복한 사회를 만들기 위해 자신의 역할이 무엇인지, 올바른 가치가 무엇인지에 대해 진지하게 고민해 보면서 한층 성숙해진다.

5. 생활동화의 활용

생활동화는 아동의 실제 경험에 바탕을 두고 있기 때문에 생활동화를 읽는 아동은 등장인물과 그들의 문제를 동일시하거나 감정이입하기 쉽다(Russell, 1994). 또한 생활동화는 유아들에게 쉽게 동기를 유발시키고 유아의 태도를 긍정적인 방향으로 변화시키는 데 유용하다(이경우 외, 1997). 따라서 생활동화를 활용한 다양한 프로그램은 문학의 즐거움을 알려 줄 뿐 아니라 아동이 직면하고 있는 다양한 문제를 긍정적으로 바라보고 극복하는 데 도움을 준다. 실제로 생활동화를 활용하여 언어, 미술, 수학, 음악, 과학, 체육 등 통합적 프로그램을 실시한 결과 유아

그림 6-1 생활동화를 읽고 교통안전에 대해 토론하는 모습

그림 6-2 생활동화를 읽고 시장놀이 하는 모습

들의 생활습관 형성과 주도성에 긍정적인 영향을 미치는 것으로 나타났다(이세림, 2011). 또래 괴롭힘이나 학교폭력을 다룬 생활동화 읽고 토론하기, 역할놀이하기 등의 프로그램은 아동의 흥미를 돋우고, 함께 다양한 해결책을 모색할 수 있다는 점에서 학교에서 적극적으로 시도해 보았으면 한다.

참고문헌

고문숙, 임영심, 김수향, 손혜숙(2021). **아동문학교육**. 경기: 양성원.

공인숙, 김영주, 최나야, 한유진(2013). **아동문학**. 경기: 양서원.

김세희(2000). **유아교사를 위한 유아문학교육**. 경기: 양서원.

이경우, 장영희, 이차숙, 노영희, 이현자(1997). **유아에게 적절한 그림책**. 경기: 양서원.

이세림(2011). 생활동화를 활용한 통합교육활동이 만 3세반 유아의 생활습관형성 및 주도성에 미치는 영향. 성신여자대학교 대학원 석사학위논문.

Russell, D. L. (1994). *Literature for children: A short introduction*. New York: Longman.

본문에 실린 아동문학작품

강물이 흘러가도록 제인 욜런 글, 바버러 쿠니 그림. 이상희 옮김. 시공주니어. 2004.

거짓말쟁이 최효실 소중애 글, 김진령 그림. 채우리. 2014.

겁쟁이 빌리 앤서니 브라운 글 · 그림. 김경미 옮김. 비룡소. 2006.

괭이부리말 아이들 김중미 글, 송진헌 그림. 창비. 2013.

까마귀 소년 야시마 타로 글 · 그림. 윤구병 옮김. 비룡소. 2000.

곰 인형 오토 토미 웅거러 글 · 그림. 이현정 옮김. 비룡소. 2001.

꽃할머니 권윤덕 글 · 그림. 사계절. 2010.

나를 괴롭히는 아이가 있어요 아멜리 자보 글, 아니크 마송 그림. 이정주 옮김. 책읽는곰. 2023.

나의 사직동 김서정 글, 한성옥 그림. 보림. 2003.

나쁜 어린이 표 황선미 글, 산사 그림. 시공주니어. 2024.

난 형이니까 후쿠다 이와오 글 · 그림. 김난주 옮김. 아이세움. 2002.

너, 그거 이리 내놔! 티에리 르냉 글, 베로니크 보아리 그림. 최윤정 옮김. 비룡소. 2000.

너는 닥스 선생님이 싫으냐? 하이타니 겐지로 글, 허구 그림. 햇살과나무꾼 옮김. 2003.

내 동생 싸게 팔아요 임정자 글, 김영수 그림. 아이세움. 2006.

내 맘대로 선생님 만들기 소중애 글, 김이조 그림. 비룡소. 2013.

내 생각은 누가 해 줘? 임사라 글, 양정아 그림. 비룡소. 2006.

내 짝꿍 최영대 채인선 글, 정순희 그림. 재미마주. 1997.

내게는 소리를 듣지 못하는 여동생이 있습니다 진 화이트하우스 피터슨 글, 데보라 코간 레이 그림. 이상희 옮김. 웅진주니어. 2011.

내겐 드레스 백 벌이 있어 엘레노어 에스테스 글, 루이스 슬로보드킨 그림. 엄혜숙 옮김. 비룡소. 2002.

누리에게 아빠가 생겼어요 소중애 글, 전혜령 그림. 주니어RHK. 2008.

달마시안 선생님 류호선 글, 한지선 그림. 비룡소. 2008.

대박 쉽게 숙제하는 법 천효정 지음, 김무연 그림. 비룡소. 2022.

동생이 미운 걸 어떡해! 로렌 차일드 글 · 그림. 김난령 옮김. 국민서관. 2015.

들키고 싶은 비밀 황선미 글, 김유대 그림. 창비. 2001.

리디아의 정원 사라 스튜어트 글, 데이비드 스몰 그림. 이복희 옮김. 시공주니어. 1998.
마레에게 일어난 일 티너 모르티어르 글, 카쳐 퍼메이르 그림. 신석순 옮김. 보림. 2011.
마지막 이벤트 유은실 글, 강경수 그림. 비룡소. 2015.
멋지다 썩은 떡 송언 글, 윤정주 그림. 문학동네어린이. 2007.
몽실 언니 권정생 글, 이철수 그림. 창비. 2012.
무기 팔지 마세요! 위기철 글, 이희재 그림. 청년사. 2002.
비무장지대에 봄이 오면 이억배 글 · 그림. 사계절. 2010.
뻥! 나도 축구왕 허아성 글 · 그림. 비룡소. 2021.
사라, 버스를 타다 윌리엄 밀러 글, 존 워드 그림. 박찬석 옮김. 사계절. 2004.
순이와 어린 동생 쓰쓰이 요리코 글, 하야시 아키코 그림. 한림출판사. 1995.
아주 특별한 우리 형 고정욱 글, 송진헌 그림. 대교출판. 2008.
양파의 왕따 일기 문선이 글, 박철민 그림. 파랑새어린이. 2001.
어느 날 구두에게 생긴 일 황선미 글, 신지수 그림. 비룡소. 2014.
엄마는 회사에서 내 생각 해? 김영진 글 · 그림. 길벗어린이. 2014.
엄마에게 서진선 글 · 그림. 보림. 2014.
엉뚱이 소피의 못 말리는 패션 수지 모건스턴 글 · 그림. 최윤정 옮김. 비룡소. 2000.
오른발, 왼발 토미 드 파올라 글 · 그림. 정해왕 옮김. 비룡소. 1999.
오시큰둥이의 학교생활 송언 글, 최정인 그림. 웅진주니어. 2010.
우리 가족입니다 이혜란 글 · 그림. 보림. 2005.
왕창 세일! 엄마 아빠 팔아요 이용포 글, 노인경 그림. 창비. 2011.
외갓집에 가고 싶어요 정길연 글, 이정아 그림. 가교. 2008.
이슬이의 첫 심부름 쓰쓰이 요리코 글, 하야시 아키코 그림. 이영준 옮김. 한림출판사. 1991.
으앙, 오줌 쌌다! 김선희 글, 윤정주 그림. 비룡소. 2009.
작으면 뭐가 어때서! 마야 마이어스 글, 염혜원 그림 · 옮김. 비룡소. 2023.
잘한다 오광명 송언 글, 윤정주 그림. 문학동네어린이. 2008.
장난감 형 윌리엄 스타이그 글 · 그림. 김경미 옮김. 비룡소. 2017.
적 다비드 칼리 글, 세르주 블로크 그림. 안수연 옮김. 문학동네어린이. 2008.
종이밥 김중미 글, 김환영 그림. 낮은산. 2002.

지하철을 타고서 고대영 글, 김영진 그림. 길벗어린이. 2006.

집으로 돌아가는 길 리타 시네이루 글, 라이아 도메니크 그림. 김현균 옮김. 비룡소. 2022.

찬다 삼촌 윤재인 글, 오승민 그림. 느림보. 2012.

초대받은 아이들 황선미 글, 김진이 그림. 웅진주니어. 2001.

칠판 앞에 나가기 싫어! 다이엘 포세트 글, 베로니크 보아리 그림. 최윤정 옮김. 비룡소. 1997.

토마토라고 놀리지 마! 아니크 마송 글 · 그림. 이정주 옮김. 책읽는곰. 2023.

틀려도 괜찮아 마키타 신지 글, 하세가와 토모코 그림. 유문조 옮김. 토토북. 2006.

펠레의 새 옷 엘사 베스코브 글 · 그림. 김상열 옮김. 비룡소. 2003.

피터의 의자 에즈라 잭 키츠 글 · 그림. 이진영 옮김. 시공주니어. 2000.

형보다 커지고 싶어 스티븐 켈로그 글 · 그림. 조세현 옮김. 비룡소. 2008.

CHAPTER

07 환상동화

환상동화는 비현실적인 인물이 등장하거나 비현실적인 사건이 일어나는 동화로, 주로 일상에서 경험하는 일들과 공상적인 요소들을 자연스럽게 결합하여 다루고 있기 때문에 아동은 동화를 통해 실재성을 경험하면서도 자유로운 상상을 하고 창의적인 사고를 할 수 있다. 이 장에서는 환상동화의 정의와 특성에 대해 알아보고, 등장인물, 배경, 사건에 따라 환상동화를 유형별로 구분해 본다. 그리고 환상동화가 가지는 교육적 가치를 확인하며, 실제 환상동화의 활용방법에 대해 살펴보고자 한다.

1. 환상동화의 정의

환상동화는 비현실적인 인물이 등장하거나, 비현실적인 사건이 일어나는 동화 혹은 초자연적인 시공간을 배경으로 펼쳐지는 동화로 정의된다(권혁준, 2009). 환상동화는 실제 세계에서 발견되지 않는 요소들을 담고 있는데, 이러한 요소는 말을 하는 동물이나 무생물, 마술, 공간과 시간의 제약으로부터 자유롭다. 그러나 비현실적인 이야기라고 하더라도 나름의 논리와 질서를 가지고 전개되어야 한다(고문숙, 임영심, 김수향, 손혜숙, 2021).

환상동화는 불가사의하고 흥분되면서 만족감이 있는 색다른 세계인 꿈의 세계를 아동에게 보여 준다. 환상동화를 통해서 아동은 자유로운 상상을 함과 동시에 실재성을 경험하게 된다(Sutherland & Arbuthnot, 1991). 예를 들어, 존 버닝햄의 『지각대장 존』에서 주인공 존은 매일 학교에 가는 일상적인 하루에서 출발하여 실제로는 일어날 수 없는 상상적이고 희한한 일들을 경험하게 된다. 환상동화는 주로 일상에서 경험하는 일들과 공상적인 요소들을 자연스럽게 결합하여 다루고 있기 때문에 아동은 동화를 통해 실재성을 경험하면서도 자유로운 상상을 하고 창의적인 사고를 할 수 있게 된다.

더 알아보기 **환상동화의 준거**

훌륭한 환상동화가 갖추어야 할 기본 요건은 독창적인 줄거리이고, 이와 함께 갖추어야 할 기본적인 준거는 다음과 같다.

- 환상적 요소는 믿을 수 있는 것이어야 한다.
- 이야기 속에서 일어나는 일은 이야기 세상 내에서 논리적으로 모순이 없어야 한다.

- 이야기는 생생하게 뒷받침된 명확한 구조와 흥미로운 이미지 그리고 풍부한 언어를 가지고 있어야 한다.
- 환상적인 요소들은 줄거리와 주제에 맞춰 전개되어야 한다.
- 주인공은 그럴듯하고 친숙해야 한다.
- 현실에서 출발하여 실재와 연결되어야 한다.

출처: 공인숙, 김영주, 최나야, 한유진(2013).

2. 환상동화의 특성

환상동화는 초현실적 · 마술적 · 비현실적 특성을 가지며, 기적적인 인물, 사건, 물건이 등장하는 동화로, 현실의 모습을 상상의 세계를 통해 더 진실되게 보여 준다(김선옥, 윤정빈, 지은주, 유승희, 2006). 비현실적인 세계를 다루는 환상동화는 다음과 같은 특성을 지닌다(노운서, 노명희, 김명화, 백미열, 2013).

1) 배경

환상동화의 공간적 배경은 다양하다. 환상동화는 시간적 · 공간적 제약 없이 배경을 구성할 수 있어 과거와 현재 혹은 미래를 자유롭게 이동하고, 복합적인 시간과 공간 배경을 제시하기도 한다. 존 버닝햄의 『마법 침대』에서는 주인공이 침대에 누워 주문을 외우면 침대가 하늘 위로 날아올라 들판, 밀림과 같은 다양한 환상의 공간으로 여행을 할 수 있다. 앤서니 브라운의 『거울 속으로』에서는 주인공이 거울 속으로 들어가서 하늘을 색칠하는 사람, 아동이 하늘을 날아오르는 모습, 배와 기차가 하나로 만들어진 모습 등 현실에서는 경험할 수 없는 다양한 것을 보게 된다.

시간과 공간의 자유로운 이동을 위한 조건과 장치를 제시하여 터무니없는 이야기가 되지 않고 환상동화 내에서의 질서를 유지한다. 예를 들어, 존 버닝햄의 『구름 나라』에서는 주인공이 절벽에서 떨어짐으로써 환상의 세계로 가게 되고, 구름 여왕의 주문을 통해 현실세계로 돌아오게 되는데, 이러한 규칙은 환상동화의 전개에서 중요한 역할을 한다. 『마녀 위니』 시리즈에서는 위니의 마법에 의해 시공간을 자유자재로 이동하고, 앤서니 브라운의 『거울 속으로』에서는 거울을 통해 환상의 세계로 들어가게 된다.

이와는 다르게 존 버닝햄의 『셜리야, 목욕은 이제 그만!』에서는 셜리의 부모가 있는 현실세계는 왼쪽에, 셜리의 환상세계는 오른쪽에 배치함으로써 욕실에서 잔소리를 늘어놓는 엄마와 모험의 세계로 떠난 셜리가 양면에 나란히 보여 두 세계 사이의 전환을 즐길 수 있는 기회를 제공한다. 또한 이수지의 『동물원』에서는 동물을 가둬 놓고 구경하는 현실세계와 자유로운 동물들이 뛰어노는 상상의 세계를 무채색과 유채색으로 대비시켰다.

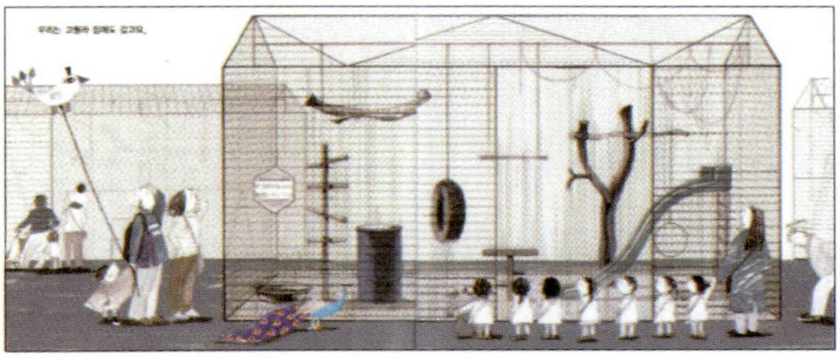

2) 등장인물

환상동화에서는 주인공을 비롯한 등장인물에 대한 묘사가 섬세하고, 인간뿐 아니라 말하는 동물과 무생물 같은 다양한 유형의 인물이 등장한다. 예를 들어, 앤서니 브라운의 『고릴라』는 고릴라를 좋아하는 한나에게 어느 날 밤 고릴라 인형이 진짜 고릴라가 되어 나타나 한나를 데리고 동물원에 가서 즐거운 시간을 보내는 이야기다. 존 버닝햄의 『내 친구 커트니』도 개를 키우고 싶어 하는 아동이 늙은 개 커트니를 키우게 되면서 겪게 되는 이야기로, 개가 음식도 만들어 주고 아기

도 돌봐 주는 역할을 한다.

전래동화의 주인공은 이름이나 성격, 외모에 대한 자세한 묘사 없이 매우 단순하게 언급되는 반면, 환상동화에서는 주인공이 입체적인 성격으로 묘사된다. 초기 환상동화에는 도깨비나 요정, 마녀처럼 아동에게 친숙한 주인공들이 등장하였으나, 최근에는 가공의 인물을 만들어 내기도 한다. 토미 웅거러의 『달 사람』은 달 속에 옥토끼나 선녀가 산다는 이야기에 약간의 상상을 더해 만들어진 작품이다. 외로운 달 사람이 지구 사람들하고 어울리고 싶어서 지구로 내려오지만, 지구 사람들과 생긴 모습이 다른 달 사람은 침입자로 간주되어 결국 다시 달로 돌아가게 된다는 이야기로, 달 모양에 따라 모습이 달라지는 달 사람의 특성과 이러한 특성으로 위기를 극복하는 모습을 담고 있다.

3) 주제

환상동화는 비전형적인 인물, 제약을 받지 않는 배경과 플롯으로 인해 다른 장르보다 다양한 주제를 다룰 수 있다. 환상동화는 신비로운 경험과 색다른 체험으로 아동에게 용기와 지혜를 전해 주고, 아동의 삶을 둘러싸고 있는 다양한 문제나 사건들을 주제로 다룬다. 존 버닝햄의 『야, 우리 기차에서 내려!』는 브라질의 환경 운동가 치코 멘데스를 기려 만든 그림책으로, 기차놀이를 좋아하는 아동이 개와 함께 떠난 꿈의 기차여행에서 겪는 이야기다. 날씨와 계절이 바뀔 때마다 생존

을 위협당하는 동물들이 나타나고, 이와 관련해 세계 곳곳에서 벌어지고 있는 인간의 자연 파괴 상황을 고발한다. 이를 통해 환경문제를 제기하고 자연파괴, 환경보호에 대한 생각을 하게 한다.

『개와 고양이의 영웅 플릭스』는 고양이 엄마, 아빠가 낳은 강아지 플릭스의 이야기다. 플릭스는 친구들에게 따돌림을 당하는 힘든 시기를 겪지만 개와 고양이의 도시를 화해시키고 영웅이 된다. 말이나 생김새가 달라도 한마음이 될 수 있음을 보여 주는 그림책이다.

토미 웅거러의 『꼬마 구름 파랑이』에는 양떼 같은 구름 위로 사뿐사뿐 뛰어가는 꼬마 구름 '파랑이'가 전해 주는 평화의 메시지가 담겨 있다.

4) 구성

환상동화에서는 관련 사건들이 논리성을 가지고 이야기가 전개된다. 일상에서 경험하는 세계와 또 다른 세계를 만나는 구성의 환상동화는 집을 떠나서 환상세계로 이동하고, 다시 현실세계로 돌아오는 플롯으로 구성되어 있다. 현실과 환상을 이동하는 과정이 자연스럽게 전환되어야 한다. 모리스 센닥의 『깊은 밤 부엌에서』는 현실세계에서 환상세계로 갈 때와 다시 현실세계로 돌아올 때 두둥실 떠서 자연스럽게 이동한다.

또한 현실세계에서 환상세계로 이동하기 위해 주인공은 현실에서 심각한 갈등을

느끼거나 무엇인가를 갈망해야 한다. 이것이 실제세계로 안내할 수 있는 개연성을 부여하게 된다. 『괴물들이 사는 나라』에서 주인공인 맥스가 심한 장난을 치자 엄마는 저녁밥을 주지 않고 아이를 방에 가둔다. 엄마에 대한 맥스의 불만과 고독 등의 감정이 어른이 개입할 수 없는 상상의 세계가 필요함을 보여 준다(공인숙 외, 2013).

더 알아보기 **환상동화의 선정 기준**

좋은 환상동화를 선정할 때 아동문학의 요소별로 충족시켜야 하는 기준은 다음과 같다.

주제

- 다양하고 가치 있는 주제를 다루는가?
- 새로운 통찰력과 인식을 갖게 하는가?
- 상상력을 확장하는가?
- 주제가 인물이나 플롯과 잘 융합되어 자연스럽게 표현되었는가?

플롯

- 일련의 사건들이 논리적 일관성을 가지고 있는가?
- 줄거리가 믿을 만한가?
- 환상과 실제가 잘 융합되어 불가능한 것을 가능하게 하는가?
- 우연적인 사건의 남발이 없는가?

- 현실과 환상 세계의 전환이 있다면, 두 세계의 전환이 자연스러운가?
- 환상적 요소가 논리적으로 이야기에 잘 융합되는가?
- 마술적 요소가 일관성이 있는가?

등장인물

- 등장인물의 감정과 상황이 인간 생활의 보편성에 근거하여 실제와 연결되어 묘사되었는가?
- 동일시할 수 있는 등장인물인가?
- 등장인물이 일관성 있는 행동과 믿을 만한 방법으로 사건에 반응하는가?
- 현실세계에 있는 인물이 환상적인 상황 속으로 들어가도 그 인물이 일관성 있게 묘사되었는가?
- 등장인물이 광범함, 순진함, 아이다움이 있고, 호기심이 풍부하여 선한 본성을 지니는가?

배경

- 시간적 요소가 사실처럼 표현되었는가?
- 공간적 배경이 진실되고 이야기에 잘 융합되는가?

출처: 신헌재, 권혁준, 곽춘옥(2007).

3. 환상동화의 유형

학자들마다 환상동화를 분류하는 유형은 다양하다. 서더랜드와 어버스넛(Sutherland & Arbuthnot, 1991)은 환상동화를 민담의 요소를 가진 환상동화, 순수한 상상에 의한 환상동화, 의인화된 동물과 무생물을 다룬 환상동화, 유머 환상동화, 공상과학동화 등으로 분류하고 있다. 템플 등(Temple, Martinez, Yokota, & Naylor, 1998)은 환상동화를 낮은 수준의 환상동화, 의인화된 동물의 환상동화, 이색적인 인물과 유머러스한 상황의 환상동화, 이상한 세상의 환상동화, 초자연적인 요소의 환상동화 등으로 분류하였다.

김세희와 임영심(1999)은 등장인물의 속성, 배경의 속성, 사건의 속성에 따라 환상동화를 구분하였는데, 등장인물은 초현실적 인물과 의인화된 동물, 의인화된 사물, 현실적 인물로 구분되고, 배경은 신비한 배경과 과학환상동화, 사건은 비현실적 사건과 초현실적 사건으로 구분된다. 김세희와 임영심(1999)의 분류에 따라 환상동화의 유형별 특징을 살펴보면 다음과 같다.

1) 등장인물에 따른 분류

(1) 초현실적 인물이 나오는 환상동화

초현실적 인물이 나오는 환상동화는 전래동화와 유사한 점이 많다. 전래동화에는 도깨비, 요정, 마녀, 귀신, 산신령, 거인, 난쟁이, 초인과 같은 마술적 인물들이 등장하여 현실적으로 불가능한 일을 한다. 초현실적 인물이 나오는 환상동화 역시 마법을 사용하여 신기한 행동으로 사건을 해결한다. 인물의 외모는 평범한 인간이지만 상식을 초월하는 행동을 하고 이러한 행동이 재미와 흥미를 유발한다.

『마녀 위니』 시리즈는 초현실적 인물이 나오는 환상동화의 대표적인 사례다. '수리수리 마하수리!'라는 주문과 함께 원하는 것은 무엇이든 나타나게 하는 마법을 쓰며, 빗자루를 타고 고양이 윌버와 함께 어디든 날아다니는 마녀 위니의 이야기다. 위니는 문제에 맞닥뜨릴 때마다 마법으로 무엇이든 만들어 내지만, 때로 그 마법에 허점이 있어 더 큰 소동을 일으키기도 한다. 『마녀 위니의 빗자루 사건』은

교통 규칙을 잘 모르는 위니가 교통안전 지킴이가 되어 보는 내용이고, 『마녀 위니의 엉망진창 낚시 소동』은 고양이 윌버를 위해 바다낚시를 가서 물고기를 잡기 위해 마법을 쓰는 내용이다. 『마녀 위니의 박쥐 요리』에서는 위니의 동생인 윌마가 불량식품만 먹는 위니에게 잔소리를 하자, 위니가 영양 있고 맛있는 요리를 하겠다며 박쥐를 잡으러 가는 과정에서 일어나는 일들을 재미있게 풀어냈다.

(2) 의인화된 동물이 나오는 환상동화

사람처럼 이야기하고 느끼고 행동하는 의인화된 동물이 나오는 환상동화를 말한다. 물활론적인 사고 특성을 보이는 유아는 의인화된 동물이 나오는 환상동화에 재미와 즐거움을 느낀다. 이 유형에 속하는 환상동화로는 『검피 아저씨의 뱃놀이』, 『치과의사 드소토 선생님』 등이 있다.

케빈 헹크스의 『우리 선생님이 최고야!』는 선생님이 되고 싶은 꼬마 생쥐 릴리의 이야기다. 아동이 실제 경험할 수 있는 선생님과의 관계를 릴리를 통해 보여준다.

『손 큰 할머니의 만두 만들기』는 설날마다 무엇이든 엄청 많이 하는 손이 큰 할머니가 숲속 동물들과 만두를 빚는 이야기다. 다양한 동물이 사람처럼 만두소를 만드는 모습이 민화풍의 그림으로 묘사되어 있다.

『검피 아저씨의 뱃놀이』는 옆집 아저씨와 함께 신나게 뱃놀이를 떠나는 동네 꼬마들의 이야기로, 동네 꼬마들, 토끼, 고양이, 개가 차례로 이야기를 나누며 배에 올라탄다. 갓 말을 배운 아동의 말투처럼 짧고 어눌하게 쓰여 있는 문장이 아동에게 친숙함을 느끼게 해 주고, 짧은 문장을 통해서도 남에게 무언가를 부탁할 때에 지켜야 할 언어 예절을 알려 준다.

『치과의사 드소토 선생님』은 생쥐 치과의사 선생님의 이야기다. 사람처럼 옷을 입고 비슷한 생활도구를 갖춘 집에서 살고 있지만, 이를 치료하는 과정이나 도구는 실제와 비슷하게 묘사되어 있어 환상과 실제가 자연스럽게 연결되어 있다. 아동은 이 책을 통해 치과의 상황을 잘 알 수 있고, 치과에 대해 친근하게 느낄 수 있다.

이 밖에도 엄마를 잃은 아기 코끼리 바바의 모험을 그린 『코끼리 왕 바바의 모험』, 땅속에 사는 두더지가 자신의 머리에 똥을 싼 누군가를 찾아 떠나는 『누가 내 머리에 똥 쌌어?』, 수탉의 삶의 여정을 그린 『세상에서 제일 힘센 수탉』, 들꽃의 아름다움을 발견한 오소리 아줌마의 이야기 『오소리네 집 꽃밭』, 돼지와 거미의 우정을 다룬 『샬롯의 거미줄』 등도 사람처럼 말하고 느끼는 동물들이 주인공으로 등장하는 환상동화다.

(3) 의인화된 사물이 나오는 환상동화

장난감과 같은 사물들이 인간의 사고, 언어, 감정을 지닌 존재로 그려지는 환상동화는 아동에게 매력적이다. 물활론적 사고를 하는 아동은 생명을 부여받아 움직이는 놀잇감에 관한 환상동화를 인형놀이를 하는 것처럼 자연스럽게 받아들인다. 의인화된 사물이 나오는 환상동화에는 『강아지똥』, 『아씨방 일곱 동무』 등이 있다.

『강아지똥』은 더럽고 필요 없는 존재라고 구박받던 강아지똥이 민들레꽃으로 다시 태어나는 과정을 통해 아동에게 자연의 이치를 자연스럽게 보여 준다. 또한 자신이 이 세상에 쓸모없는 사람이라고 생각하다가도 자신의 존재 가치를 발견하는 경험을 할 때 누구나 자신을 사랑하게 되고 생명의 소중함을 느끼게 됨을 보여 준다.

『아씨방 일곱 동무』는 고수필 「규중칠우쟁론기」를 그림책으로 각색한 작품이다. 바느질할 때 쓰는 도구인 척부인(자), 가위 색시(가위), 바늘 각시(바늘), 홍실 각시(실), 골무 할미(골무), 인두 낭자(인두), 다리미 소저(다리미)를 의인화하여 이야기가 진행된다. 바느질 도구들의 쓰임새에 대해 알려 주고, 우리 옛 노래의 운율을 충분히 살려 아동에게 책 읽는 즐거움까지 안겨 준다.

이 밖에도 『막대기 아빠』는 가족의 품을 떠나게 된 막대기 아빠가 험난한 모험을 겪고 돌아오는 가족애를 그렸고, 『까만 크레파스』는 크레파스 친구들을 통해 관계 맺음에 대해 알려 준다. 『프라이팬 할아버지』는 프라이팬 할아버지의 모험에 관한 이야기를, 『말괄량이 기관차 치치』는 말썽 많은 꼬마 기관차 치치가 벌이는 모험 이야기를 보여 준다.

(4) 현실적 인물이 나오는 환상동화

현실적 인물이 나오는 환상동화에서는 사람은 사람처럼, 동물은 동물처럼 행동한다. 현실세계에서 현실적 인물이 등장하나 사건을 해결하는 과정에서 신기한 일들이 일어나고 풍자와 과장, 언어적 유희 등을 사용한다. 현실에서 전혀 일어날 수 없는 일은 아니지만 실제로 일어나기 힘든 과장된 이야기를 통해 재미를 준다(고문숙 외, 2021). 대표적인 사례로 『지각대장 존』을 들 수 있다. 존은 날마다 학교 가는 길에 악어가 나타나서 가방을 빼앗으려고 하거나, 사자가 엉덩이를 무는 등 예상치 못한 일이 생겨 지각을 하곤 한다. 그때마다 선생님에게 지각한 이유를 말하지만 선생님은 존에게 더욱더 심한 벌을 준다. 영국의 그림책 작가 존 버닝햄은 권위적이고 일방적인 교육 풍토를 비판적으로 그려 내고 있다.

『목욕은 즐거워』는 주인공이 목욕을 하는 과정에서 일어나는 일에 관한 책이다. 물이 가득 담긴 욕조에서 거북, 펭귄, 물개, 하마와 같은 다양한 동물이 나와 함께 이야기도 하고, 놀이하면서 목욕을 하는 내용으로, 목욕의 즐거움과 물놀이의 재미를 보여 준다.

『커졌다!』는 '구름을 뚫고 우주까지 시원하게 커져 버리면, 얼마나 좋을까?'라는 아이의 상상이 현실이 되는 만족감을 체험할 수 있는 그림책이다.

더 알아보기 **존 버닝햄**

나의 정신연령은 다섯 살

런던 외곽 햄스테드 히스의 자택에서 만난 버닝햄은 오래돼 삐걱거리는 마루를 꾸부정한 걸음으로 오가며 직접 홍차를 끓여 왔다. "걸음걸이가 존 패트릭 맥헤너시(그의 대표작 『지각대장 존』의 주인공)를 닮았다."라고 농을 걸자, 그는 "나는 시간을 잘 지키는 아이였다." 라고 답했다. 열 군데 이상 학교를 옮겨 다니다 결국은 서머힐 스쿨(영국의 대표적인 대안학교)에 안착했던 괴짜소년. 공부보다는 숲과 동물에 미쳐 있던 버닝햄은 "제2차 세계대전으로 1년간 학교에 안 다녔을 때가 내겐 가장 행복한 시절이었다."라고 회고했다.

- 존, 셜리 등 당신의 어린 주인공들이 소심하고 다분히 냉소적인 것은 당신의 특별한 유년기와 관련 있는 듯하다.

  "서머힐 시절은 축복이었다. 수업을 억지로 들을 필요가 없었으므로 대부분의 시간을 미술실에서 빈둥거리며 보냈다. 자유로운 어린 시절을 보냈다는 것은 그림책을 만들 수 있는 최고의 바탕이다."

- 교통 포스터 디자인 등 갖은 일들을 전전하다 1963년 데뷔작 『깃털 없는 기러기 보르카』로 영국의 권위 있는 '케이트 그리너웨이상'을 수상했다. 그림책 작가가 되려던 동기는 무엇이었나?

  "그건 나의 정신연령(mental age)과 관계가 있다. 사람들이 내게 몇 살이냐고 물으면 나는 다섯 살이라고 답한다. 당신도 동화작가로 성공하려면 그 또래 아이들의 언어, 특히 농담을 알아들을 수 있어야 한다. (웃음)"

- 거칠게 그어 댄 펜 선, 크레용부터 사진 콜라주에 이르기까지 활용한 풍부한 표현은 아이들을 매혹시킨다.

  "어느 한 가지 재료에 구속받으면 상상력도 무너지고 그림도 망가진다. 머릿속에 완벽한 이야기가 구성되지 않으면 1년이 걸리더라도 그림을 그리지 않는다."

- 당신의 삶과 작품에 중대한 영향을 끼친 사람이 있는가?

  "10대 후반, 군대에 가지 않으려고 '프렌즈 앰뷸런스 유니트'라는 단체에 들어가 2년 6개월간 숲과 슬럼가, 이탈리아 남부와 이스라엘을 떠돌며 막노동했던 적이 있다. 그때 만난 사람들, 들었던 이야기들은 나의 작업에 가장 큰 밑천이다."

- 그림책 『곰사냥을 떠나자』를 그린 헬렌 옥슨버리가 당신의 아내다. 유명한 부부 그림책 작가는 자녀들을 어떻게 키우는지 궁금하다.

  "평범하게, 아니 무심하게 키웠다. 어느 날 정신 차려 보니 죄다 그림을 그려 대고 있었다." (버닝햄의 세 남매 루시, 빌, 에밀리는 모두 화가이자 일러스트레이터로 활동하고 있다.)

- 삶에서 가장 중요한 것은 무엇인가?

  "적어도 휴일과 사치품은 아니다."

출처: http://news.chosun.com/svc/content_view/content_view.html?contid=2003111770314(입력: 2003/11/17 17:07 | 수정: 2003/11/17 17:38)

2) 배경에 따른 분류

(1) 신비한 배경의 환상동화

신비한 배경의 환상동화에서는 주인공이 현실을 초월한 시간과 공간으로 여행을 한다. 예를 들어, 높은 하늘에 닿고 싶어 했던 소년이 엠파이어 스테이트 빌딩에서 장난꾸러기 구름을 만나 하늘 위 구름 공항에서 경험하는 다양한 사건을 담고 있는 데이비드 위즈너의 『구름 공항』에서 구름이 만들어지는 구름 공항이라는 배경은 아동에게 상식과 관습을 넘어선 상상력을 자극한다. 또한 존 버닝햄의 『구름 나라』에서는 절벽에서 떨어진 가족들이 구름 위라는 환상의 세계로 여행을 가게 된다. 이처럼 시간여행을 하는 환상동화에서 시간 개념은 연속적인 개념이 아니라 등장인물들이 다른 공간 사이를 오고 가고, 다른 세계를 만나게 하는 수단이 된다. 이를 위해 현실세계와 환상세계를 오고 가는 다양한 장치를 제시하고 있다.

레이먼드 브릭스의 글 없는 그림책 『눈사람 아저씨』에서는 꿈을 통해서 현실과 환상을 연결하고 있다. 눈사람을 만들고 잠이 든 주인공이 꿈속에서 눈사람 아저씨를 만나 환상의 세계를 다녀오고 잠에서 깨어 현실로 돌아와서 눈사람이 형체도 없이 녹아 버린 것을 발견한다.

『괴물들이 사는 나라』는 현실과 환상의 세계를 자연스럽게 구분할 수 있도록 독특하게 구성되어 있다. 주인공 맥스가 장난을 치다가 엄마에게 벌을 받아 방에 갇히게 되었는데, 방이 밀림과 강으로 변해 괴물들이 사는 나라로 가서 모험을 하는 이야기다. 맥스의 현실이 표현된 부분은 여백이 많고 그림이 작다. 그러다가 천천히 여백이 좁아져 맥스의 방이 세계 전체가 되었을 때는 여백이 완전히 없어지고 그림이 페이지를 가득 채운다. 맥스가 현실로 돌아오고 싶어 할 때쯤에 다시 그림이 줄어들고 여백이 늘어난다.

앤서니 브라운의 『고릴라』는 고릴라를 좋아하는 한나가 아빠가 사 준 고릴라를 통해 판타지의 세계로 들어가고, 거기서 아빠의 역할을 대신해 주는 고릴라와 행복한 시간을 보내는 이야기다.

이 밖에도 모리스 센닥의 『깊은 밤 부엌에서』의 주인공 미키는 밀가루 반죽으로 비행기를 만들어 환상세계로 갔다가 밀가루 반죽 그릇으로 되돌아오게 된다.

(2) 과학환상동화

과학환상동화는 마술과 같은 초현실적인 부분과 과학적이고 기술적인 지식이 결합된 환상동화다. 공상과학동화라 부르기도 하는데, 현실세계에서의 사건을 다루지만 다른 시간과 공간을 사용하며, 지구의 미래에 일어날지 모르는 일들에 대해서 이야기하고, 개인의 책임을 강조한다. 과학환상동화는 실현가능성이 있는 이야기라는 점에서 다른 유형의 환상동화와 차이점이 있다. 또한 미래에 초점을 두어 우주, 로봇과 같은 기술공학과 관련된 이야기들이 주를 이룬다.

대표적인 그림책으로 박연철 작가의 『지구를 지켜라』가 있다. 작가는 어린 시절 영화관에서 지구를 지켜 내는 영웅 로봇 이야기를 접하고 '나도 지구를 지키겠다.'는 결심을 했고, 지구를 지키기 위해 아름답고 건강한 이야기가 담긴 그림책을 만들었다.

미래를 암울하게 보고 생존에 대한 이야기를 다룬 『바람이 불 때에』는 세계대전이 일어나 영국에 핵폭탄이 투하되는 상황을 가정하여, 핵전쟁과 방사능 유출의 절망적인 상황에 놓인 늙은 부부의 모습을 아주 사실적으로 보여 줌으로써 핵전쟁의 참상과 비인간성을 보여 주는 작품이다.

3) 사건에 따른 분류

(1) 비현실적 사건이 벌어지는 환상동화

비현실적 사건이 벌어지는 환상동화는 현실적 주인공이 비현실적 사건을 만나서 벌어지는 일들을 그려 낸 환상동화다. 상상이나 꿈을 통해 현실적으로 일어날 수 없는 사건을 만나게 되는데, 현실세계와 환상세계가 구별되지 않는 배경에서 이야기가 진행된다는 점이 시간여행 환상동화와는 차이가 있다.

『개미나라에 간 루카스』는 주인공 루카스가 아무 잘못이 없는 개미들을 괴롭힌 죄로 개미나라에 끌려가서 벌을 받는 이야기다. 루카스는 크고 힘센 친구에게 괴롭힘을 당하고, 화가 나서 개미들을 물총으로 괴롭힌다. 조그마한 개미들에게 붙들려 개미나라의 재판장에 끌려간 루카스는 유죄를 선고받고, 개미만하게 몸집이 작아져 일개미들과 함께 하루 종일 힘든 일을 하게 된다. 또한 마을을 공격하는 말벌과 거미들하고도 싸우고, 여왕개미의 시중을 들게 된다. 이러한 다양한 사건은 루카스가 작아지면서 겪게 되는 비현실적인 사건들로, 주인공에게 자신을 이입하는 아동들은 루카스처럼 작아져 색다른 세상을 경험하는 즐거움을 얻을 수 있다.

『줄무늬가 생겼어요』는 온몸에 줄무늬가 생기는 병에 걸린 카밀라의 이야기다. 카밀라는 아욱콩을 아주 좋아하지만 절대 먹지 않는다. 다른 친구들이 모두 콩을 싫어하기 때문이다. 그런데 학교 가는 첫날 아침, 카밀라의 온몸에 알록달록

한 줄무늬가 생긴다. 줄무늬는 별, 사각형, 물방울 등 온갖 무늬로 변한다. 카밀라가 콩을 먹고 싶은 마음을 계속 무시하자, 몸에 꼬리가 생기고 뿌리가 나다가 눈은 액자로, 코는 서랍장으로, 입술은 침대로 변하기까지 한다. 작가인 데이빗 섀논은 아이의 숨겨진 욕구가 엉뚱한 방향으로 표현되는 상황을 줄무늬병이라는 비현실적인 사건으로 보여 준다.

『도깨비를 빨아버린 우리 엄마』는 빨래하기를 좋아하는 엄마가 빨랫줄에 걸린 더러운 천둥도깨비를 발견하여 깨끗하게 빨고, 아이들은 잘 마른 도깨비 얼굴에 사라진 눈, 코, 입을 예쁘게 그려 하늘로 돌려보냈다는 이야기다. 도깨비를 빨랫감처럼 빤다는 것, 더러운 도깨비가 깨끗해진다는 것은 비현실적인 사건이지만, 빨래하는 것을 좋아하는 힘이 센 엄마는 현실과 맞닿아 있다.

『알사탕』은 혼자 노는 아이, 동동이가 신비한 알사탕을 통해 주변 존재들의 속마음을 듣게 되는 마법 같은 이야기를 담고 있다. 동네 문방구에서 산 신기한 알사탕은 깨물 때마다 소리가 들린다. 낡은 소파, 늙은 개 구슬이, 아빠, 할머니의 마음이 말소리가 되어 들리면서 다른 사람의 마음을 헤아릴 수 있게 된다.

이 외에도 비현실적 사건이 벌어지는 환상동화로는 『우당탕탕, 할머니 귀가 커졌어요』가 있다.

(2) 초현실적 사건이 벌어지는 환상동화

초현실적 사건이 벌어지는 환상동화는 초현실적 인물이 등장하는 환상동화와 유사하나, 사건에 초점을 두고 마법과 같은 방법으로 초현실적인 사건을 해결한다는 점에서 차이가 있다. 현실적인 평범한 주인공이 특이한 사물을 얻게 되고, 이후 어려움에 처했을 때 이를 사용해 문제를 해결하는 이야기다.

백희나의 『구름빵』은 기발한 상상력에 가족에 대한 사랑이 담긴 이야기다. 비 오는 날 아침 아이들은 나뭇가지에 걸린 구름을 따서 엄마에게 가져다주고, 엄마는 구름을 반죽해서 구름빵을 만들어 준다. 아이들은 구름빵을 먹고 두둥실 떠올랐고, 아침밥을 못 드시고 회사로 간 아빠에게 구름빵을 가져다주기로 하고 창문 밖으로 나가 모험을 하게 된다.

『당나귀 실베스터와 요술 조약돌』은 꼬마 당나귀 실베스터가 요술 조약돌을 주우면서 벌어지는 사건들에 관한 이야기다. 이 책은 변신을 소재로 하고 있다. 시냇가에서 놀다가 우연히 소원을 들어주는 요술 조약돌을 주운 실베스터가 집으로 돌아가던 중 갑자기 커다란 사자를 만나게 된다. 겁먹은 실베스터는 '바위가 되게 해 달라.'는 소원을 빌고, 눈 깜짝할 새에 바위가 되어 버린다.

『멋진 뼈다귀』는 꼬마 돼지 펄이 숲에서 말하는 뼈다귀를 만나서 일어나는 사건들에 관한 이야기다. 이 뼈다귀는 마녀가 떨어뜨린 것으로 여러 나라의 말을 다 할 수 있고, 동물과 자연의 소리를 낼 수 있으며 마법도 부릴 줄 안다. 펄이 집으로 오는 길에 강도를 만났는데 말하는 뼈다귀의 도움으로 위험에서 벗어나 무사히 집으로 돌아가게 된다. 이 책에서는 아이들이 좋아하는 마녀, 마술이 등장하여 흥미를 불러일으킨다.

4. 환상동화의 기능

환상동화는 아동이 문학작품 속의 주인공에 동화되게 하고, 그 느낌이나 판단에 공감을 느끼면서 삶을 배우고 경험을 확대해 나가며, 상상력, 사고력, 창의력, 언어능력 및 심미적 감상력을 기를 수 있도록 돕는다(이상금, 장영희, 2001). 또한 환상동화의 인물들은 유아의 물활론적 사고, 인공론적 사고에 부합되므로 유아에게 친근하게 다가온다(고문숙 외, 2021). 환상동화의 기능과 교육적 의의는 다음과 같다.

① 환상동화는 상상력을 자극하고 발달시킨다

환상동화는 합리적이거나 이성적일 필요 없이 상상력을 마음껏 발휘할 수 있다. 환상동화가 가지고 있는 비현실적인 요소들이 아동의 궁금증을 유발하고, 이야기 속에서 다양한 의미를 찾도록 한다. 또한 새로운 시각으로 사물과 사람을 보게 함으로써 이전에는 갖지 못했던 다양한 생각을 하게 만들고, 관심분야도 확장시킨다. 환상동화는 아동의 상상력을 자극함으로써 다양한 언어적 · 행동적 반응을 이끌어 낸다.

② 환상동화는 기쁨과 즐거움을 경험하게 한다

아동은 환상동화 속에서 기대하지 않았던 웃음과 유머를 발견하고 즐거움과 재미를 찾는다. 현실에서 볼 수 없는 다양한 인물과 배경을 접함으로써 아동은 책읽는 즐거움을 알게 되고 긍정적인 정서들을 경험한다.

③ 환상동화는 주인공과의 동일시를 통해 심리적 만족감을 준다

환상동화는 아동이 가지고 있는 모험에 대한 욕구를 채워 주고, 대리경험을 통해 다양한 감정을 투사하게 하여 심리적 안정감을 느끼게 한다.

④ 환상동화는 현실의 문제해결을 도와준다

환상동화는 환상적 세계를 현실에 대비시켜 실재성이나 사실성이 잘 드러나게 하여, 아동이 현실과 환상을 명확히 구분할 수 있도록 도와준다. 또한 아동의 현실에 대한 통찰력을 발달시켜 다양한 삶의 경험 속에서 발생하는 여러 가지 문제를 자연스럽고 긍정적으로 해결해 나갈 수 있는 단서를 얻게 한다. 또한 인간 내면의 보편적인 문제들을 다룸으로써 삶의 의미와 인간과 자연, 인간과 인간 간의 관계에 대해 이해하도록 도와준다.

더 알아보기 **환상동화와 전래동화의 비교**

환상동화는 전래동화와 마찬가지로 신화, 전설, 민담, 우화와 같은 전승문학에 뿌리를 두고 있다. 그러나 작가에 의해 창작된 환상동화는 작품의 구조와 패턴, 인물의 성격, 배경 등에서 전래동화와 다음과 같은 차이가 있다.

- 환상동화는 작가의 개인적 정서가 큰 비중을 차지한다.
- 등장인물의 성격이 구체적이고 개성이 뚜렷하다.
- 전래동화는 내용 면에서 환상 위주인 반면, 창작동화는 환상을 바탕으로 한 사실성도 중요시한다.
- 내용와 표현 방법이 전형적인 패턴에서 벗어나 자유롭고 다양하다.

출처: 고선옥, 국은순, 신리행, 백연희(2021).

5. 환상동화의 활용

환상동화는 아동에게 재미와 흥미를 줄 뿐만 아니라 실재성을 가지고 있어 상상력과 창의성을 증진시킬 수 있다. 따라서 환상동화를 활용하여 활동을 구성하는 것은 아동의 관심을 끌 수 있을 뿐만 아니라 창의력 발달에도 도움을 준다.

환상동화는 언어활동으로의 확장이 용이하다. 결말이 권선징악으로 맺어지는 전래동화에 비해 환상동화는 독자의 상상에 결말을 맡기는 열린 결말이 많다. 『지각대장 존』의 경우에도 주인공 존이 평소처럼 학교를 가려고 나서는 것으로 이야기가 끝이 난다. 이러한 동화를 활용해 새로운 결말에 대해 이야기 나누기나 그림을 그리는 활동을 할 수 있다.

『구름빵』 역할극에 필요한 넥타이

『구름빵』 역할극에 필요한 고양이 가면

환상동화는 아동의 삶을 둘러싸고 있는 다양한 문제나 사건을 주제로 다루고 있어, 일상의 다양한 사건을 동극으로 구성할 수 있다. 『구름빵』의 경우 아빠와 아이들의 역할을 위한 다양한 소품을 만들어 극놀이에 활용할 수 있다.

환상동화는 신비하고 아름다운 배경과 등장인물에 대한 묘사가 상세하게 이루어져 미술활동과 연계할 수도 있다. 『눈사람 아저씨』를 읽고 배경이 되는 눈 오는 마을을 표현하거나 나만의 눈사람을 만드는 표현활동을 할 수 있다.

눈 오는 마을 표현활동

나만의 눈사람 만들기 표현활동

교실에서는 이렇게 『깊은 밤 부엌에서』를 그림자 극장으로 매체 변경하기

① 재료준비: 상자, 검은 도화지, A4 용지 여러 장, 기름종이, 가위, 칼, 스카치테이프, 양면 테이프, 자, 아크릴 판, 검정 시트지

② 내용 선정: 등장인물, 배경, 소품 등을 구체적으로 선정

③ 그림자 극장 제작

④ 그림자 인형 제작

⑤ 그림자 인형극 공연

참고문헌

고문숙, 임영심, 김수향, 손혜숙(2021). **아동문학교육**. 경기: 양성원.

고선옥, 국은순, 신리행, 백연희(2021). **아동문학교육**. 서울: 학지사.

공인숙, 김영주, 최나야, 한유진(2013). **아동문학**. 경기: 양서원.

권혁준(2009). 판타지 동화의 개념, 범주, 유형에 대한 재검토. **한국아동문학연구**, 16, 5-42.

김선옥, 윤정빈, 지은주, 유승희(2006). 유아의 연령과 성에 따른 그림책 선호 경향. **열린유아교육연구**, 11(6), 291-318.

김세희, 임영심(1999). **환상동화의 유형과 평가준거: 환상그림책으로의 여행**. 한국어린이문학교육연구회. 서울: 다음세대.

노운서, 노명희, 김명화, 백미열(2013). **아동문학**. 경기: 양서원.

신헌재, 권혁준, 곽춘옥(2007). **아동문학과 교육**. 서울: 박이정.

이상금, 장영희(2001). **유아문학론**. 경기: 교문사.

Sutherland, Z. B., & Arbuthnot, M. H. (1991). *Children and books*. New York: Harper Collins Publishers, Inc.

Temple, C., Martinez, M., Yokota, J., & Naylor, A. (1998). *Children's books in children's hands: An introduction to their literature*. Needham Heights, MA: Allyn and Bacon.

본문에 실린 아동문학작품

강아지똥 권정생 글, 정승각 그림. 길벗어린이. 1996.

개미나라에 간 루카스 존 니클 글 · 그림. 조세현 옮김. 비룡소. 2006.

개와 고양이의 영웅 플릭스 토미 웅거러 글 · 그림. 이현정 옮김. 비룡소. 2018.

거울 속으로 앤서니 브라운 글 · 그림. 김현좌 옮김. 베틀북. 2006.

검피 아저씨의 뱃놀이 존 버닝햄 글 · 그림. 이주령 옮김. 시공주니어. 1996.

고릴라 앤서니 브라운 글 · 그림. 장은수 옮김. 비룡소. 1998.

곰 사냥을 떠나자 마이클 로젠 글, 헬린 옥슨버리 그림. 공경희 옮김. 시공주니어. 2022.

괴물들이 사는 나라 모리스 센닥 글 · 그림. 강무홍 옮김. 시공주니어. 2002.

구름 공항 데이비드 위즈너 저. 시공주니어. 2017.

구름 나라 존 버닝햄 글 · 그림. 고승희 옮김. 비룡소. 1997.

구름빵 백희나 저. 한솔수북. 2019.

깊은 밤 부엌에서 모리스 센닥 글 · 그림. 강무홍 옮김. 시공주니어. 2001.

까만 크레파스 나카야 미와 글 · 그림. 김난주 옮김. 웅진주니어. 2002.

꼬마 구름 파랑이 토미 웅거러 글 · 그림. 이현정 옮김. 비룡소. 2001.

내 친구 커트니 존 버닝햄 글 · 그림. 고승희 옮김. 비룡소. 2000.

누가 내 머리에 똥 쌌어? 베르너 홀츠바르트 글, 울프 에를브루흐 그림. 사계절. 2002.

눈사람 아저씨 레이먼드 브릭스 지음. 마루벌. 2024.

달 사람 토니 웅거러 글 · 그림. 김정하 옮김. 비룡소. 1996.

당나귀 실베스터와 요술 조약돌 윌리엄 스타이그 글 · 그림. 김영진 옮김. 비룡소. 2000.

도깨비를 빨아버린 우리 엄마 사토 와키코 글 · 그림. 이영준 옮김. 한림출판사. 1991.

동물원 이수지 글 · 그림. 비룡소. 2004.

마녀 위니 35주년 기념 특별 한정판 밸러리 토머스 글, 코키 폴 그림. 김중철 옮김. 비룡소. 2022.

마녀 위니의 박쥐 요리 로라 오웬 글, 코키 폴 그림. 노은정 옮김. 비룡소. 2012.

마녀 위니의 빗자루 사건 로라 오웬 글, 코키 폴 그림. 노은정 옮김. 비룡소. 2012.

마녀 위니의 엉망진창 낚시 소동 로라 오웬 글, 코키 폴 그림. 노은정 옮김. 비룡소. 2012.

마법 침대 존 버닝햄 글 · 그림. 이상희 옮김. 시공주니어. 2003.

막대기 아빠 줄리아 도널드슨 글, 악셀 셰플러 그림. 노은정 옮김. 비룡소. 2009.

말괄량이 기관차 치치 버지니아 리 버튼 글 · 그림. 홍연미 옮김. 시공주니어. 2010.

멋진 뼈다귀 윌리엄 스타이그 글 · 그림. 조은수 옮김. 비룡소. 1995.

목욕은 즐거워 쿄코 마스오카 글, 하야시 야키고 그림. 한림출판사. 1996.

바람이 불 때에 레이먼드 브릭스 글 · 그림. 김경미 옮김. 시공주니어. 1999.

샬롯의 거미줄 엘윈 브룩스 화이트 글. 가스 윌리엄즈 그림. 김화곤 옮김. 시공주니어. 2018.

세상에서 제일 힘센 수탉 이호백 글, 이억배 그림. 재미마주. 1998.

셜리야, 목욕은 이제 그만! 존 버닝햄 글 · 그림. 최리을 옮김. 비룡소. 2004.

손 큰 할머니의 만두 만들기 채인선 글, 이억배 그림. 재미마주. 2001.

아씨방 일곱 동무 이영경 글 · 그림. 비룡소. 1998.

알사탕 백희나 글 · 그림. 스토리보울. 2024.

야, 우리 기차에서 내려 존 버닝햄 글 · 그림. 박상희 옮김. 비룡소. 2000.

오소리네 집 꽃밭 권정생 글, 정승각 그림. 길벗어린이. 2000.

우당탕탕, 할머니 귀가 커졌어요 엘리자베드 슈티메르트 글, 카롤리네 케르 그림. 유혜자 옮김. 비룡소. 1999.

우리 선생님이 최고야! 케빈 헹크스 글 · 그림. 이경혜 옮김. 비룡소. 2001.

줄무늬가 생겼어요 데이빗 섀논 글 · 그림. 조세현 옮김. 비룡소. 2006.

지각대장 존 존 버닝햄 글 · 그림. 박상희 역. 비룡소. 1995.

지구를 지켜라 박연철 글 · 그림. 시공주니어. 2018.

치과의사 드소토 선생님 윌리엄 스타이그 글 · 그림. 여인호 옮김. 비룡소. 1996.

커졌다! 서현 글 · 그림. 사계절. 2012.

코끼리왕 바바의 모험 장 드 브루노프 글 · 그림. 마술연필 옮김. 보물창고. 2015.

프라이팬 할아버지 간자와 도시코 글, 호리우치 세이치 그림. 고향옥 옮김. 비룡소. 2004.

CHAPTER

08 정보동화

정보동화는 사실적이고 정확한 정보전달을 일차적 목적으로 하는 동화로, 아동이 필요로 하는 정보자료를 찾아보고 활용하는 태도를 기르며, 객관적인 자료를 전달하는 동시에 아동의 흥미를 불러일으킨다. 이 장에서는 정보동화의 정의와 특성에 대해 알아보고, 글자와 수, 모양, 색, 식물, 동물, 교통기관, 우리나라, 전통문화, 직업과 같은 다양한 주제별로 정보동화를 구분해 본다. 그리고 정보동화가 가지는 교육적 가치를 확인하고, 실제 정보동화의 활용방법에 대해 살펴보고자 한다.

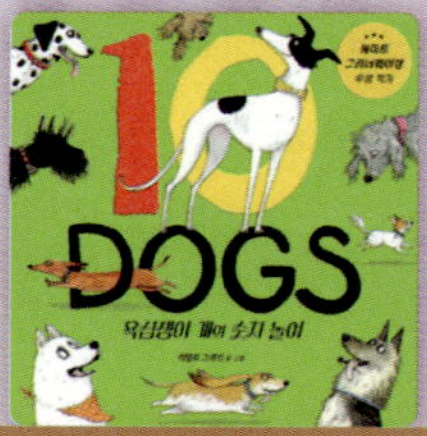

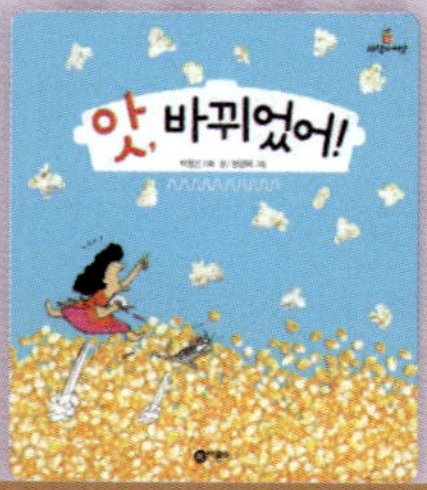

1. 정보동화의 정의

정보동화는 이야기의 전달보다는 주로 다양한 지식과 정보를 주기 위한 목적으로 만들어진 책을 의미한다(조은정, 현은자, 2003). 정보동화는 정보전달을 일차적 목적으로 하여, 아동들에게 적합하도록 글보다는 사진이나 그림에 비중을 두어 정보를 제공한다(오유경, 2007; 최지혜, 2009). 정보동화는 사실적이고 정확한 정보전달을 목적으로 하기 때문에 논픽션이라고 할 수 있는데(최미숙, 박지영, 2010), 좋은 논픽션의 요소로 자료의 정확성과 유머, 드라마, 문학적 스타일로 사려 깊게 쓰인 것 그리고 익숙한 주제를 바라보는 신선한 관점이 강조된다(Giblin, 1996).

정보동화는 언어, 수학, 과학, 사회, 음악 등과 같은 교육과정 영역별로 분류하거나(Cullinan & Galda, 2002), 모양과 색, 생물, 자연현상, 우주, 우리나라, 환경 등 주제별로 분류하기도 한다(김현희, 박상희, 2003). 교육과정 영역별로 분류하는 방식은 초등학교 교육과정이나 표준보육과정과 관련지어 볼 수 있고, 주제별로 분류하는 방식은 아동의 생활주제에 활용할 수 있다. 또한 정보동화는 글자, 수, 모양, 색과 같은 단순한 개념을 제시하는 책과 전문적 지식을 제공하는 책으로 구분할 수 있다(김세희, 2004).

정보동화는 필요로 하는 정보자료를 찾아보고 활용하는 태도를 기르고, 흥미있고 중요한 사실들을 탐색하게 해 주며, 특정 주제나 개념을 학습할 때 교육과정을 이끄는 매개체 역할을 하기도 한다(Headley & Dunston, 2000). 최근에는 사실적인 묘사를 통해 객관적인 자료를 전달함과 동시에 아동의 흥미를 불러일으키는 다양한 정보동화가 출간되고 있다.

2. 정보동화의 특성

정보동화는 객관적인 정보와 신뢰할 만한 시각자료를 제시한다는 측면에서 픽

선동화와는 다른 특성을 지닌다.

① 명확하고 객관적인 정보를 제공한다

정보동화는 이야기의 전달보다는 다양한 지식과 정보를 주기 위한 목적으로 만들어진 책이므로 객관적인 사실을 전달한다. 최근에는 학령기 이전 어린 아동들의 교육을 위해 정보동화를 활용하는 경우가 많아져(Huck, Hepler, Hickman, & Keifer, 1997), 정보와 함께 이야기를 만들어 픽션으로 구성하기도 한다. 이를 통해 아동들은 정보동화를 좀 더 친숙하게 볼 수 있을 것이다.

② 신뢰할 수 있는 시각자료를 제시한다

텍스트 이외에 읽는 이에게 도움이 되는 그림, 사진, 도표, 지도, 연표, 그래프 등 다양한 시각적 장치가 함께 활용된다. 특히 최근에는 뛰어난 질의 사진자료를 제시해 아동의 관심을 끌기도 한다. 간접 경험이 필요한 아동에게 적절한 사진과 그림은 좋은 학습자료로 쓰일 수 있다. 그러나 때로는 다양한 시각자료가 영유아들이 필요한 정보를 얻는 데 방해가 되기도 하므로 정보동화를 선택할 때는 아이들의 발달수준을 고려하는 것이 필요하다.

③ 다양한 주제를 제공한다

정보동화는 다루고 있는 정보의 주제에 따라 교통기관, 자연현상, 우주, 세계 여러 나라, 우리나라, 직업 등으로 구분할 수 있다. 이처럼 다양한 주제의 정보동화는 주제 중심의 교육과정으로 운영되는 영유아교육기관의 교육활동에 활용된다. 최근에는 다양한 주제에서 더 나아가 새로운 주제들을 세분화하여 정보동화를 구성하고 있다.

3. 정보동화의 유형

정보동화는 매우 다양한데, 글자와 수, 모양, 색, 식물, 동물, 교통기관, 우리나라, 전통문화, 직업과 같은 다양한 주제별로 구분할 수 있다(공인숙, 김영주, 최나야, 한유진, 2013; 김세희, 2004). 이러한 주제별 분류는 표준보육과정에서 제시하는 주제와 맞물려 영유아교육기관에서 활용이 용이하다.

1) 글자에 관한 정보동화

글자에 관한 정보동화는 한글의 자모를 활용하여 이야기를 만든 책으로, 놀이의 수단이 되기도 하고, 문자언어의 학습을 돕거나 문자에 대한 개념과 정보를 제공한다. 글자에 관한 정보동화로는 『기차 ㄱㄴㄷ』, 『준영 ㄱㄴㄷ』, 『개구쟁이 ㄱㄴㄷ』, 『수수께끼 ㄱㄴㄷ』 등이 있다.

『기차 ㄱㄴㄷ』은 '기다란 기차가, 나무 옆을 지나, 다리를 건너, 랄랄라 노래를 부르며~'처럼 ㄱ부터 ㅎ까지 시어와 간결한 문구를 활용하여 기차의 여행을 따라가면서 자연스럽게 한글 자음을 익히도록 한 우리나라 최초의 글자책이다. 같은 작가의 책인 『준영 ㄱㄴㄷ』은 아동이 일상생활에서 쉽게 접할 수 있는 물건들을 소재로 한글을 익히도록 도와주는 그림책이다.

『고슴도치야, 무얼 보니?』는 한글 자음 14개를 익히고 활용할 수 있도록 구성된 책이다. 왼편에는 커다란 자음이 나오고 그 자음 속에 해당 자음으로 시작하는 단어 그림들이 숨어 있으며, 바로 밑에 해당 단어를 활자로 확인할 수 있다. 오른편에는 해당 자음이 하나씩 들어가는 주인공들이 나와 이야기를 전개한다. 같은 작가의 책인 『야금야금 사과』는 이야기를 통해 모음을 익힐 수 있도록 구성되어 있다. 왼편에는 커다랗게 모음이 나오고 그에 해당하는 모음으로 시작되는 단어들의 그림이 숨어 있다. 오른편에는 아이가 겪는 작은 에피소드를 중심으로 다양한 의태어가 나와 모음이 주는 어감을 더욱 크게 느낄 수 있다.

『생각하는 ㄱㄴㄷ』은 그림을 보면서 재미있게 한글 자음을 익히고, 단어를 익히고, 색깔도 익히는 책이다. ㄱ을 소개하는 페이지의 왼편에는 개미, 가시, 고양이, 가방처럼 ㄱ으로 시작하는 단어를 ㄱ 모양으로 제시하였고, 오른편에는 ㄱ이 들어가는 단어 9개와 ㄱ으로 시작하는 색깔 '갈색'이 한 칸 담겨 있다. ㄱ이 들어가는 단어로 구성된 문장을 읽고, ㄱ 모양 그림을 보면서 단어를 떠올리고, 그 단어가 쓰인 상황을 ㄱ 모양에 맞추어 연상하는 상상력을 자극하는 그림책이다.

『개구쟁이 ㄱㄴㄷ』은 개구쟁이 아이의 평범하면서도 특별한 하루 이야기를 따라가면서 한글 자음을 모두 배울 수 있는 그림책이다. 'ㄱ 기웃기웃. 고양이가 구멍 속에 들어갔는데?'라는 형식으로 한글 자음의 이름과 자음이 들어간 글자를 배울 수 있도록 내용을 구성하였다.

『움직이는 ㄱㄴㄷ』은 사물의 이름을 통해 글자를 배우도록 한 기존의 책과는 다르게 동사와 자음을 연결시킨 그림책이다. 실타래에 묶인 ㅁ 그림과 '묶다'를 연결하고, 새장에 갇힌 ㄱ 그림과 '가두다'를 연결하여 이미지를 통해 재미나게 동사의 의미를 익힐 수 있도록 도와준다.

『수수께끼 ㄱㄴㄷ』은 제목처럼 수수께끼를 풀면서 숨은 그림과 낱말을 찾아보는 새로운 형식의 책이다. '강물은 누가 먹지?', '나뭇잎은 누가 먹어?', '동전은 누가 먹지?'와 같은 질문을 하고 여러 단어 중에서 답을 맞히도록 했다. 각 장면마다 이집트, 멕시코, 호주 등 다양한 나라를 배경으로 하고 있어 세계 여러 나라에 대한 정보도 함께 얻을 수 있다.

『가나다는 맛있다』는 페이지마다 '가나다'로 시작하는 음식 이름과 의성어, 의태어가 맞춰 나와 반복되는 리듬에 곡조를 넣어 노래처럼 부를 수 있다. 리듬과 운율이 살아 있는 말놀이를 통해 언어 감각을 발달시키고 표현력을 풍부하게 해 줄 수 있다. 『반대말』은 큰 책, 작은 책, 두꺼운 책, 얇은 책, 무거운 책, 가벼운 책 등 온갖 책들이 나와 서로 대비가 되는 열한 쌍의 반대말을 알려 준다. 『가나다는 맛있다』와 『반대말』은 사물의 행위에 이름을 붙여 보는 것을 촉진하며 일상생활과 관련된 능력 발달에 도움을 준다.

2) 수에 관한 정보동화

수에 관한 정보동화는 숫자와 수학개념(서열, 덧셈, 뺄셈, 곱셈, 나눗셈, 일대일 대응 등)을 다룬 책으로, 숫자를 익히고, 수 세기와 다양한 수학개념을 습득할 수 있도록 도와준다. 『잘잘잘 123』, 『장바구니』, 『배고픈 개미 100마리가 발발발』, 『자꾸자꾸 초인종이 울리네』 등을 예로 들 수 있다.

『잘잘잘 123』은 하나부터 열까지 각 숫자마다 하나씩의 이야기를 담아냈다. 왼쪽 면에 배치된 글은 전래동요 '잘잘잘' 노래를 부르고, 오른쪽 면에 있는 그림은 이야기를 들려주는 형식으로 총 열 개의 그림 이야기가 들어 있다. 읽는 책이 아니라 노래 부르는 그림책으로 숫자의 개념을 익히는 기능을 넘어서 전래동요에 글 내용을 담아 아이의 말하기 능력 발달을 돕는다.

『장바구니』는 엄마의 심부름으로 장을 보러 가는 아이의 이야기다. 아이가 사야 할 물건을 나열해 보면, 달걀 6개, 바나나 5개, 사과 4개, 오렌지 3개, 도넛 2개, 과자 1봉지로 역삼각형 모양이 된다. 장보기 목록을 기억해서 물건들을 사오는 과정에서 다양한 동물을 만나 목록의 물건을 하나씩 빼앗긴다. 이 책은 아동의 기억력과 서열화 능력을 키울 수 있도록 도와준다.

『사랑스러운 우리 할아버지』는 할아버지의 이를 통해 숫자를 거꾸로 세는 방법을 알려 주는 책이다. 10개의 튼튼한 이를 가진 할아버지가 다양한 상황에서 이가 하나씩 빠지는 과정을 재미있게 묘사하고 있다. 이러한 과정에서 자연스럽게 역

방향의 수세기도 익힐 수 있고, 건강한 이의 중요성도 함께 느낄 수 있다.

『10 DOGS 욕심쟁이 개의 숫자놀이』는 소시지를 쫓고, 찾고, 숨기고, 가지고 노는 익살스러운 개 열 마리를 따라가며 페이지마다 달라지는 개와 소시지의 수를 세어 보고 숫자 감각을 익힐 수 있는 그림책이다. 아이들은 1부터 10까지 늘어나는 숫자를 세어 보며 수 개념을 익힐 수 있고 간단한 사칙연산도 배울 수 있다.

『배고픈 개미 100마리가 발발발』은 개미 100마리를 통해 곱셈과 나눗셈을 알려 주는 책이다. 소풍을 떠난 100마리 개미는 배가 너무 고파서 조금이라도 더 빨리 가고 싶은데, 100마리가 길게 한 줄로 가는 대신 50마리씩 두 줄로 가는 것, 더 빨리 가고 싶은 개미들은 25마리씩 네 줄로, 20마리씩 다섯 줄로 대열을 바꾸는 아이디어를 꼬마 개미가 낸다. 이 과정에서 나눗셈과 곱셈의 의미를 이해할 수 있다.

『떡 두 개 주면 안 잡아먹지』는 친숙한 전래동화 이야기를 통해 구구단의 원리를 알려 주는 책이다. 해님달님에서 따온 떡장수 할머니가 떡을 좋아하는 호랑이를 만나면서 일어나는 사건들을 통해 흥겨운 노래를 부르듯이 구구단을 쉽게 알려 준다.

『자꾸자꾸 초인종이 울리네』는 열두 개의 과자를 나누어 먹으려는 순간마다 자꾸자꾸 초인종이 울리는 내용이다. 과자를 나눠야 하는 상황에서 어떻게 하면 똑같이 나눠 먹을 수 있을지에 대해 생각하며 나눗셈에 대해 알 수 있다.

이 외에도 수에 관한 정보동화로는 『꼬끼오네 병아리들』, 『아기 동물 123』 등이 있다.

3) 모양과 색깔에 관한 정보동화

색과 모양에 관한 정보동화는 다양한 사물의 특징을 통해 색과 모양의 개념을 알려 주는 경우가 많다. 관련된 책으로는 『파란 거위』, 『색깔을 훔치는 마녀』, 『성형외과에 간 삼각형』, 『알록달록 동물원』 등이 있다.

『빨주노초파남보 색깔 말놀이』는 빨주노초파남보 무지개 색 순서에 맞춰, 색이름의 자음을 반복한 말놀이를 알려 주는 책이다. 빨간색과 잘 어울리는 산타클로스 할아버지와 루돌프가 열심히 빨래를 하는 빨강 이야기, 남극 펭귄과 함께 남극으로 가는 남색 이야기까지 각각의 색이 가진 분위기와 어울리는 이야기가 동시의 형태로 제시된다.

『파란 거위』는 농장에 사는 파란 거위와 빨간 암탉, 하얀 오리와 노란 병아리가 힘을 모아 농장 곳곳을 알록달록 색칠하는 이야기다. 이 이야기를 통해 아이들은 색깔의 명칭과 색의 삼원색(파랑, 빨강, 노랑), 색의 혼합에 대해 자연스럽게 익힐 수 있다. 또한 색칠 놀이의 즐거움과 협동하는 자세의 중요성까지 깨달을 수 있다.

『떼굴떼굴 사르르 사르르』는 하얀 알이 색을 발견하며 세상을 경험하고 성장하는 과정을 담은 그림책이다. 색에 담긴 감정과 이미지를 아이의 시선에 맞춰 풀어

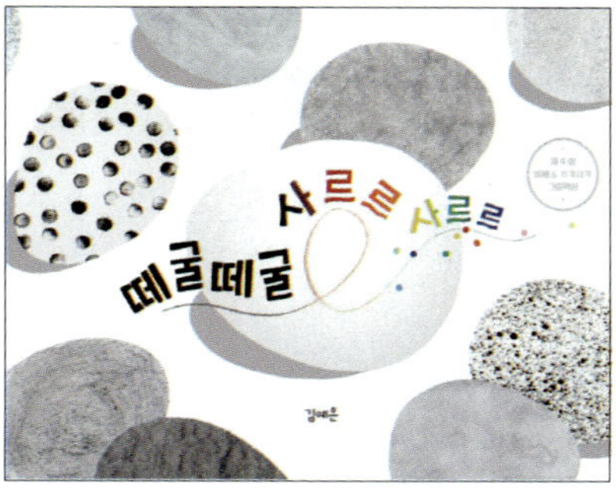

내어 색을 통해 경험할 수 있는 감정을 구체적이고 직관적으로 전달하였다. 이에 아이들이 색이라는 개념을 감각적이고 풍부하게 받아들일 수 있도록 돕는다.

『색깔을 훔치는 마녀』는 아이들이 좋아하는 마녀 캐릭터를 통해 색의 명칭과 혼합 원리를 쉽고 재미있게 담아낸 책이다.

『이딱딱 로봇의 네모 이』는 네모난 이를 잃어버린 이딱딱 로봇이 모험을 떠나 세모, 네모, 동그라미를 구분하는 이야기다. 수학에서 기본적인 모양인 세모, 네모, 동그라미에 대한 개념을 익힐 수 있다.

『성형외과에 간 삼각형』은 삼각형의 변과 각이 만나 다른 도형으로 변하는 과정을 통해 기본적인 도형에 대해 알려 주는 책이다. 삼각형이 성형외과를 찾아가 사각형, 오각형, 육각형, 팔각형으로 모양을 바꾸는 과정에서 각 도형이 지붕, 바둑판, 축구공, 벌집 등과 같이 주변에서 볼 수 있는 다양한 사물이 되고, 이를 통해 도형을 쉽게 이해할 수 있도록 도와준다.

『아기 세모의 세 번째 생일』에서는 세모가 팽그르르 돌면 원뿔이 되는 것처럼 도형이 입체적으로 변화하는 과정을 보여 준다.

『알록달록 동물원』은 색깔이나 모양을 아이들이 좋아하는 동물에 접목시켜 책으로 만들었다. 아이들은 여러 색의 동물을 보면서 색깔과 모양을 알 수 있다. 책을 펼치면 우리 주변에서 흔히 볼 수 있는 원, 삼각형, 사각형 등을 겹쳐서 만든 형형색색의 동물들이 보인다. 아이들은 마름모, 팔각형 같은 모양뿐만 아니라 빨강, 남색, 노랑, 초록 같은 다양한 색깔까지 자연스럽게 배울 수 있다.

『세모』는 세모 모양의 문이 있는 세모 모양의 집에 사는 세모가 장난을 치기 위해 네모네 집에 가는 과정이 간단한 그림과 색, 모양의 조합으로 이루어져 있다. 『네모』는 네모가 동그라미처럼 완벽한 것을 만들고 싶어 하는 내용으로 흑탄과 여백, 네모와 동그라미에 집중되어 구성된 그림책이다.

4) 식물과 동물에 관한 정보동화

식물과 동물에 관한 정보동화는 과학영역에서 자주 볼 수 있는 내용의 책으로, 『사과와 나비』, 『아주아주 배고픈 애벌레』, 『청개구리 여행사』, 『어떻게 잠을 잘까요』 등이 있다.

『사과와 나비』는 글이 없는 그림책이다. 사과 속에 있던 알이 자라 애벌레가 되고, 애벌레는 사과를 뚫고 나와 고치를 짓고, 나비가 되어 사과꽃으로 날아가고, 나비는 사과가 열매를 맺을 수 있도록 도와주고, 또 알을 낳는 일련의 과정을 잘 묘사한 그림을 통해 사과와 나비의 성장과정을 알려 준다. 에릭 칼의 『아주아주 배고픈 애벌레』 역시 알에서 애벌레가 태어나고 번데기가 되었다가 나비가 되는 성장과정을 아름답게 그려 냈고, 색깔과 숫자, 요일과 음식에 대한 정보도 함께 제시하였다.

『앗! 모기다』는 정미라 작가가 두 아들과 함께 집에서 직접 모기를 키우고 관찰한 경험을 생생하게 담아낸 그림책이다. 모기를 집에서 키우는 독특한 가족 이야기를 통해 모기에 대한 살아 있는 지식을 얻을 수 있을 뿐 아니라, 모기를 비롯한 다양한 곤충에 관심을 갖게 되고 호기심도 키울 수 있다. 부록에 실린 질의응답을 통해 모기에 대한 상식과 모기 퇴치 방법도 알 수 있다.

『청개구리 여행사』는 일본 그림책상을 수상한 마츠오카 다츠히데가 그리고 쓴 책으로, 연못 탐험을 통해 본 연못 속 작은 동물들에 관한 이야기다. 청개구리 여행사의 사장인 청개구리가 땅 위의 동물들과 연못 탐험을 하는 과정에서 소금쟁이, 송사리와 같이 우리에게 익히 알려진 연못 속 생물뿐만 아니라 물맴이, 물장군처럼 특이한 생김새와 습성을 가진 동물들을 소개한다. 또한 연못 안에서의 포식자와 피식자의 관계를 보여 줌으로써 연못 속 먹이사슬을 알려 준다.

『봄 속으로 풍덩』은 봄날 볼 수 있는 꽃들을 소개하는 그림책으로 동물들이 봄꽃과 놀이하는 모습을 통해 자연에 순응하며 살아가는 생태계의 모습도 이해할 수 있다.

『어떻게 잠을 잘까요』는 다양한 동물이 잠을 자는 모습을 흥미롭게 제시한 책이다. '다람쥐는 어떻게 잘까요?'라고 질문하여 호기심을 유발하고, 이에 대한 답을 다양한 동물의 생김새와 생태를 세밀하게 묘사한 그림으로 보여 준다.

비룡소의 「물들숲 그림책」 시리즈는 우리나라 물, 들, 숲에 사는 동식물의 한살이를 소개한다. 『참나무는 참 좋다!』는 참나무의 종류 및 참나무와 함께 살아가는 곤충과 동물들을 소개하고, 『숲 청소부 버섯』은 식용 버섯부터 독버섯까지 버섯의 다양한 모습을 보여 주며, 『어흥어흥 어름치야』는 우리나라 천연기념물 제259호인 어름치의 생태를 알려 준다.

5) 인체에 관한 정보동화

사람의 몸에 관한 정보동화는 입, 코, 귀 등과 같은 인체에 대한 정보를 주는 책으로, 『입이 똥꼬에게』, 『뼈』, 『움직이는 몸』 등이 있다.

『우리 몸의 구멍』은 코를 비롯해 입, 귀, 눈, 땀구멍 등 우리 몸에 있는 구멍들을 차례차례 보여 주고 그 구멍으로 무엇을 할까 하는 궁금증에 대한 답을 주는 책이다. 짧고 운율 있는 대화체로 쓰여 있고, 각 신체기관의 해부도를 쉽게 그려 보여 줌으로써 우리 몸의 구조를 한눈에 보고 이해할 수 있게 하였다.

『입이 똥꼬에게』는 우리 몸의 다양한 기관이 하는 일을 알려 주는 책이다. 입, 코, 눈, 귀 등이 어떤 역할을 하는지, 특히 똥꼬가 얼마나 중요한 역할을 하는지를 이야기 형식을 통해 재미있게 담아냈다.

『뼈』는 우리 몸을 구성하는 뼈와 다양한 동물 뼈의 생김새를 보여 주는 책으로, 몸의 각 부위에 있는 뼈의 역할에 대해서도 쉽게 알려 준다. 『움직이는 몸』도 뼈와 뼈를 이어 주는 관절, 뼈를 움직이는 근육의 원리를 살펴본 책이다. 해골 선생님에게 춤을 배우는 과정에서 뼈와 근육의 움직임을 통해 우리 몸이 어떻게 움직이는지 알게 된다.

그 외에도 사람의 몸에 관한 정보동화로는 『엄청나게 큰 우리 몸 백과』, 『신기한 스쿨버스 10 눈, 귀, 코, 혀, 피부 속을 탐험하다』 등이 있다.

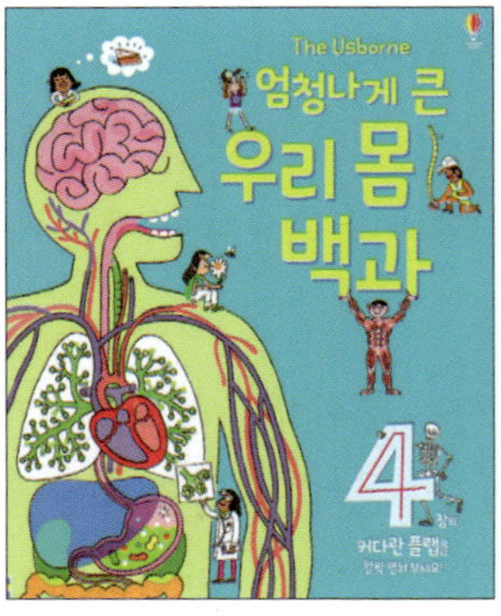

6) 교통기관에 관한 정보동화

교통기관에 관한 정보동화는 아동이 좋아하는 자동차, 배, 비행기, 소방차 등의 생김새와 쓰임새, 종류 등을 알려 주는 책이다. 『칙칙폭폭 꼬마 기차』, 『부릉부릉 트럭 삼 형제』 등이 그 예다.

『칙칙폭폭 꼬마 기차』는 기관차에 관한 책으로, 기관사의 하루를 통해 기관실, 기적, 굴뚝, 큼지막한 바퀴, 보일러 등 증기기관차에 대한 다양한 정보를 소개하고 있다.

『부릉부릉 트럭 삼 형제』는 덤프트럭, 트레일러, 용달의 특징을 잘 포착하여 이야기를 생동감 있게 전개한다.

『부릉부릉 자동차가 좋아』는 실제와 상상을 넘나드는 수많은 차를 탄 다양한 캐릭터들이 넘쳐난다. 비행기 · 기차 · 버스 · 트럭뿐만 아니라, 호박 · 연필 · 망치 · 바나나 · 치즈 · 치약 자동차, 달걀 트럭까지 기상천외한 차들이 등장하고 하마 · 코뿔소 · 올빼미 · 곰 · 염소 · 코끼리 · 여우 · 악어 · 개 · 늑대 · 고양이, 그리고 풍뎅이 노랑이까지 갖가지 표정을 짓는 다양한 동물 캐릭터들이 등장한다.

어스본 코리아의 「엄청나게 큰 백과」 시리즈는 호기심 많은 아이들이 특히 좋아하는 주제를 골라 그림 백과 형식으로 담아낸 커다란 플랩북이다. 각 권에서는 곤충과 벌레, 탈것과 기계, 공룡 등 다양한 주제를 담고 있는데, 이 중 교통기관과 관련된 동화는 다음과 같다. 『엄청나게 큰 탈것 백과』는 사람들을 돕는 각종 탈것과 기계를 종류별로 제시하였고, 『엄청나게 큰 트럭 백과』에서는 커다란 바퀴를 가진 광산 트럭부터 비행기만큼 빠른 제트 트럭까지 다양한 종류의 트럭을 소개하고 있다. 『엄청나게 큰 기차 백과』에서는 여러 가지 힘으로 달리는 다양한 기차들을 살펴보고, 기차의 역사와 내부 모습 그리고 엔진의 모습까지 확인할 수 있다. 『엄청나게 큰 배와 군함 백과』에서는 여러 가지 모양의 배를 살펴보고, 군함의 종류와 역할도 알아본다.

7) 직업에 관한 정보동화

직업에 관한 정보동화는 아동에게 다양한 직업을 소개하고 성인이 된 후 되고 싶은 직업에 대해 탐색해 볼 수 있는 기회를 제공한다. 우체부 아저씨가 전해 주는 여섯 통의 편지를 중심으로 그에 얽힌 사연을 짧고 재미나게 풀어 놓은 『우체부 아저씨와 비밀 편지』는 실제 편지의 겉모습처럼 우표와 수신인을 써 두었고, 책장을 넘기면 봉투 안에 들어 있는 편지를 직접 꺼내 볼 수 있게 구성하였다. 이 책을 통해 편지는 어떠한 과정을 거쳐 받아 볼 수 있는지를 자연스럽게 알 수 있고, 우체부라는 직업의 의미와 역할에 대해서도 쉽게 이해할 수 있다.

『백다섯 명의 오케스트라』는 백다섯 명의 오케스트라 단원이 음악회를 준비하는 과정을 통해 오케스트라의 구성원, 의상, 자리 배치, 악기, 무대에 대한 다양한 정보를 제공하는 책이다. 특별한 옷을 입고 특별하게 등장하는 지휘자를 보면서 한 집단의 리더가 되는 꿈도 키워 볼 수 있고, 옷 입는 방식이 제각기 다른 백다섯

명이 하나의 오케스트라가 되어 아름답게 음악을 연주하는 모습을 통해 조화에 대해서도 생각할 기회를 준다.

사계절의 「일과 사람」 시리즈는 다양한 분야에서 일하는 이웃을 소개하는 책이다. 농부, 어부, 축산업자와 같은 1차 생산자부터, 채소 가게 주인, 버스 운전사 등 주변에서 쉽게 볼 수 있는 이웃, 초등학교 선생님, 특수학교 선생님처럼 배움을 나누는 사람들, 우편집배원, 경찰, 소방관, 의사, 한의사처럼 우리 생활을 지키고 돌보는 사람들, 뮤지컬 배우, 만화가와 같은 예술가들까지, 그들에게 일이란 무엇이며 어떤 의미가 있는지 알려 준다. 또한 일할 때 입는 옷, 도구, 차, 준비물 등 필요한 것들을 하나하나 세세하게 보여 주면서 정확한 정보를 제공한다. 『내가 만든 옷 어때?』에서는 패션 디자이너가 어떤 생각을 하고 무슨 일을 하는지를 보여 주고, 옷이 살갗을 보호하고 예의를 표현하는 수단이기도 함을 알려 준다. 『나는 농부란다』에서는 농부가 자연의 순환에 맞추어 일하며 살아가는 모습을 보여 준다. 이 책은 목판화가 이윤엽이 실제로 경기도 안성 시골로 내려와 집을 짓고 농사를 지으면서 농부와 이웃하며 살아온 경험을 바탕으로 구성한 것이다.

8) 문화에 관한 정보동화

문화에 관한 정보동화는 우리의 전통문화와 역사, 세계의 다양한 문화에 대한 정보를 제공하는 책으로, 『임금님의 집 창덕궁』, 『크리스마스까지 아홉 밤』 등이 있다.

『임금님의 집 창덕궁』은 조선시대 궁궐 중 가장 본모습 그대로 남아 있고, 자연과 잘 어울리도록 지은 아름다운 창덕궁에 대한 내용이다. 옛날 창덕궁에서 사람들이 어떤 일을 하고 살았는지도 생동감 있게 담아냈다. 부록에서는 창덕궁에 대한 전문적이고 세부적인 지식을 제공하였다.

『크리스마스까지 아홉 밤』은 하얀 눈도, 크리스마스트리도, 산타할아버지도 없는 멕시코의 이색적인 크리스마스에 관한 책이다. 크리스마스 9일 전부터 아홉 개의 집에서 돌아가면서 여는 파티인 '포사다'와 사탕과 오렌지, 땅콩, 레몬, 과자가 듬뿍 담긴 '피냐타' 그리고 멕시코의 여러 가지 생활상 등 우리에게 생소한 멕시코 문화가 책 곳곳에 잘 드러나 있어 멕시코 문화를 자연스럽게 이해할 수 있는 기회를 준다.

『프리즐 선생님의 신기한 역사 여행 3 황제가 사는 고대 중국으로』는 어린이를 위한 세계 역사 입문서로, 어린이 과학책인 「신기한 스쿨버스」의 저자들이 만든 역사 여행 시리즈 중 한 권이다. '중국의 신부가 입는 빨간색 옷에는 어떤 의미가 담겨 있을까? 만리장성은 몇 년에 걸쳐 만들어졌을까? 비단은 어떻게 만들어질까? 강철, 화약, 나침반, 종이 등 우리 생활에 꼭 필요한 많은 발명품은 다 어디에서 왔을까?'와 같은 다양한 질문에 대한 정보를 담았다.

『으라차차 바야르』는 몽골의 문화와 역사 그리고 몽골 사람들이 사는 모습을 잘 그려 낸 책이다. 아빠가 몽골 사람인 한국 소년 바야르가 겪는 갈등, 바야르가 아빠의 나라를 조금씩 알아 가는 과정을 통해 다문화 사회를 사는 우리 아이들한테 잔잔한 감동을 준다.

『이모의 결혼식』과 『마일로가 상상한 세상』을 읽고 아이들은 책 속에 등장하는 이야기를 통해 서로의 문화를 이해하고 존중하는 법을 배우고 편견에 대해 생각해 볼 수 있다.

그 외에도 문화에 관한 정보동화로는 비룡소의 「알콩달콩 우리 명절」 시리즈, 「우리 문화 우리 명장」 시리즈, 「우리문화 그림책 온고지신」 시리즈, 보림의 「솔거나라 전통문화 그림책」 시리즈 등이 있다. 비룡소의 「알콩달콩 우리 명절」 시리즈는 우리 명절에 얽힌 설화나 전설, 전통 풍습을 소재로 한 그림동화로 우리 조상의 지혜를 엿볼 수 있고, 또 이를 통해 명절의 소중함과 우리 문화에 대한 이해와 자부심을 아이들에게 심어 줄 수 있도록 기획되었다. 「우리 문화 우리 명장」 시리즈는 우리 문화의 원동력을 만들어 온 사람들의 소박하면서도 치열한 이야기

를 담고 있다. 「우리문화 그림책 온고지신」 시리즈는 우리 문화의 독자성과 우수성을 알리는 것에서 한 발 더 나아가 전통문화가 오늘날 사람들에게는 어떤 의미로 다가갈 수 있는지 그 변화까지도 담고자 하였다.

9) 과학에 관한 정보동화

어린이를 위한 과학정보동화의 대표적인 책은 「신기한 스쿨버스 키즈」 시리즈다. 30권으로 구성된 이 시리즈는 프리즐 선생님과 함께 무엇으로든 변하는 신기한 스쿨버스를 타고 모험을 하면서 다양한 과학 관련 지식을 얻을 수 있도록 구성되어 있다. 『날씨맨, 폭풍우를 만들다』에서는 날씨가 무엇이고 어떻게 만들어지는지를 알려 주며, 『물방울로 변한 아이들』에서는 물이 증발되어 구름이 되고 다시 비가 되는 과정을 아이들이 직접 체험하면서 물의 순환과정을 배울 수 있도록 했다. 이 시리즈에서는 문학적 상상력과 과학적 사실을 접목하여 과학을 배우면서 모험심과 상상력까지 기를 수 있도록 도와준다.

『지구로 소풍가는 날!』은 Q 행성에 살고 있는 로봇들이 쿼크 선생님을 따라 지구로 소풍을 오는 지구여행 이야기다. 대륙, 바다, 북극, 남극, 적도 등 지구와 관련된 낱말들을 간단한 설명과 그림으로 배울 수 있고, 만리장성, 레드우드 숲, 잉카 유적, 피라미드, 알프스, 오스트레일리아의 산호초 등 일곱 개 대륙의 대표적인 곳을 구경하면서 그 지역에 살고 있는 사람들의 의식주를 알 수 있다.

비룡소의 「과학의 씨앗」 시리즈는 과학이란 단순히 정보를 습득하는 것이 아니라 사고 체계를 만들어 가는 것이라는 점에 착안하여 기획되었다. 아이들의 생활 속에서 쉽게 접할 수 있는 사물이나 현상을 다양한 각도로 바라보게 함으로써, 호기심과 창의력, 관찰력을 키워 주어 과학적 사고의 밑거름이 될 것으로 보았다. 『앗, 바뀌었어!』는 달걀, 옥수수, 껌, 찰흙, 물 등 주변에서 쉽게 볼 수 있는 물질들이 열이나 압력에 의해 다른 모습으로 변화된 장면들을 제시함으로써 아이들이 자연스럽게 물질의 변화와 성질에 호기심을 가질 수 있도록 하였다. 『물 좀 주세요!』는 물의 다양한 쓰임과 역할에 대해 아이와 밀접한 일상생활의 예를 들어 아이의 시각에서 더욱 친밀하게 제시하였다. 물은 요리할 때 밀가루를 뭉치게 해 반죽을 만들고, 모래를 뭉쳐 놀이를 더 즐겁게 한다. 또, 목마를 때 시원하게 마실 수 있고, 우리 몸을 깨끗하게 씻어 준다. 심지어 꽃과 나무의 밥이자 물고기의 집이 되어 주기도 한다. 지구의 생명을 유지하고 지키는 데 꼭 필요한 물이 어느 곳에 있는지, 어떻게 우리에게 오는지, 어떻게 쓰이는지를 전반적으로 느끼고 배울 수 있도록 구성되었다.

4. 정보동화의 기능

정보동화는 아동에게 다양한 정보를 제공함으로써 아동의 주변 세계 탐색을 위한 원천적인 자원이자 좋은 교육 매체가 된다(심향분, 2012). 팔머와 스튜어트(Palmer & Stewart, 2003)는 아동의 개인적인 흥미를 고려해 넓은 범위의 내용을 다양한 관점에서 다루고 있는 정보동화를 감상할 필요가 있다고 보았다. 아동은 다양한 분야에 대한 지식을 담고 있는 정보동화를 통해 해당 주제에 대해 많은 것을 배우게 된다. 정보동화를 통해 얻을 수 있는 기능과 교육적 가치는 다음과 같다(김세희, 2004).

① 간접 경험을 통해 넓은 시야를 가질 수 있게 도와준다

여러 나라의 문화와 시대에 관한 정보동화는 우리나라뿐만 아니라 다양한 나라에 대한 간접적 경험을 가능하게 한다. 유아들은 정보동화에 제시된 글과 그림에 대한 대화를 통해 자신의 기존 지식을 드러내고 정보를 공유한다(심향분, 2008). 이를 통해 보다 넓은 시야를 가질 수 있다. 정보동화를 통해 아동은 자신이 속한 세계에 관심을 갖고, 자신의 세계에 대한 호기심과 궁금증에 대답할 수 있다.

② 개념을 발달시키는 데 도움을 줄 수 있다

정보동화는 객관적이고 사실적인 정보를 제공해 줌으로써 아동의 학습에 도움을 준다. 특히 단어나 구문의 반복적인 사용으로 어휘력과 읽기 이해력 등 언어발달에 도움이 된다. 또한 의문을 해결함과 동시에 새로운 의문을 갖게 하고 이를 탐구하도록 장려한다. 이 과정에서 아동은 자신이 가지고 있는 개념을 확장시켜 지식을 발달시킬 수 있다.

③ 사전 지식을 증가시키고, 비판적 사고를 할 수 있게 한다

자신이 알고자 하는 답을 얻기 위해 정보동화를 읽고 이 과정에서 자신에게 도움이 되는지 여부를 알 수 있다. 비슷한 주제의 정보동화를 읽으면서 이들을 비교하고 자신에게 필요한 정보가 포함되어 있는지를 판단할 수 있다. 이러한 경험을 통해서 아동은 비판적 사고를 할 수 있게 된다. 또한 필요한 정보자료를 찾고 활용하는 경험을 통해 문제해결능력이 향상될 수 있는데, 예를 들어 4, 5세 아동을 대상으로 정보동화 읽기 프로그램을 실시한 결과, 이들의 비판적 사고와 문제해결력이 발달한 것으로 나타났다(양하연, 2003).

더 알아보기 **정보동화의 평가 기준**

정보동화를 평가하는 기준을 정확성, 문체, 내용 제시로 구분하였다.

정확성

정보동화의 주된 요소는 정확성이다. 정확한 사실을 전달하고 있는지, 특정 주제에 대한 전문가의 저서인지가 중요하며, 정보를 뒷받침하기 위한 사진자료나 그림자료를 제공하는 것이 필요하다.

문체

정보동화는 정보전달에 효과적인 문체를 사용해야 한다. 정보를 명확하게 전달하고, 주제의 중요성을 드러내며, 문학적 특성으로 독자의 흥미를 불러일으킬 수 있는 문체가 적절하다.

내용 제시

정보동화는 내용을 쉽고 명확하게 제시해야 한다. 단순한 것에서 복잡한 것으로 내용을 제시하고, 독자의 이해를 도울 수 있도록 간결하고 매력적으로 내용을 제시하는 것이 필요하다.

출처: 현은자, 김세희(2005).

5. 정보동화의 활용

정보동화는 아동이 이전에 알지 못했던 다양한 정보를 제공하므로, 정보동화에서 제공된 다양한 지식을 활용한 교육활동과 프로그램은 아동의 발달에 도움이 된다. 정보동화를 읽는 것으로도 도움이 될 뿐만 아니라, 정보동화에서 제시한 내용들을 실제 교육활동을 통해 자신의 것으로 체득할 수 있다. 수 개념을 다루는 『사랑스러운 우리 할아버지』를 활용하여 이를 건강하게 관리하는 방법에 대해 알려 주고, 건강한 이와 건강하지 않은 이를 붙여 주는 게임활동을 구성해 볼 수 있다. 『장바구니』를 함께 읽고 장을 보러 갈 때 가지고 나갔던 장바구니가 환경보호에 긍정적 영향을 미치는 것에 대해 이야기를 나누고 초록색 지구를 지키자는 의미를 넣어 스텐실 기법으로 장바구니를 만들어 볼 수 있다. 『날씨맨, 폭풍우를 만들다』에서 본 얼음 결정체를 색종이를 이용하여 만드는 등 미술활동을 이끌어 낼 수도 있다. 『지구로 소풍가는 날!』을 읽고 내가 사는 마을의 지리적 특징, 즉 언덕이나 시냇물, 길, 빌딩 등을 그려서 지도를 만들어 보면 아동에게 좋은 지리 교육활동이 될 수 있다. 또한 다양한 지도가 있음을 소개하고 어린이집 인구분포 지도와 같은 특색 있는 지도를 만들어 보는 것도 좋은 경험이 될 수 있다.

그림 8-1 『사랑스러운 우리 할아버지』를 읽고 건강한 이와 건강하지 않은 이 뒤집기 게임을 하는 모습

그림 8-2 『장바구니』를 읽고 스텐실 기법으로 장바구니를 만드는 모습

그림 8-3 『지구로 소풍가는 날』을 읽은 뒤 그리고 만든 어린이집 주변 지도와 어린이집 인구분포 지도

참고문헌

공인숙, 김영주, 최나야, 한유진(2013). 아동문학. 경기: 양서원.

김세희(2004). 유아문학교육. 경기: 양서원.

김현희, 박상희(2003). 유아문학교육. 서울: 학지사.

심향분(2008). 유아의 정보책 읽기 과정에서 나타난 반응의 의미. 성균관대학교 대학원 박사학위논문.

심향분(2012). 정보그림책 읽기과정에서 교사의 역할 탐구. 어린이문학교육연구, 13(1), 155-179.

양하연(2003). 정보책 읽기 프로그램이 유아의 비판적 사고와 문제해결력에 미치는 영향. 성균관대학교 대학원 석사학위논문.

오유경(2007). 정보그림책을 활용한 교사-유아의 상호작용이 유아의 그림표상능력에 미치는 영향. 중앙대학교 대학원 석사학위논문.

조은정, 현은자(2003). 유아를 위한 정보책의 인식과 활용 실태. **생활과학, 6,** 61-85.

최미숙, 박지영(2010). 평가준거에 기초한 유아용 정보그림책의 내용분석. **미래유아교육학회지, 17**(1), 427-447.

최지혜(2009). 정보그림책과 이야기그림책 짝지어 읽기 상황에서 유아의 반응. 성균관대학교 대학원 석사학위논문.

현은자, 김세희(2005). **그림책의 이해2.** 경기: 사계절.

Cullinan, B. E., & Galda, L. (2002). *Literature and the child ford worth.* TX: Harcount Brace College.

Giblin, J. C. (1996). Trends in children's books today. In S. Egoff, G. Stubbs, R. Ashley, & W. Sutton (Eds.), *Only connect: Readings on children's literature* (3rd ed.). Ontario: Oxford University Press.

Headley, K. N., & Dunston, P. J. (2000). Teacher's choice books and comprehension, strategies as transaction tools. *The Reading Teacher, 54*(3), 260-268.

Huck, C. H., Hepler, S., Hickman, J., & Keifer, B. Z. (1997). *Children's literature in the elementary school.* Madison, WI: Brown & Benchmark.

Palmer, R. G., & Stewart, R. A. (2003). Nonfiction trade book use in primary grades. *The Reading Teacher, 57*(1), 38-48.

본문에 실린 아동문학작품

10 DOGS 욕심쟁이 개의 숫자놀이 에밀리 그래빗 글 · 그림. 비룡소. 2025.

가나다는 맛있다 우지영 글, 김은재 그림. 책읽는곰. 2016.

개구쟁이 ㄱㄴㄷ 이억배 글 · 그림. 사계절. 2005.

고슴도치야, 무얼 보니? 정지영, 정혜영 글 · 그림. 비룡소. 2005.

기차 ㄱㄴㄷ 박은영 글 · 그림. 비룡소. 1997.

꼬끼오네 병아리들 이범규 글, 민정영 그림. 비룡소. 2009.

나는 농부란다 이윤엽 글 · 그림. 사계절. 2012.

내가 만든 옷 어때? 곰곰 글, 선현경 그림. 사계절. 2012.

네모 존 클라센 글, 맥 바넷 그림. 서남희 옮김. 시공주니어. 2018.

떡 두 개 주면 안 잡아먹지 이범규 글, 김용철 그림. 비룡소. 2009.

떼굴떼굴 사르르 사르르 김예은 글 · 그림. 비룡소. 2025.

마일로가 상상한 세상 맷 데 라 페냐 글, 크리스티안 로빈슨 그림. 김지은 옮김. 북극곰. 2022.

물 좀 주세요! 박정선 글, 김슬기 그림. 비룡소. 2017.

반대말 최정선 글, 안윤모 그림. 보림. 2009.

배고픈 개미 100마리가 발발발 엘리노어 핀체스 글 · 그림. 신형건 옮김. 보물창고. 2006.

백다섯 명의 오케스트라 쿠스킨 글, 마크 사이먼트 그림. 정성원 옮김. 비룡소. 2007.

봄 속으로 풍덩 주미경 글, 김연주 그림. 키즈엠. 2018.

부릉부릉 자동차가 좋아 리처드 스캐리 글 · 그림. 황윤영 옮김. 보물창고. 2007.

부릉부릉 트럭 삼 형제 정하섭 글, 한병호 그림. 비룡소. 1997.

빨주노초파남보 색깔 말놀이 박정선 글, 윤미숙 그림. 시공주니어. 2010.

뼈 호리우치 세이치 글 · 그림. 엄기원 옮김. 한림출판사. 2001.

사과와 나비 이엘라 마리, 엔조 마리 글 · 그림. 보림. 2003.

사랑스러운 우리 할아버지 렌 반 오프스탈 글, 렌 반 두르메 그림. 김양미 옮김. 중앙출판사. 2004.

색깔을 훔치는 마녀 이문영 글, 이현정 그림. 비룡소. 2004.

생각하는 ㄱㄴㄷ 이지원 기획, 이보나 흐미엘레프스카 그림. 논장. 2005.

성형외과에 간 삼각형 마릴린 번즈 글, 고던 실버리아 그림. 보물창고. 2004.

세모 존 클라센 글, 맥 바넷 그림. 서남희 옮김. 시공주니어. 2018.

수수께끼 ㄱㄴㄷ 최승호 글, 이선주 그림. 비룡소. 2007.

숲 청소부 버섯 김성호 글, 한재희 그림. 비룡소. 2018.

신기한 스쿨 버스 10 눈, 귀, 코, 혀, 피부 속을 탐험하다 조애너 콜 글, 브루스 디건 그림. 이강환 옮김. 비룡소. 2018.

신기한 스쿨버스 키즈 30 날씨맨, 폭풍우를 만들다 조애너 콜 글, 브루스 디건 그림. 이현주 옮김. 비룡소. 2018.

신기한 스쿨버스 키즈 28 물방울로 변한 아이들 조애너 콜 글, 브루스 디건 그림. 이강환 옮김. 비룡소. 2018.

아기 동물 123 류재옥 글 · 그림. 창비. 2012.

아기 세모의 세 번째 생일 필립 세들레츠스키 글 · 그림. 최윤정 옮김. 파랑새. 1999.

아주아주 배고픈 애벌레 에릭 칼 글 · 그림. 김세실 옮김. 시공주니어. 2022.

알록달록 동물원 로이스 엘러트 글 · 그림. 문정윤 옮김. 시공주니어. 2001.

앗! 모기다 정미라 글, 김이랑 그림. 비룡소. 2012.

앗, 바뀌었어! 박정선 글, 장경혜 그림. 비룡소. 2014.

야금야금 사과 정지영, 정혜영 글 · 그림. 비룡소. 2005.

어떻게 잠을 잘까요 야부유치 미사유키 글 · 그림. 박은덕 옮김. 한림출판사. 2006.

어흥어흥 어름치야 이학영 글, 김재홍 그림. 비룡소. 2013.

엄청나게 큰 기차 백과 메건 컬리스 글, 가브리엘레 안토니니 그림. 조남주 옮김. 어스본 코리아. 2021.

엄청나게 큰 배와 군함 백과 미나 레이시 글, 가브리엘레 안토니니 그림. 조남주 옮김. 어스본 코리아. 2021.

엄청나게 큰 우리 몸 백과 미나 레이시 글, 피터 앨런 그림. 어스본 코리아. 2017.

엄청나게 큰 탈것 백과 미나 레이시 글, 가브리엘 안토니니 그림. 어스본 코리아. 2017.

엄청나게 큰 트럭 백과 메건 컬리스 글, 마이크 번 그림. 이현주 옮김. 어스본 코리아. 2025.

우리 몸의 구멍 허은미 글, 이혜리 그림. 길벗어린이. 2000.

우체부 아저씨와 비밀 편지 앨런 앨버그 글, 자넷 앨버그 그림. 김상욱 옮김. 미래아이. 2016.

움직이는 ㄱㄴㄷ 이수지 글 · 그림. 천둥거인. 2006.

움직이는 몸: 인체 소재근 글, 홍선주 그림. 웅진주니어. 2007.

으라차차 바야르 서해경 글, 강수인 그림. 한솔수북. 2014.

이딱딱 로봇의 네모 이 정은정 글, 윤정주 그림. 비룡소. 2021.

이모의 결혼식 선현경 글 그림. 비룡소. 2004.

임금님의 집 창덕궁 최재숙 글, 홍선주, 달 · 리 그림. 웅진주니어. 2008.

입이 똥꼬에게 박경효 글 · 그림. 비룡소. 2008.

자꾸자꾸 초인종이 울리네 팻 허친즈 글 · 그림. 신형건 옮김. 보물창고. 2006.

잘잘잘 123 이억배 저. 사계절. 2006.

장바구니 존 버닝햄 글 · 그림. 김원석 옮김. 보림. 1996.

준영 ㄱㄴㄷ 박은영 글 · 그림. 비룡소. 1997.

지구로 소풍가는 날! 로렌 리디 글 · 그림. 이지유 옮김. 미래 M&B. 2003.

참나무는 참 좋다! 이성실 글, 권정선 그림. 비룡소. 2012.

청개구리 여행사 마츠오카 다츠히데 글 · 그림. 이영미 옮김. 비룡소. 2008.

칙칙폭폭 꼬마 기차 로이스 렌스키 글 · 그림. 노은정 옮김. 비룡소. 2003.

크리스마스까지 아홉 밤 오로라 라바스티다 글, 마리 홀 엣츠 그림. 최리을 옮김. 비룡소. 2002.

파란 거위 낸시 태퍼리 글 · 그림. 이상희 옮김. 비룡소. 2014.

프리즐 선생님의 신기한 역사 여행 3 황제가 사는 고대 중국으로 조애너 콜 글, 브루스 디건 그림. 장성봉 옮김. 비룡소. 2005.

CHAPTER

09 동시

동시는 아동의 문학적 감수성과 언어감각을 키워 주고, 우리말의 아름다움을 전할 수 있는 소중한 문학 장르다. 산문과 달리 짧고 간결한 구조에 음악성과 말맛이 살아 있는 단어들이 조합되어 어린 아동도 노래처럼 쉽게 익힐 수 있고, 흥미를 가질 수 있으므로 교육 현장에서 다양하게 활용하기 좋다. 이 장에서는 동시의 정의와 특성을 알아보고, 형식과 내용, 소재에 따라 동시의 유형을 구분해 본다. 그리고 동시가 가지는 교육적 가치와 실제 교육 현장에서의 활용방법에 대해 살펴보고자 한다.

1. 동시의 정의

동시는 서정시에서 발전한 운문문학의 한 형태로, 아동의 생활과 정서, 관심사 등을 운율과 리듬 있는 언어로 담아 쓴 아동을 위한 시다. 시가 성인 독자만을 대상으로 창작된 것이라면 동시는 독자 가운데 아동이 포함되었다는 것을 의식하고 창작된 시로, 아동이 이해하기 쉬운 언어로 복잡한 구조를 지니지 않은 시라고 할 수 있다(유창근, 1999).

동시는 아동의 생각과 감정을 짧고 소박한 언어로 표현하여 이해하기 쉽고, 노래처럼 운율과 리듬이 살아 있어 아동에게 즐거움과 감동을 준다. 또한 어떤 형태의 문학보다도 우리말의 아름다움과 멋을 알게 하고, 언어에 대한 감각과 감수성을 키워 준다는 점에서 중요한 아동문학교육 자료다.

동시의 모태는 동요이지만, 동시가 동요와 크게 다른 점은 바로 정형률이라는 외형적 틀에서 자유롭다는 점이다(노운서, 노명희, 김명화, 백미열, 2013). 최근에는 전문적인 동시인들뿐 아니라 최승호, 안도현, 김용택, 박성우 등 우리나라를 대표하는 시인들이 동시를 쓰기 시작하면서 좀 더 새롭고 다양한 형태의 동시들이 등장하고 있다.

2. 동시의 특성

유아는 동시의 음악적 특성, 이야기 요소, 감각적인 내용으로 인해 동시를 좋아하게 된다(김경화, 2008). 동시의 특성을 구체적으로 살펴보면 다음과 같다.

① 운율과 리듬이 살아 있고 음악성이 풍부하다

동시에서는 같은 소리나 비슷한 소리의 글자를 반복하여 리듬과 운율을 만들기 때문에 음악성이 풍부하고 소리 내어 읽는 재미가 있다. 3 · 4자나 7 · 5자 등과 같이 각 행의 음절 수를 맞추어 리듬을 표현하기도 한다. 어린 유아들을 위한 동시의 경우에는 의성어, 의태어를 반복하여 흥미를 더하고 음악성을 살린다. 의미 중심이었던 기존의 동시와 달리 우리말의 소리에 집중한 「최승호 시인의 말놀이 동시집」 시리즈는 의성어, 의태어가 풍부할 뿐 아니라 두운과 각운이 잘 살아 있고, 말놀이를 활용해 우리말의 재미와 맛을 한껏 느낄 수 있게 했다.

② 단순하고 간결하며 함축적이다

동시는 함축성 있는 시어를 통해 동심의 세계를 표현한다(선주원, 2013). 짧고 간결한 언어의 조합과 단어의 생략, 비약은 언어를 경제적이고 효율적으로 사용할 수 있게 도와준다. 다양한 생각이나 느낌을 짧게 압축하여 쓴 동시는 겉으로 드러난 의미 외에도 감추어져 있는 의미가 있으므로 찬찬히 음미하면서 오감을 통해 느끼는 것이 중요하다.

③ 비유와 상징이 풍부하다

동시에서는 비유와 상징을 사용하여 시인의 생각을 효과적으로 표현한다. 비유는 어떤 현상이나 사물을 그것과 비슷한 현상이나 사물에 빗대어 표현하는 기법으로, 예를 들면 '빈 깡통 같은 소라껍데기', '감꽃은 내 동생 귓속 같다' 등이 있다. 비유는 친근한 시어를 낯설게, 낯선 시어를 친근하게 느끼게 해 줌으로써 아동의 상상력을 자극하고 관찰력을 키워 준다. 상징은 추상적인 사물이나 관념 또는 사상을 구체적인 사물로 나타내는 기법으로, 예를 들면 '비둘기'를 통해 '평화'라는 추상적인 관념을 나타내는 경우다. 시인은 직접적인 표현보다는 비유나 상징을 통해 더욱 생생하고 구체적으로 말할 수 있으며, 이런 표현들은 아동에게 즐거움을 주고 아동의 감정을 더욱 풍부하게 해 준다.

④ 아동의 눈과 마음으로 바라본 세상을 담고 있다

동시는 아동의 눈과 마음으로 세계를 보고 어린이다운 생각과 느낌이 잘 드러나야 한다(선주원, 2013). 즉, 세상을 바라보는 아동만의 독특한 생각과 정서, 관점을 담고 있어야 한다는 것이다. 사람과 사물, 자연을 바라보는 개성 있는 시선과 생활에서 경험하는 다양한 감정과 느낌이 솔직하면서도 재치 있는 시어들로 표현된 동시는 아동의 시적 상상력과 창의성을 키워 주고, 삶에 대한 통찰과 깨달음을 얻게 해 준다.

3. 동시의 유형

동시의 유형은 형식, 내용, 소재에 따라 구분되는데, 형식에 따라서는 정형동시, 자유동시, 산문동시로 분류되고, 내용에 따라서는 서정동시, 서사동시로 분류된다. 소재에 따라서는 식물, 동물, 자연현상, 가족, 일상생활에 대한 동시 등으로 구분된다.

1) 형식에 따른 분류

(1) 정형동시

정형동시는 글자 수나 행의 수가 정해져 있는 동시로, 운율이 겉으로 드러나는 외형률을 띤다. 음악성이 강하여 동요로 만들어진 경우가 많다. 4·3조나 4·4조, 7·5조 형식이 일반적이다. 시의 표현에서는 비유나 상징, 은유보다는 직설적이고 직접적인 표현이 많다. 내용과 시적 이미지에 따라 좀 더 자유로운 형태를 취하기도 한다.

더 알아보기 **4 · 3조로 된 정형동시의 예**

누가 누가 잠자나

– 목일신

넓고 넓은 밤 하늘에
누가 누가 잠자나
하늘나라 아기별이
깜빡깜빡 잠자지.

깊고 깊은 숲 속에선
누가 누가 잠자나
산새들이 모여 앉아
꼬박꼬박 잠자지.

(2) 자유동시

자유동시는 정형적인 글자 수나 행수, 운율에 구애받지 않고 자유롭게 쓴 동시다. 겉으로 명확하게 리듬이 드러나지는 않지만 내용이나 언어의 배치를 통해 느낄 수 있는 잠재적인 운율인 내재율을 띤다. 1930년대 박목월, 김영일 등에 의해 처음 시도되었으며, 오늘날 가장 많이 창작되고 있다(임원재, 2000).

(3) 산문동시

산문동시는 리듬이나 형식에 구애받지 않고 행을 구분하지 않은 채 산문 형식으로 쓴 동시로, 리듬의 단위가 문장이나 문단에 있다. 산문과 달리 음악성, 상징성, 함축성을 갖추고 있으며, 대상을 시화하여 서정적으로 묘사하는 것이 특징이다. 비교적 최근에 시도된 형식이다.

더 알아보기 산문동시의 예

살구나무 새순에

– 노원호

살구나무 새순에 봄빛이 묻어 있다. 껍질 속에 갇혀 있던 파란 빛깔 집어 들고 마당가 한 귀퉁이에 우뚝 선 살구나무

〈이하 생략〉

2) 내용에 따른 분류

(1) 서정동시

서정동시는 개인의 감정이나 정서, 생각을 주관적으로 자유롭게 표현한 동시다. 아동이 좋아하고 잘 알려진 짤막한 동시들은 대부분 서정동시에 속한다.

(2) 서사동시

서사동시는 신화나 전설, 역사적 사건, 영웅 이야기 등을 소재로 하여 사실을 바탕으로 쓴 동시다. 대표적인 서사시로는 서양의 「일리아드」와 「오디세이」, 우리나라 이규보의 「동명왕편」 등이 있다. 서사동시는 주로 민담과 같이 잘 알려진 이야기를 운율과 리듬을 살려 쓴 경우가 많다.

3) 소재에 따른 분류

동시는 소재에 따라 식물에 관한 동시, 동물에 관한 동시, 자연현상에 관한 동시, 가족에 관한 동시, 일상생활에 관한 동시 등으로 나눌 수 있다. 식물에 관한 동시는 꽃과 씨, 나무 등을 다루고, 동물에 관한 동시는 개미, 달팽이, 다람쥐 등 친숙한 곤충과 동물을 다루며, 자연현상에 관한 동시는 이슬, 바람, 구름, 비, 번개 등을 소재로 한다. 가족에 관한 동시는 동생, 엄마, 아빠, 할머니, 할아버지 등 식구들과의 생활과 사랑에 대해 다루고, 일상생활에 관한 동시에서는 주로 친구나 학교 이야기 등을 소재로 한다. 최근에는 좀 더 다양한 소재의 동시들이 발표되고, 음식을 다룬 안도현 시인의 『냠냠』, 한자를 다룬 최명란 시인의 『하늘天 따地』, 숫자를 다룬 함기석 시인의 『숫자 벌레』 등 같은 소재의 동시를 묶은 동시집도 출간되고 있다.

4. 동시의 기능

문학작품 중 동시는 언어감각과 문학적 상상력을 키워 주고, 아동의 정서를 풍부하게 하며, 인간과 자연을 사랑하는 마음을 갖게 하는 기능을 한다.

① 우리말의 재미를 느끼게 하고 언어감각을 키워 준다

동시는 짧고 간결해야 하며 리듬감과 운율을 살려야 하므로 한 단어 한 단어 심혈을 기울여 고르고 조합한다. 이런 과정을 거쳐 만들어진 좋은 동시에는 우리말

더 알아보기 **언어감각을 키워 주는 동시의 예**

감자꽃

– 권태응

자주꽃 핀건
자주 감자
파보나마나
자주 감자

하얀꽃 핀건
하얀 감자
파보나마나
하얀 감자

의 재미와 멋, 아름다움이 풍부하게 담겨 있다. 특히 외형률이 살아 있는 정형동시나 각운과 두운, 단어 쪼개고 합치기 등을 활용한 말놀이 동시, 의성어, 의태어가 풍부하게 들어 있는 동시들은 소리 내어 읽는 재미를 줄 뿐 아니라 언어에 대한 감각과 감수성을 키워 준다.

② 문학적 상상력과 창의성, 관찰력을 길러 준다

동시는 비유와 상징을 통해 말하고자 하는 바를 생생하면서도 함축적으로 보여 준다. 이러한 비유와 상징, 의인화 등은 아동의 문학적 상상력을 자극하고 주변 사물이나 현상을 날카롭고 신선한 시각으로 바라보게 함으로써 관찰력과 창의성을 길러 준다.

③ 정서를 풍부하게 하고 통찰력을 기르도록 도와준다

동시는 짧은 글 속에 기쁨과 슬픔, 두려움, 감동 등 다양한 감정을 담아내어 정서를 풍부하게 하고 자신의 감정을 자연스럽게 표현할 수 있도록 도와준다. 또한 자신과 타인의 삶, 사물과 자연의 이치 등을 면밀하게 들여다보게 함으로써 세상에 대한 통찰력을 길러 준다.

④ 인간과 자연을 사랑하는 마음을 갖게 한다

동시에는 인간과 자연을 사랑하는 마음이 담겨 있다. 시인은 소외되고 힘없는 이웃들, 길모퉁이에 핀 들꽃과 작은 곤충들까지, 사랑과 애정을 가지고 바라본다. 동시를 읽는 아동은 자연스럽게 시인의 마음으로 인간과 자연을 바라보며 사랑하는 마음을 갖게 된다.

5. 동시의 활용

아동이 시를 사랑하게 하려면 아동을 시에 얼마나 노출시키느냐가 중요하다.

시를 사랑하는 것은 타고나는 것이 아니라 만들어지는 것이다(김세희, 2000). 그러므로 좋은 동시를 선별하여 큰 소리로 자주 읽어 주고, 재미난 활동으로 이어지게 한다면 아동은 자연스럽게 동시를 좋아하고 동시와 친숙해진다. 유아들은 동물이나 사물에 관한 시, 공통적인 경험을 다룬 시, 반복되는 리듬을 가진 시, 의성어나 의태어 등의 재미있는 소리가 포함되어 있는 시, 유아 자신의 이야기를 담은 시, 추상적 관념보다는 행동을 묘사한 시, 즐길 수 있는 구체적인 이야기나 반복되는 특이한 운율과 리듬을 지닌 시, 긴 시보다는 짧은 시를 좋아한다(강성화, 김경회, 2003).

동시를 활용한 활동으로는 동시 읽고 동시화 그리기, 관심 있는 소재로 동시 지어 보기, 동시 주인공에게 편지 쓰기, 친구들과 동시집 만들기, 동시 읽고 몸으로 느낌 표현해 보기, 동시로 만든 노래 감상하기 등이 있다. 『박성우 시인의 끝말잇기 동시집』은 아이들이 좋아하는 끝말잇기 형식의 제목을 통해 흥미를 유발하며, 『똑똑 마음입니다』는 다양한 감정과 느낌을 동시로 어떻게 담아낼 수 있는지를 보여 준다. 『콩, 너는 죽었다』, 『오늘도 학교로 로그인』, 『선생님도 졸지 모른다』는 과거와 현재 아이들의 일상생활을 생생하고 재치 있게 담아내어 동시 활동에 적극적으로 참여할 수 있게 도와준다. 『넉 점 반』, 『시리동동 거미동동』 같은 시 그림책을 감상하고, 자기가 좋아하는 동시를 활용하여 그림책을 만들어 보는 활동도 추천할 만하다. 동시는 소재가 다양하고 짧기 때문에 다양한 교과 활동에서 아이들의 관심과 흥미를 유발하는 용도로 활용될 수 있다.

그림 9-1 동시화를 그리는 모습

참고문헌

강성화, 김경희(2003). 유아문학교육 이론과 실제. 서울: 동문사.

김경화(2008). 동시를 통한 문학적 접근이 유아의 어휘력 및 이야기 구성력에 미치는 영향. 경남대학교 대학원 석사학위논문.

김세희(2000). 유아교사를 위한 유아문학교육. 경기: 양서원.

노운서, 노명희, 김명화, 백미열(2013). 아동문학. 경기: 양서원.

선주원(2013). 교육과정 개정에 따른 아동문학교육론. 서울: 박이정.

유창근(1999). 동시창작 12강. 서울: 학지사.

이성은(2003). 아동문학교육. 서울: 교육과학사.

임성규(2008). 초등 문학교육의 담론과 아동문학의 지평. 서울: 한국문화사.

임원재(2000). 아동문학교육론. 서울: 신원문화사.

본문에 실린 아동문학작품

냠냠 안도현 시, 설은영 그림. 비룡소. 2010.

넉 점 반 윤석중 시, 이영경 그림. 창비. 2004.

똑똑 마음입니다 박혜선, 송명원, 이묘신, 정진아, 한상순 지음, 율라 그림. 뜨인돌어린이. 2019.

박성우 시인의 끝말잇기 동시집 박성우 시, 서현 그림. 비룡소. 2019.

선생님도 졸지 모른다 김개미 지음, 고마쭈 그림. 문학동네. 2024.

숫자 벌레 함기석 시, 송희진 그림. 비룡소. 2011.

시리동동 거미동동 제주도 꼬리따기노래, 권윤덕 그림. 창비. 2003.

오늘도 학교로 로그인 문현식 지음, 소복이 그림. 창비. 2021.

최승호 시인의 말놀이 동시집 최승호 시, 윤정주 그림. 비룡소. 2020.

콩, 너는 죽었다 김용택 지음, 김효은 그림. 문학동네. 2018.

하늘天 따地 최명란 시, 김선배 그림. 비룡소. 2007.

PART 3

아동문학의 교육적 활용

Children's Literature Education

CHAPTER

10 아동문학활동의 계획

아동문학활동을 지도하기 위해서는 먼저 문학활동을 계획함으로써 이를 실행할 방법을 구체화해야 한다. 문학활동에 사용될 도서 선정 시 교사의 역할, 문학활동 계획 시 교사의 역할 그리고 문학활동을 위한 환경구성과 매체 활용 등의 내용이 아동문학활동의 계획에 포함되어야 한다. 따라서 이 장에서는 아동문학활동의 계획을 위한 교사의 역할, 환경구성, 매체 활용에 대해 살펴보고자 한다.

1. 아동문학활동의 계획과 교사의 역할

아동문학활동의 계획과 교사의 역할에서는 활동 지도를 위한 도서 선정, 활동의 계획과 운영에서의 교사 역할에 관한 내용을 중심으로 살펴본다.

1) 아동문학활동 지도를 위한 도서 선정과 교사의 역할

아동문학활동 지도를 위해 교사는 질적으로 높은 수준의 책을 선정하고, 각각의 책이 영유아의 발달에 어떻게 도움이 될 수 있을지 파악해야 한다. 영유아를 대상으로 문학활동을 지도하기 위해 어떠한 책이 교육활동에 적합한지를 미리 파악하고 이에 대한 정보를 탐색하는 것은 교사들에게 매우 유용하므로 고전부터 신간에 이르기까지 다양한 아동문학작품에 지속적으로 관심을 기울일 필요가 있다. 아동문학 평론집, 아동문학 관련 월간 잡지, 학부모의 블로그나 작가의 홈페이지, 아동용 도서 전문출판사의 홈페이지, 일간지의 어린이 도서 신간 안내 등

그림 10-1 비룡소 홈페이지

다양한 정보원을 참고하여 질적으로 우수한 책에 대한 정보를 미리 수집해 두는 것이 중요하다(공인숙, 김영주, 최나야, 한유진, 2013).

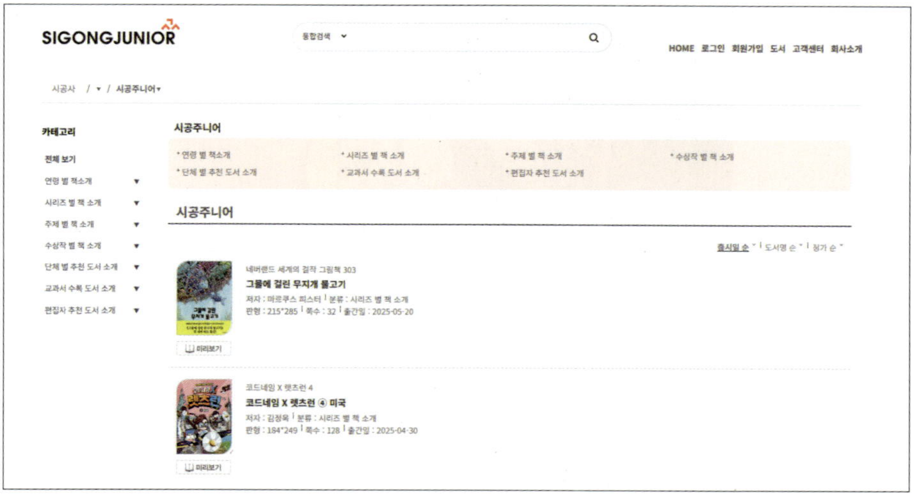

그림 10-2 시공주니어 홈페이지

그림 10-3 국립어린이청소년도서관 홈페이지

그림 10-4 자료실에서 그림책을 고르는 교사

교실에서는 이렇게 **아동문학활동 지도를 위한 도서 선정 기준**

- 영유아가 책장을 넘기기 편리하도록 책 표지와 책장이 두껍고 튼튼한 책을 선정한다. 표지는 두꺼우면서 닦을 수 있는 재료가 좋으며, 책을 펼쳤을 때 부드럽고 평평한 것이 좋다.
- 영유아에게 새롭고 흥미로운 단어가 포함된 도서를 선정하여 단어의 의미를 말해 주고, 이야기를 읽고 난 후 그 단어들을 사용한다.
- 영유아의 대화 주제를 파악하여 그들의 관심사가 포함된 도서를 선정한다. 영유아의 관심사에 따라 미리 선정해 둔 도서가 적절하지 않을 수 있으므로 예비 도서도 준비해 둔다.

출처: 공인숙 외(2013); 이대균, 백경순, 송정원, 이현정(2021).

2) 아동문학활동의 계획 및 운영과 교사의 역할

영유아를 대상으로 문학활동을 계획하고 이를 운영할 경우 교사의 역할이 중요하다. 영유아를 중심으로 문학활동이 진행될 수 있도록 문학작품을 미리 선정해 두거나 영유아의 관심사를 파악하여 관련 자료를 준비할 필요가 있다.

(1) 아동문학활동의 계획과 교사의 역할

아동문학을 중심으로 영유아를 위한 교육활동을 계획할 경우 사용되는 몇 가지 대표적인 방식이 있으며, 교사는 이러한 방식 중 선택하여 아동문학활동을 계획할 필요가 있다(Sawyer, 2000).

첫째, 문학 웹(literature web) 모형으로 영유아와 탐구하고 싶은 특정 주제를 먼저 결정하고 그 주제를 중심으로 구체적인 동시, 동요, 손유희, 이야기 등을 계획하는 방식이다. 해당 주제를 가운데에 제시하고, 이를 중심으로 활동별로 삼각형, 사각형, 원 등의 기호로 구분하여 도표 형태로 구성하는 방식으로 제목, 작가, 출판연도 등 중요 정보도 함께 표시한다.

둘째, 단일 책 확장 교육과정 웹(single-book extension-curriculum web, single-book cross-curriculum web) 모형으로 한 권의 책을 이용하여 영역별 교육활동을 계획하는 방식이다. 선정한 책의 제목과 정보를 가운데에 원형으로 배치하고, 책의 주제, 내용, 등장인물, 배경 등과 관련된 활동을 바깥쪽에 배치하는 방식이다.

셋째, 통합적 교육과정 웹(integrated-curriculum web) 모형으로 본격적으로 통합 교육활동 계획을 수립하기 위한 방식이다. 특정 주제를 중심으로 언어, 수학, 과학, 미술, 음악 등의 영역별 활동이 계획되고, 문학영역에서는 해당 주제와 관련된 전래동화나 정보동화가 활용된다(공인숙 외, 2013).

그림 10-5 문학활동을 위해 주제망을 작성하는 모습

그림 10-6 문학활동 중인 모습

(2) 아동문학활동의 운영과 교사의 역할

교사가 아동문학활동을 계획하고 나면 실제로 활동을 어떻게 운영할 것인지를 고려해야 한다. 먼저, 영유아에게 책을 어떤 방법으로 읽어 줄 것인지를 결정해야 한다. 영유아에게 책을 읽어 줄 방법을 결정할 때 가장 중요한 고려사항은 영유아의 관심을 유지하는 것이다. 교사가 영유아에 대한 정보, 즉 유머 감각, 상식 등을 많이 알고 있을수록 책 읽기 시간을 효율적으로 운영할 수 있다.

영유아교육기관에서 나이 어린 영아들을 위해 아동문학활동을 운영할 경우 활동시간 이외에도 낮잠 시간, 수유 시간, 간식 시간을 이용하여 간단한 이야기를 들려준다. 이러한 활동을 통해 하루에 여러 번 영아와 일대일로, 또는 두세 명의 영아와 함께 이야기를 나누거나 책을 읽어 주는 시간을 가진다(Sawyer, 2000).

아동문학활동의 운영에서 교사의 중요한 역할 중 하나는 책을 읽어 주는 장소를 선정하는 것이다. 기본적으로는 소음이 적게 발생하는 조용한 공간에서 책을 읽어 주고, 매트, 소파, 쿠션 등을 책 읽는 장소에 비치하여 편안하고 안락한 읽기 공간을 마련한다. 연령이 높은 유아의 경우에는 놀이집에 도서영역을 마련하여 자유롭게 책을 읽도록 한다.

교실에서는 이렇게 **아동문학활동 지도 시 교사의 역할**

- 책을 읽어 주는 연습을 통해 자신의 목소리가 극적인지, 높낮이와 속도, 크기는 알맞은지, 설명이나 질문할 시기가 언제인지 미리 파악해 둔다.
- 목소리, 표정, 몸짓을 적절하게 사용하여 이야기를 들려줌으로써 영유아가 메시지를 전달하는 방법을 이해하도록 돕는다.
- 책의 등장인물과 배경을 효과적으로 표현하기 위해 다양한 의상과 소품을 미리 준비한다.
- 책을 읽어 주는 동안 영유아가 책의 내용에 대해 질문하고 교사가 대답함으로써 교사와 영유아, 영유아와 영유아 간의 의사소통을 장려한다.
- 책을 읽어 주는 동안 영유아가 책 읽기에 집중하도록 유도하되, 움직이지 않고 앉아서 조용히 듣도록 강요하지는 않는다.

2. 아동문학활동의 계획과 환경구성

영유아의 문학활동 활성화 정도는 환경구성에 따라 달라진다. 문학활동 지도를 위한 환경은 영유아가 읽기 및 쓰기 행동을 탐구하도록 돕고, 자신을 둘러싼 세상에 대한 의미를 발견하도록 도와준다. 아동문학활동을 지도하기 위한 환경을 준비할 때 영유아가 연령별로 선호하는 그림 이야기책의 특성, 언어, 유머, 흥미 등을 파악하여 그에 적합한 도서영역 환경을 준비해야 한다(고문숙, 임영심, 김수향, 손혜숙, 2021; 성미영 역, 2025; Sawyer & Comer, 1996).

더 알아보기 **도서영역의 환경구성 원리**

영유아교육기관에서 도서영역은 언어영역의 일부로 배치하거나, 별도로 분리하여 배치한다. 적절하고 풍부한 도서영역의 구성은 영유아가 책과 상호작용하면서 책에 대한 즐거움을 경험해 보는 기회를 제공하므로 다음과 같은 원리를 고려하여 환경을 구성해야 한다.

- 영유아의 활동성을 고려하여 충분한 공간을 확보한다.
- 영유아가 책과 문학작품에 흥미를 가지도록 환경을 구성한다.
- 다른 영역의 활동과 연계되도록 공간을 배치한다.

출처: 김현희, 박상희(2020); 성미영 역(2025); 심성경, 이선경, 김경의, 허은주(2021).

1) 영아를 위한 도서영역

① 영아의 신체적 특징을 고려하여 공간을 구성한다

영아는 교사의 무릎에 앉거나 기어 다니거나 걸어 다니는 등 다양한 자세로 책을 보므로 편안한 의자나 쿠션, 매트, 푹신한 인형 등을 마련하여 편안한 자세로 책을 보도록 지원한다. 더불어 영아가 좋아하는 아기 사진이나 그림, 안전거울을 영아의 눈높이에 맞게 제시하여 호기심을 자극한다(심성경 외, 2021).

② 영아의 흥미와 안전을 고려하여 공간을 구성한다

영아를 위한 도서영역은 영아의 흥미를 끌 수 있는 장소여야 하며, 안전이 확보되어야 한다. 흥미로운 승용 장난감이나 곰인형 등을 비치해 영아의 호기심을 유도하고, 흔들의자를 비치해 교사가 영아에게 책을 읽어 주는 것도 효과적이다.

③ 영아의 오감을 자극하는 다양한 책을 비치한다

영아의 오감을 자극하는 책을 선택하여 비치한다. 예를 들어, 따뜻함과 푹신함이 느껴지는 헝겊책, 물에 젖지 않는 비닐책, 그림 조각을 떼었다 붙일 수 있는 퍼즐책, 책을 열면 물체가 튀어나오는 팝업북 등을 제공한다.

④ 영아의 상상력을 자극하도록 소품을 비치한다

모빌, 벽걸이, 부드러운 인형을 도서영역에 비치하고, 두꺼운 종이상자를 이용해 이야기와 관련된 차, 보트, 기차를 만들어 비치한다. 도서영역에 비치된 그림책 속에 등장하는 인물과 같은 인형이나 물건을 함께 비치하여 영아가 그림책과 친숙해지도록 한다(고문숙 외, 2021).

그림 10-7 영아반 도서영역과 손가락 놀이책

2) 유아를 위한 도서영역

① 유아의 창의성을 자극하도록 공간을 구성한다

도서영역에서 유아는 책을 읽고 난 후 책의 내용을 재창작하거나 재구성하기도 한다. 따라서 도서영역에는 유아들이 스스로 문학활동을 할 수 있는 간단한 소품을 비치해 두는 것이 바람직하다. 교사는 유아가 책과 창의적으로 상호작용하고 도서영역의 환경을 자유롭게 변경할 수 있도록 융통성 있게 구성한다.

② 유아의 발달수준을 고려한 다양한 종류의 책을 비치한다

유아의 발달수준을 고려하여 그림책, 동시, 전래동화, 정보동화, 환상동화 등 다양한 유형의 책을 도서영역에 비치한다. 아직 글자를 읽지 못하는 유아를 위해 그림만 있거나 그림 위주로 된 책, 문장이나 단어가 반복적으로 제시되어 내용이

예측 가능한 책 등을 비치한다.

③ 교사와 유아가 함께 도서영역을 구성한다

유아를 대상으로 한 도서영역의 구성은 영역을 계획하고 구성하고 변경하는 모든 활동을 교사와 유아가 함께 수행하는 것이 좋다. 도서영역에 어떤 책을, 어디에, 어떤 방식으로 비치할 것인지에 관해 의논하고 결정하는 과정에서 유아가 환경에 관심을 갖도록 한다. 환상동화를 읽고 나서 교사와 유아가 함께 환상동화에 등장한 배경을 도서영역에 꾸밀 수 있는데, 이처럼 도서영역의 창의적인 배경은 문학활동을 활성화시키는 중요한 기능을 한다(고문숙 외, 2021).

④ 다양한 읽기 자료를 도서영역에 비치한다

유아의 경우 도서영역에 책만 제공하기보다는 교사나 유아가 제작한 그림사전, 그림동화, 단어카드, 친구들의 사진과 이름이 적힌 카드, 그림 자료, 글자 자료 등 다양한 읽기 자료를 제공하는 것이 좋다(성미영 역, 2025).

⑤ 다양한 소품을 도서영역에 비치한다

유아를 위한 도서영역에는 책과 함께 음원, 자석판 또는 융판, 인형 등 책읽기 활동을 확장시키는 다양한 소품을 비치한다. 교사가 도서영역에 그림책과 함께 책의 내용이 담긴 음원, 헤드폰을 제공하면, 유아가 성인의 도움 없이 스스로 책을 읽고, 문어와 구어의 관련성을 이해하게 된다. 교사가 대집단의 유아를 위해 자석 · 융판동화를 도서영역에 비치해 두면, 유아는 개별적 또는 소집단으로 자석 · 융판동화의 내용을 재구성해 보는 기회를 가진다(심성경 외, 2021).

그림 10-8 유아반 도서영역

교실에서는 이렇게 **도서영역의 물리적 환경구성**

- 소음이 적게 발생하며, 조용하고 아늑한 곳에 배치한다.
- 보육실의 출입문에서 멀리 떨어져 있는 곳에 배치한다.
- 쌓기영역, 역할영역과 같이 소란스럽고 혼란스러운 영역과 분리해서 배치한다.
- 자연광이 들어오는 창문 옆이 좋으며, 어둡지 않게 인공조명 등을 준비한다.
- 벽, 칸막이 등을 이용하여 ㄷ 자 형태로 구성하여 닫힌 느낌을 갖도록 한다.
- 천장에는 천으로 만든 캐노피를 달아 편안함과 안정된 분위기를 제공한다.

출처: 성미영 역(2025); 심성경 외(2021).

교실에서는 이렇게 **도서영역의 책 전시방법**

- 영유아가 편리하게 책을 볼 수 있도록 눈높이에 맞는 책꽂이에 책을 전시한다.
- 겉표지의 전면이 보이도록 전시하여 책의 내용에 대한 시각적 단서를 제공한다.
- 영유아가 다양한 책을 선택할 수 있도록 책의 주제와 장르를 구분하여 전시한다.
- 새로운 책을 소개하는 코너 등 다양한 방법으로 책을 전시한다.

출처: 김현희, 박상희(2020); 심성경 외(2021).

3. 아동문학활동의 계획과 매체 활용

1) 매체 활용의 필요성과 고려사항

아동문학의 독자인 영유아의 발달 단계상 특성을 고려하여 아동문학활동을 지도하기 위해 다양한 매체를 활용한다. 영유아는 아동문학의 내용을 상징적이고 이미지 중심적으로 인식하므로 문자언어만으로 책의 내용을 전달하기에는 한계가 있다. 혼자서 책을 읽기 어려운 영유아를 위해서는 책의 내용을 효과적으로 전달해 줄 수단이 필요하다. 또한 영유아교육기관에서 대집단의 영유아를 대상으로 문학활동을 실시할 경우 낱권의 책은 효과적이지 못하다. 이러한 이유로 최근에는 영유아에게 문학작품의 내용을 효과적으로 전달하기 위해 다양한 교육공학 매체가 활용되고 있다. 교사는 아동문학의 장르와 내용, 특성을 고려하여 이를 전달하기에 가장 적절한 매체를 선택할 필요가 있다.

책만으로 전달하는 것과 달리 다양한 매체를 사용해 문학작품을 전달하는 것은 영유아에게 새로운 경험을 제공한다는 점에서 효과적이다. 영유아는 매체에 의한 경험을 통해 이야기에 대한 흥미와 즐거움을 더 많이 느끼고, 시각, 청각, 촉각 등에 동시에 의존하여 책의 내용을 접하게 된다. 또한 한 번 활용된 매체를 이후 영유아 스스로 활용해 보는 확장 활동을 통해 언어적 상호작용의 기회를 가질 수 있으므로 매체를 활용한 문학활동은 다양한 교육적 가치를 가진다.

영유아를 대상으로 문학활동을 지도할 경우 다양한 매체를 활용하기만 한다고 해서 효과가 있는 것은 아니므로, 개별 문학작품의 특성에 적합한 방식으로 매체를 활용해야 한다. 아동문학활동 지도에서 매체는 수단일 뿐이므로 교사는 문학작품의 질과 교수방법의 질 그리고 문학작품을 통해 영유아가 획득할 수 있는 경험과 사고의 질적 측면을 더 중요하게 고려해야 한다.

더 알아보기 **문학작품 전달매체 선택 시 고려사항**

- 문학작품을 전달하기 위해 매체를 활용할 경우 개별 문학작품의 내용과 특성에 적절한 매체를 선택하는 것이 중요하다.
- 문학작품을 전달하기 위해 매체를 활용할 경우 원작이 질적으로 우수한 문학작품을 선택하는 것은 의미가 있다.
- 반복된 연습과 훈련을 통해 교사가 능숙하게 실연함으로써 효과적으로 전달매체를 활용한다.
- 교사는 견고하게 제작된 매체로 작품을 실연한 후 영유아가 직접 전달매체를 사용해 볼 수 있도록 놀이영역에 배치한다.
- 원작의 질을 유지함과 동시에 관중인 영유아가 원작인 책에 대해 흥미를 갖도록 하는 전달매체를 선택한다.

출처: 김세희, 박남숙(1999); Rickelman & Henk (1990).

2) 매체의 종류 및 특징

영유아는 문학활동에 활용되는 매체를 통해 문학을 색다르게 경험하고 해석할 수 있다. 영유아를 위해 책을 보여 주거나 책 이외의 방법으로 문학을 전달할 때 유용하게 사용되는 매체의 종류와 특징은 다음과 같다.

(1) 그림동화

그림동화는 그림책 등 문학작품의 이야기를 그림으로 표현하여 전달하는 방법이다. 자료의 제작방법에 따라 낱장 그림동화, TV동화, OHP동화, 융판동화, 자석동화로 구분된다.

① 낱장 그림동화

낱장 그림동화는 동화의 장면을 낱장 그림으로 그려서 교사의 무릎이나 책상 위에 세우고 한 장씩 뒤로 넘기면서 이야기를 전달하는 그림동화의 종류다. 낱장 그림동화는 책의 내용에서 선정한 그림을 크게 제작하여 보여 주며 이야기를 들려주는 방식이다. 대집단 활동에서 큰 책을 사용하면 많은 영유아가 참여할 수 있으므로 교실에서 대집단 활동을 할 경우 일반 판형의 그림책보다 크기가 큰 책이 적절하다. 일반 판형의 그림책은 대집단 활동에 이용하기에는 크기가 작을 뿐 아니라 교사가 페이지를 넘기며 보여 주기도 어려우므로, 영유아교육기관에서는 그림책을 확대하여 제작하는 낱장 그림동화를 많이 활용한다.

그림책 원본의 그림을 따라서 그리거나 원본을 확대복사하여 채색하더라도 전문삽화가 작품만큼 완성도가 높은 그림으로 제작하기는 어려우며, 낱장 그림동화는 형식이 단순하여 영유아의 흥미가 낮다는 단점이 있다.

낱장 그림동화를 제작할 때는 사전에 책의 내용을 파악하여 장면을 선택하고, 그림의 재료도 결정해야 한다. 집단의 크기를 고려하여 8절 이상 4절 이하 정도의 너무 얇지 않은 종이를 선택하고, 영유아의 발달수준을 고려하여 전체 장수를 15~20장 정도로 한다(공인숙 외, 2013).

영유아에게 그림을 보여 주며 들려줄 이야기는 다음 장의 뒷면에 적어 놓아야 편리하므로 마지막 장의 뒷면에 제목 등의 도입 내용을, 표지의 뒷면에 첫 장의 내용을, 두 번째 장에 첫 번째 장의 내용을 적어 두고, 번호도 순서대로 표시한다.

그림 10-9 낱장 그림동화

② TV동화

TV동화는 두껍지 않아 말릴 수 있는 종이에 장면의 순서대로 그림을 그려 붙인 다음, 막대에 고정시켜서 TV동화 틀에 끼우고 그림을 좌우나 상하로 감으면서 들려주는 그림동화다. 낱장의 그림을 넘겨 주며 활용하는 낱장 그림동화에 비해 시각적으로 몰입이 잘되고, 두루마리 기법으로 돌릴 수 있어 편리하게 활용 가능하다는 점이 장점이다. TV동화는 사건의 연속성이 강조되거나, 배경이 중요한 이야기를 들려주는 데 적절하다.

그림 10-10 TV동화

③ OHP동화

OHP동화는 오버헤드 프로젝터(overhead projector)를 이용해 책의 내용을 시각적으로 표현하는 그림동화의 종류다. OHP필름은 색이 그대로 투영되므로 색상이 아름답게 표현된 그림책을 보여 주기에 적절하며, 그림의 일부를 가리거나 필름을 여러 장 겹쳐서 제시할 수 있다.

그림책 위에 OHP필름을 올려놓고 따라 그릴 수 있어서 제작이 편리하고, 색을 칠하거나 컬러 시트를 붙일 수 있으며, 그림책을 직접 OHP필름에 컬러복사하여 사용할 수도 있다. 스크린에 자료를 확대하여 제시할 수 있어 대집단의 영유아가 함께 볼 수 있다는 것이 장점이다. 그림의 방향이 바뀌지 않도록 특정 위치에 번호를 표시해 두고, OHP필름이 서로 붙지 않도록 흰 종이를 OHP필름 사이에 끼워 주며, 필름을 틀에 끼워 보관한다.

더 알아보기 **슬라이드 동화**

그림책을 슬라이드 필름으로 찍어 현상한 뒤 슬라이드 프로젝터를 통해 확대 및 영사하여 보여 주는 그림동화의 한 종류다. 작은 크기의 그림책을 대집단에게 보여 줄 경우나 원작의 그림을 그대로 확대하여 보여 줄 경우 효과적인 방법이다. 그림책의 그림을 전부 또는 일부 선택하여 사진으로 촬영하고 현상한 후 필름을 순서대로 배열한다. 완성된 슬라이드의 하단 우측에 화면 번호를 기입하고, 슬라이드 상자에 넣어 보관한다.

출처: 심성경 외(2021).

④ 융판동화

융판동화는 융판 자료를 융판 위에 붙이거나 떼면서 이야기를 들려주는 방법이다. 융판은 하드보드지나 베니어판 위에 융이나 약간의 보풀이 있는 헝겊을 씌워서 만든 판이며, 그림, 사진, 부직포 등으로 만든 자료 뒤에 벨크로와 같은 접착 재료를 붙여서 융판 자료를 제작한다.

그림 10-11 융판동화

융판동화는 영유아교육기관에서 가장 보편적으로 활용하는 매체로 이야기 나누기나 동화 감상을 위해 주로 사용되고, 이야기의 진행에 따라 순차적으로 융판 자료를 제시할 수 있기 때문에 단어나 문장 표현을 쉽게 배울 수 있다. 또한 융판 자료를 배경판에 쉽게 붙였다 떼었다 할 수 있으므로 상황에 따라 자료의 일부를 줄이거나 첨가하여 영유아의 이해를 도울 수 있다.

더 알아보기 **융판동화 활용 시 유의사항**

- 등장인물이나 사물을 하나씩 추가하여 붙이는 방식으로 이야기를 진행하므로 구나 문장이 하나씩 첨가되는 누적적인 이야기 구성이 가장 적당하다.
- 섬세하게 묘사된 그림이 원래의 문학작품에서 중요한 비중을 차지하는 동화는 융판으로 그림의 세부사항을 표현하기 어려우므로 적절하지 않다.
- 등장인물의 수가 제한되어 있고 배경이 중요하지 않으며 사건이 분명하면서도 간단한 이야기가 적당하다.
- 유머가 있으면서 쉽게 기억할 수 있는 이야기가 적당하다.

출처: 김현희, 박상희(2020).

⑤ 자석동화

자석동화는 자석판에 자석 자료를 붙이면서 이야기를 들려주는 방법이다. 자석 자료를 밀면서 이동할 수 있어서 자연스러운 이동을 표현할 수 있고 자료를 겹칠 수 있으므로 융판에 비해 더 다양한 표현이 가능하다. 또한 자석판 대신 아크릴판을 이용하면 자석 자료를 아크릴판 뒤에서 조정할 수도 있다. 자석을 붙이는 배경판으로는 시트지를 씌운 합석판을 사용한다. 그림조각은 모든 영유아가 보기 적절한 크기로 만들어 뒷면에 번호를 적어 두며, 보관하는 봉투에 전체 조각의 수를 표시해 둔다.

더 알아보기 **앞치마동화**

앞치마동화는 융판 대신 부직포로 만든 앞치마를 입고, 융판 자료를 앞치마에 붙여 가며 이야기를 들려주는 그림동화의 종류다. 앞치마동화는 융판동화에 비해 장소에 구애받지 않고 어디서나 동화를 들려줄 수 있으며 영유아의 주의집중 정도가 높은 것이 장점이다. 앞치마의 주머니에 그림 조각을 넣어 두었다가 꺼내어 사용하면 편리하다.

출처: 이대균 외(2021).

그림 10-12 앞치마동화

(2) 인형극

인형은 영유아가 가장 쉽게 접하며 친밀감을 느끼는 매체로 언어발달에 좋은 자극이 된다. 인형극은 인형을 이용하여 극놀이를 하는 것으로, 언어뿐 아니라 미술, 음악, 동작 등이 통합적으로 사용되어 다양한 즐거움과 경험을 제공한다.

인형은 처음에는 주술적인 의미로 질병이나 재난으로부터 벗어나기 위해 인형을 만들어 불로 태운다든지, 개울에 떠내려 보내는 등의 의식적인 행위에 주로 활용되었다가 점차 영유아에게 친밀감을 느끼고 감정과 마음을 가진 의인화 존재로서 영유아의 생활에 필요한 매체가 되었다. 인형극은 극화활동의 한 형태로 극의 성격에 적합하게 만들어진 인형에게 생명을 불어넣어 무대에서 연기하게 하는 활동이다. 즉, 인형극은 배우 대신 인형을 무대에 등장시켜 이를 사람이 조종, 연출하는 연극의 형태에 해당한다. 교실에서 영유아와 함께 사용할 수 있는 인형의 종류는 매우 다양한데, 줄 인형, 막대 인형, 손 인형, 손가락 인형 등이 대표적이다.

① 줄 인형

마리오네트(marionette)라고 불리는 줄 인형은 인형의 위에서 줄이나 철사로 조종하는 인형이다. 각 인형마다 하나의 십자막대나 두 개의 막대를 사용하여 여러 줄을 연결시켜 입술, 눈동자, 눈썹의 움직임, 팔다리의 움직임, 춤추는 동작 등 섬세한 움직임을 표현할 수 있는 인형극의 형태다.

헝겊, 종이, 나무 등이 인형의 재료로 사용되며, 조종하고 싶은 몸의 부분들을 막대로 분리하여 할핀 등으로 고정시키고, 투명한 줄을 달아 인형의 머리 위 막대와 연결한다. 줄 인형을 제시할 때는 막대가 보이지 않도록 무대의 위를 가리는 것이 일반적이지만, 교사의 인형 조작과정을 영유아에게 보여 주면서 영유아의 반응을 확인할 수도 있다. 줄 인형을 조종할 때는 조종하는 막대를 수평으로 잡은 다음 위에서부터 내리고, 발이 허공에 뜨거나 너무 아래로 내려와 무릎이 꺾이지 않도록 자세를 유지하면서 조종한다(성미영, 권윤정, 유주연, 2015).

② 막대 인형

막대 인형은 가장 단순한 형태의 인형으로 평면이나 입체로 된 인형의 사이 또는 뒤에 막대를 연결하여, 막대를 잡고 이야기 진행에 따라 앞, 뒤, 좌, 우로 움직이거나 흔들어 조작하는 인형극이다. 막대 인형은 종이나 헝겊으로 만든 인형에 막대를 붙인 다음 막대를 잡고 조작하게 되는데, 그림, 과일, 야채 등 다양한 물건에 막대를 끼워 사용할 수 있으며, 제작과 활용이 쉬워 연령이 낮은 영유아도 직접 조작할 수 있다.

더 알아보기 **재료에 따른 막대 인형의 종류**

- 접시 인형: 두 장의 종이접시를 붙여서 등장인물을 꾸민 다음 나무젓가락을 테이프로 감아 종이접시 뒤쪽에 고정시켜 만든 막대 인형
- 그림 인형: 그림을 그려 오린 후 아이스크림의 스틱막대나 나무스푼을 이용하여 그림 사이에 끼우고 풀을 붙여 만든 막대 인형
- 편지봉투 인형: 편지봉투에 등장인물을 꾸민 다음 막대를 끼워 봉투 끝에 테이프로 고정하여 만든 막대 인형
- 과일 인형: 등장인물의 특성에 적합한 과일을 선택하여 얼굴을 꾸미고 막대로 고정시켜 만든 막대 인형

출처: 이대균 외(2021).

③ 손 인형

손 인형은 장갑 인형이라고도 하며, 장갑 모양의 인형 속에 손을 집어넣어 조종하는 인형극이다. 손 인형은 인형이 말할 때 입을 움직여 열었다 닫았다 할 수 있도록 만들거나, 손의 움직임을 표현할 수 있도록 손에 손가락을 넣게 만든다. 또는 두 손을 사용하여 한 손은 인형의 입 역할을 하고 다른 한 손은 인형의 손이 되어 말하는 동작과 팔의 동작을 함께 하도록 만든다. 입을 움직이는 손 인형의 경우 인형의 말하는 행위에 집중하게 함으로써 주의 깊은 듣기를 촉진하고, 말하기에 문제가 있는 영유아의 경우 자신의 대행자로 동일시하여 자신의 의견이나 느낌을 손 인형을 통해 쉽게 표현할 수 있다.

더 알아보기 **재료에 따른 손 인형의 종류**

- 양말 인형: 양말의 윗부분을 자르고 마분지 조각을 입안의 위아래에 붙여 네 손가락을 윗부분에, 엄지손가락을 아랫부분에 넣어 만드는 인형
- 헝겊 인형: 인형 속으로 손을 넣어 인형의 머리와 손 · 팔이 움직이는 인형
- 상자 인형: 긴 직육면체 상자나 원통을 이용해서 만드는 인형
- 장갑 인형: 두 개의 장갑으로 각각 가운뎃손가락을 묶은 다음, 한 개의 장갑을 말아서 둥글게 하여 인형의 머리를 만들고, 묶여 있는 다른 장갑을 손에 끼어 가운뎃손가락이 인형의 머리와 연결되도록 만드는 인형

출처: 이대균 외(2021).

④ 손가락 인형

손가락 인형은 이야기나 활동의 진행에 따라 인형을 손가락에 끼웠다 뺐다 혹은 붙였다 떼었다 하는 방식으로 조작하는 인형극이다. 조작이 매우 쉬워 영유아가 직접 제작하여 사용하기 좋고, 한 사람이 여러 역할을 할 수 있어 극화 활동에 효과적이다. 손가락 인형은 인형 그림에 띠만 덧대어 반지 모양으로 끼우거나 골무처럼 만들어 손가락에 씌울 수 있게 제작한다. 또는 손가락이 인형의 손이나 다리 역할을 하게 하여 움직임을 보여 주도록 제작할 수도 있다.

그림 10-13 손가락 인형

손가락 인형은 연출자의 손가락에 끼워 사용하는 것으로 골무처럼 각 손가락에 하나씩 끼우는 작은 것부터, 손가락이 인형의 손이나 다리 역할을 하는 것, 장갑의 형태로 만들어져 벨크로가 부착된 다른 인형을 붙였다 뗄 수 있는 것까지 그 형태가 다양하다. 손 인형과 손가락 인형은 인형극을 감상한 영유아 스스로 다시 실연해 볼 수 있어 극놀이에 활용된다.

⑤ 테이블 인형

테이블 위에서 인형극이 이루어지는 형태로 테이블 위에 배경들을 3차원적으로 제시하고 인형을 세워서 손으로 움직여 가면서 동화를 들려주는 인형극이다.

테이블 인형은 교사가 테이블 위에 인형을 세워 놓거나 움직이면서 극을 보여 줄 수 있다. 준비한 무대에 세워 놓기 위해 플라스틱 통, 빈 캔 등 재활용품에 그림을 붙여 만든다. 인형 밑에 이쑤시개와 같은 꼬챙이를 달아 스티로폼 무대에 꽂아서 극을 보여 줄 수도 있다. 테이블 인형극을 하기 위해서는 무대의 뒷면을 배경으로 꾸민다.

⑥ 그림자 인형

그림자 인형은 빛에 의해 그림자가 생기는 원리를 이용하여 인형의 그림자를 스크린에 비추어 보여 주는 평면 인형극이다. 다른 인형극보다 상상력과 깊은 감정적인 호소력을 가지는 것이 특징이며, 두꺼운 종이나 플라스틱판을 이용해서 인형을 제작하는 경우와 손으로 등장인물을 표현하는 경우가 있다.

(3) 디지털 매체

전자기기의 발달과 대중적인 보급은 교육 현장에도 많은 변화를 가져와 다양한 방식으로 활용되고 있다. 오디오, TV, 컴퓨터 등의 매체는 다양한 감각을 자극하여 영유아가 쉽게 흥미를 갖고 집중을 유지하도록 한다. 디지털 매체는 지식을 전달하는 고유의 특성을 가지는데, 책이 활자와 그림을 통해 사고의 기회를 제공한다면, TV는 시청각적인 방식으로 정보를 전달하므로 2차원의 표상을 제공한다. 또한 오디오 테이프를 들으며 책을 읽으면 청각적 이미지와 함께 영유아가 인쇄 글자를 익히는 데 도움을 준다. 교육용 컴퓨터 게임이나 프로그램은 상호작용이 가능하여 영유아의 적극적 참여를 고취한다(성미영 외, 2015). 최근에는 인공지능 로봇, 증강현실, 가상현실 등 다양한 디지털 매체를 활용하여 아동문학작품을 영유아에게 제공하는 기회가 많아졌다.

① 오디오

오디오는 청각적인 매체라고 인식되기 쉬우나 아동문학작품의 내용을 효과적으로 전달하는 대표적인 매체로 듣기, 말하기, 읽기 영역에서 다양하게 활용된다.

동화책과 함께 판매되는 동화 오디오 자료를 이용해 영유아는 주의 깊은 듣기 활동을 하고, 자유롭게 장면을 상상해 보며, 책과 함께 사용하여 문해력을 발달시킨다. 판매되는 자료뿐 아니라 교사나 부모가 직접 동화를 읽고 이를 녹음하여 사용하면, 익숙하고 따뜻한 목소리를 통해 영유아가 안정감을 얻는다. 문학작품을 성인의 목소리로 녹음하여 제공하면 영유아가 반복적으로 들을 수 있어 외국에서는 우수한 문학작품을 전문 성우의 목소리로 녹음하여 오디오북으로도 제공하는 것이 일반화되어 있다. 오디오북은 이야기를 읽을 때의 경험을 재창조해 주므로 부모가 가정에서도 오디오북을 이용하면 영유아와 부모가 이야기 내용을 함께 공유할 수 있다(Sawyer, 2000).

② TV

TV는 인쇄 매체에 비해 화려한 색감과 동적인 느낌, 다양한 음향효과가 더해져 영유아에게 문학작품의 내용을 전달하는 데 매력적인 매체다. 동화를 원작 그대로 비디오로 만들거나, 동화의 내용을 재구성하여 교육용 프로그램으로 제작하거나, 문해 능력을 키우기 위한 체계적인 프로그램을 구성할 수 있다. TV는 영유아가 쉽게 몰입할 수 있는 반면, 상호작용은 불가능한 매체의 특성으로 인해 장시간 노출 시 소통의 부재로 인한 발달 문제가 발생할 수 있으므로 교사나 부모의 지도가 필요하다.

③ 컴퓨터

컴퓨터를 통한 언어활동은 주로 교육용 CD-ROM과 인터넷 사이트를 통해 이루어진다. 컴퓨터를 통한 언어지도는 게임 등을 활용하여 양방향적인 프로그램으로 이루어지므로 학습 동기를 고취시키고 소집단으로 참여할 경우 의사소통과 사회적 상호작용을 촉진시킨다. 인터넷의 급속한 보급으로 이를 기반으로 한 언어교육 소프트웨어를 쉽게 접할 수 있는데, 동화나 동요를 플래시로 보여 주는 것에서부터 읽기나 쓰기를 체계적으로 돕는 문해 관련 프로그램까지 다양하게 제공되고 있어 컴퓨터를 이용하여 문학작품을 경험하게 되었다. 일반적인 종이책과 함께 전자책을 경험한 영유아는 한 가지 책만을 경험한 영유아에 비해 상상력과 창의력 수준이 높은 것으로 나타났는데(박현주, 2001), 이는 컴퓨터가 보조적 기제로서 영유아의 문해력 발달과 문학에 대한 이해를 도울 수 있음을 보여 준다. 교사와 부모는 영유아의 요구와 발달적 필요에 맞추어 적절한 내용을 선별해 주고, 바른 자세로 정해진 시간 동안 컴퓨터를 사용하도록 지도해야 한다.

④ 인공지능 로봇

인공지능은 인간의 학습 능력과 추론 능력, 언어이해 능력을 컴퓨터 프로그램으로 실현하는 기술이다. 최근 개발된 인공지능 로봇은 동화구연, 스무고개, 끝말잇기, 동요 부르기 등의 기능을 통해 영유아와 정서적으로 교감하며 상호작용한다. 녹음 기능을 활용해 영유아나 교사, 부모가 미리 그림책의 내용을 녹음해 두면 해당 목소리로 그림책을 읽어 주며 영유아와 놀이 및 활동을 한다. 그림책 읽기에 특화된 인공지능 로봇으로는 알파미니, LG클로이 홈로봇, 루카 등이 있다(김은심, 유지안, 문선영, 2025).

알파미니

LG클로이 홈로봇

루카

⑤ 증강현실(AR)과 가상현실(VR)

증강현실은 사용자가 눈으로 보는 현실세계에 가상 물체를 겹쳐 보여 주는 기술이다. 실제 환경에 3차원 가상사물이나 환경의 정보를 합성하여 실시간으로 부가정보를 보여 주는 컴퓨터 그래픽 기법으로 혼합현실 또는 확장현실이라고도 한다. 스마트폰이나 태블릿PC를 활용하여 AR 교재를 비추면 3D 이미지가 송출되어 실제와 같이 정보에 접근하는 방식으로 교육적 활용이 이루어진다. 가상현실은 실제와 유사하지만 실제가 아닌 환경이나 상황 또는 기술 그 자체를 의미한다. 보림출판사의 증강현실 그림책 4종 세트가 있고, 그레이트북스의 놀라운 자연 전집에는 증강현실 3종이 포함되어 있다.

머지큐브와 VR카드보드를 활용하여 증강현실과 가상현실을 직접 체험해 볼 수도 있다.

머지큐브

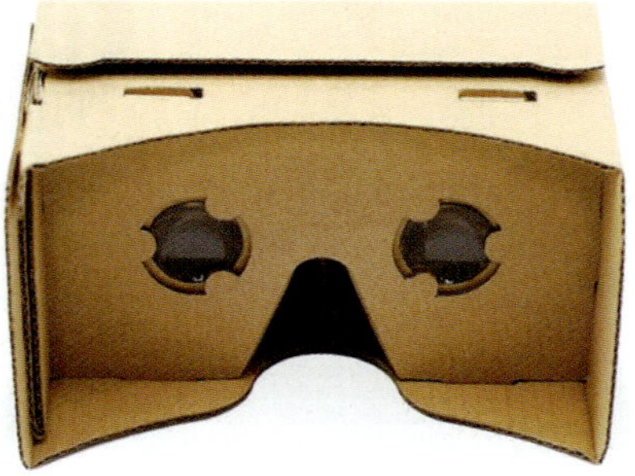

VR카드보드

참고문헌

고문숙, 임영심, 김수향, 손혜숙(2021). 아동문학교육. 경기: 양성원.

공인숙, 김영주, 최나야, 한유진(2013). 아동문학. 경기: 양서원.

김세희(2001). 유아교사와 부모를 위한 유아문학교육. 경기: 양서원.

김세희, 박남숙(1999). 아동문학의 전달매체: 아동문학작품의 실제적 적용. 경기: 양서원.

김은심, 유지안, 문선영(2025). 유아교사를 위한 아동문학교육. 서울: 학지사.

김현자, 조미영, 김기웅, 노희연, 서화니, 조득현(2020). 아동문학. 서울: 창지사.

김현희, 박상희(2020). 유아문학 이론과 적용. 서울: 학지사.

박현주(2001). 종이책 · 전자책의 경험과 활용시간 제한이 유아의 확산적 사고 및 읽기에 미치는 영향. **유아교육연구, 21**(2), 205-223.

서정숙, 남규(2020). **유아문학교육**(4판). 서울: 창지사.

성미영, 권윤정, 유주연(2015). **영유아 언어지도**(2판). 서울: 학지사.

심성경, 김경의, 변길희, 김나림, 최대훈, 박주희(2008). **영유아를 위한 교수매체의 이론과 실제**. 서울: 학지사.

심성경, 이선경, 김경의, 허은주(2021). **유아문학의 이론과 실제**. 서울: 학지사.

이경화(2000). 큰책 함께 읽기 경험이 유아의 읽기 태도와 인쇄물 개념에 미치는 영향. **한국영유아보육학, 21**, 871-889.

이대균, 백경순, 송정원, 이현정(2021). **유아문학교육**(4판). 경기: 공동체.

이윤경, 임충기, 이선희(2004). 유아의 쓰기 능력, 쓰기 흥미 및 책 내용 이해능력에 미치는 '큰 책 접근법'의 적용기간에 따른 효과. **유아교육연구, 24**(3), 259-276.

Morrow, L. M. (2025). **생애 초기 문해력 발달**(성미영 역). 서울: 학지사. (원저는 2020년 출판).

Rickelman, R. J., & Henk, W. A. (1990). Children's literature and audio/visual technologies (Reading technology). *Reading Teacher, 43*(9), 682-684.

Sawyer, W. E. (2000). *Growing up with literature* (3rd ed.). New York: Delmar Learning.

Sawyer, W. E., & Comer, D. E. (1996). *Growing up with literature* (2nd ed.). New York: Delmar Learning.

본문에 실린 아동문학작품

깜깜한게 무섭다고, 내가? 마갈리 르 위슈 지음. 박대진 옮김. 보림. 2017.

아기 올빼미! 레나 마질뤼 지음. 안수연 옮김. 보림. 2017.

이제 잘 시간이야! 에두아르 망소 지음. 박대진 옮김. 보림. 2017.

친구 할까? 샤를로트 가스토 지음. 박선주 옮김. 보림. 2017.

CHAPTER

11 아동문학활동의 지도

교사는 영유아의 문학적 소양과 사고를 계발하기 위해 다양한 교수방법을 활용해 문학활동을 지도한다. 아동문학활동을 지도하는 일차적인 방법은 성인이 영유아에게 문학작품을 보여 주거나 들려주는 소개활동이다. 문학작품을 이야기로 들려주거나 책을 읽어 주는 방법, 영유아가 스스로 책을 읽도록 돕는 방법, 인형극과 같은 매체를 활용하는 방법이 대표적이다. 이 장에서는 문해력 발달, 수상작 그림책, 이야기 들려주기와 책 읽어 주기 활동을 중심으로 아동문학활동의 지도에 대해 살펴보고자 한다.

1. 아동문학활동의 지도와 문해력 발달

영유아를 대상으로 아동문학활동을 실행할 때는 활동에 참여하는 영유아의 문해력 발달수준을 고려해야 한다. 영유아의 문해력 발달수준에 따라 차별화된 지도 방식이 적용될 필요가 있다. 문해력을 습득하기 위해서는 영유아가 모방하고, 자신만의 읽기, 쓰기, 말하기 형태를 창조할 수 있는 모델이 필요하다. 이를 영유아교육기관에서의 발현적 문해력 관점이라고 한다. 발현적 문해력 관점은 영유아가 책을 일찍 접하게 하고, 기술을 직접 가르치기보다는 사회적 상호작용과 문제해결을 강조하는 아동 중심 접근법이다.

1) 발현적 문해력 관점

문해력 발달은 생애 초기에 시작되어 계속 진행된다. 읽기, 쓰기, 말하기, 듣기의 의사소통 능력은 발달 과정에서 서로 영향을 미치기 때문에 상호 관련이 있다. 자연스러운 환경에서 문해력 사용이 필요한 의미 있고 기능적인 경험을 통해 가정, 지역사회, 영유아교육기관의 일상적인 맥락에서 발달이 이루어진다. 예를 들어, 영유아가 책을 '읽는 척'하는 것은 발현적 문해력 행동의 신호다. 문해력 습득을 위한 환경은 성인과 영유아가 협업과 모델링을 통해 상호작용하는 사회적 환경인 경우가 많다. 문해력 활동은 의미와 목적을 제공하기 위해 미술, 음악, 놀이, 사회, 과학과 같은 내용 영역에 포함되어 있다. 예를 들어, 미술영역에서는 지점토 만들기를 위해 읽어야 할 지침이 아동에게 주어진다(성미영 역, 2025).

모든 연령대의 아동은 특정 수준의 문해력을 보유하고 있지만, 아직 완전히 발달하지 않았거나 관례적인 수준은 아니다(Baumann, Hoffman, Duffy-Hester, & Rowe, 2000; Morris & Slavin, 2003). 발현적 문해력 관점에서는 영유아가 한 글자도 알아보지 못하더라도 페이지에 낙서한 영유아의 끼적이기 자국을 기초 쓰기로 인정한다. 이러한 끼적이기와 그림의 차이를 아는 아동은 글과 그림의 차이도 알고 있다. 마찬가지로 영유아가 그림과 글자를 보면서 친숙한 동화책을 읽는 듯한 느낌을 줄 때, 관례적인 읽기는 아니지만 문해력 행동으로 인정한다. 발현적 문해력은 영유아가 기능하는 수준에서 영유아를 받아들이고, 개인의 필요에 따라 교육 프로그램을 제공한다.

2) 발음 중심 교수법

초기 문해력 발달 접근법 중 발음 중심 교수의 명시적 사용을 주장한 주엘(Juel, 1989)에 따르면, 영유아가 읽기와 쓰기를 실험하기 시작하면 단어를 구성하는 소리에 집중해야 한다. 소리-기호 관계에 초점을 둔 발음 중심 교수법의 사용을 학습하기 전 단계로, 영유아는 단어의 운율을 맞추고, 음절이나 단어의 일부를 듣고, 단어가 개별 소리로 구성되어 있음을 알고, 단어에서 소리를 분리하여 함께 조합하는 능력이 필요하다. 이러한 기술을 음운 인식 및 음소 인식이라고 한다. 음운 및 음소 인식을 통해 아동은 단어가 문자로 구성되어 있음을 알게 되고, 인쇄된 문자와 음성 소리 사이에 관계가 있음을 알게 되어 발음 중심 교수법의 원리를 배울 수 있다. 연구 결과에 따르면, 소리-기호 관계, 즉 발음 중심 지도에 대한 지식은 읽기와 쓰기를 배우는 데 필요하다(Anthony & Lonigan, 2004; Lonigan, 2006). 영유아의 문해력 지도를 위한 행동주의 또는 직접 기술 접근법은 초기 문해력에서 강력한 발음 중심 교수법 프로그램을 사용할 것을 제안한다.

3) 총체적 교수법

총체적 언어 교수법은 발현적 문해력 관점과 유사하지만, 관례적으로 글을 읽는 아동을 고려한다. 총체적 언어 접근법의 옹호자들은 구성주의 관점과 학습에 대한 자연스러운 접근법을 지지한다. 총체적 언어 접근법에서 문해력 학습은 의미 있고, 적절하며, 기능적으로 고안되었다는 점에서 아동 중심적이다. 읽기 학습은 가정에서 영유아의 생활 경험, 관심사 또는 영유아교육기관에서 만들어진 경험을 기반으로 한다.

읽기, 쓰기, 듣기, 말하기 교육에 동등하게 중점을 두는 이유는 이러한 모든 요소가 글자를 읽고 쓸 수 있는 아동을 만드는 데 도움이 되기 때문이다. 과거에는 이 프로그램을 통합적 언어지도 접근법이라고 불렀다. 다양한 장르의 아동문학을 사용하여 주제를 연구하며, 이를 통해 교육용 읽기 교수자료의 주요 원천을 제공한다. 교실 곳곳에 문해력 교수자료가 풍부하게 비치되어 있고, 문해력 영역이 갖춰져 있다. 이러한 디자인을 흔히 풍부한 문해 환경이라고 부른다(Gelzheiser, Hallgren-Flynn, Connors, & Scanlon, 2014).

총체적 전략을 사용하는 교실에서는 교사가 가르치는 것보다 배우는 것에 더 중점을 둔다. 학습은 스스로 조절되고 개별화되며, 아동 스스로 문해력 활동을 선택한다. 교사는 문해력을 수업으로 가르치기보다는 아이들이 문해력 활동에 참여할 수 있는 경험을 제공한다. 또래 튜터링의 기회와 함께 아이들과의 사회적 상호작용이 장려된다. 아이들은 오랜 기간 독립적으로 읽고 쓰기에 참여하고, 다른 사람에게 글을 읽어 주고 청중에게 글을 발표하는 등 배운 것을 공유함으로써 연습을 통해 학습한다. 이 접근법의 주요 목표는 읽기의 즐거움을 알고, 일생 동안 독자로 성장하는 데 중점을 두는 것이다.

2. 아동문학활동의 지도와 수상작 그림책

아동문학작품에 주어지는 아동문학상은 전 세계적으로 매우 다양하다. 일반적으로 아동문학상은 매년 수여된다. 아동문학상은 일러스트레이션이 우수한 책에 주어지는 상과 이야기가 우수한 책에 주어지는 상으로 구분된다. 미국 도서관 협회에서 그림 동화책 중 가장 우수한 일러스트레이션에 수여하는 칼데콧상과 책이나 소설의 뛰어난 이야기를 위해 미국 도서관 협회에서 수여하는 뉴베리상이 대표적이다. 이 외에도 케이트 그리너웨이상, 한스 크리스티안 안데르센상, 볼로냐 라가치상, 일본 고단샤 출판문화상 등이 있다. 국내에서는 한국안데르센상, 비룡소 문학상, CJ 그림책상 등이 있다.

칼데콧상은 19세기 후반에 활약한 근대 그림책의 아버지로 불리는 영국의 그림책 작가 랜돌프 칼데콧을 기념하기 위해 1938년 제정된 그림책상이다. 미국 도서관 협회가 주관하며 미국에서 출간된 전년도 그림책 가운데 가장 뛰어난 작품을 그린 일러스트레이터에게 수여한다. 칼데콧상은 매년 한 권의 그림책에 주는 최우수상이며, 칼데콧 명예상은 1~5권의 그림책에 주는 우수상이다. 칼데콧상 수상작으로는 2018년 『세상에서 가장 용감한 소녀』, 2019년 『안녕, 나의 등대』, 칼데콧 명예상 수상작으로는 2016년 『행복을 나르는 버스』가 대표적이다.

뉴베리상은 미국에서 가장 오래된 아동문학상이다. 미국 내에서 전년도에 출간된 어린이 책 가운데 가장 뛰어난 공헌을 한 작가에게 수여하는 상이다. 미국 도서관 협회가 주관하며, 수상 작가는 미국 국민이어야 하고, 미국에 거주하는 사람이어야 한다는 규정이 있다. 『행복을 나르는 버스』는 그림책 최초로 2016년 칼데콧 명예상과 뉴베리상을 동시에 수상하였고, 2014년 『초능력 다람쥐 율리시스』, 2023년 『프리워터』는 뉴베리상을, 그리고 2016년 『롤러 걸』은 뉴베리 명예상을 수상하였다.

3. 아동문학활동의 지도와 책 읽어 주기

교사는 좋은 내용과 그림이 있는 책을 영유아에게 제시하고 읽어 줌으로써 아동문학활동을 지도할 수 있다. 책을 읽어 줄 때는 영유아에게 책과 글자, 그림을 탐색할 수 있는 기회를 주고 다양한 질문과 반응을 끌어내는 상호작용을 시도한다. 집단의 크기에 따라 책 읽어 주기 지도방법이 달라질 수 있으므로 개별 영아나 유아에게 책을 읽어 주는 경우, 대집단 영아나 유아에게 책을 읽어 주는 경우로 구분하여 아동문학활동 지도방법을 살펴볼 필요가 있다. 또한 책 읽어 주기의 단계에 따라서도 아동문학활동의 지도방법이 달라질 수 있으므로 책 읽어 주기의 단계별 지도방법에 대해서도 살펴보고자 한다.

1) 대상에 따른 책 읽어 주기

책 읽어 주기는 가정과 영유아교육기관에서 거의 매일 이루어지는 반복적인 활동으로, 교사는 그림책을 이용하여 영유아에게 개별적으로나 집단으로 읽어 줄 수 있다.

(1) 개별적으로 책 읽어 주기

영유아에게 개별적으로 책을 읽어 주는 것은 교사가 개별 영유아의 발달수준, 성향, 흥미 등을 배려해 줄 수 있다는 점에서 효과적인 아동문학활동 지도방법이다. 연령에 따른 발달의 차이를 고려하여 영아와 유아를 대상으로 한 책 읽어 주기는 다음과 같은 방식으로 진행한다(이영자 역, 2002).

① 영아에게 책 읽어 주기

책 읽어 주기는 생애 초기부터 가능하므로 영아가 시선을 맞추기 시작하면 간단한 도형이나 그림이 포함된 초점책을 보여 주며 말을 걸어 주고, 고개를 가눌 수 있게 되면 무릎에 앉혀 책을 보여 준다. 이 시기 영아에게 책은 다른 장난감과 마찬가지로 손으로 잡아 보고 입으로 빨아 보는 탐색의 대상이다. 이때는 책의 내용을 읽어 주기보다는 책을 친숙하게 느끼도록 책을 쌓아 보거나 책장을 넘겨 보며 영아가 주의를 기울이는 그림에 대해 "사과네. 냠냠 사과네."와 같이 말을 걸듯이 짧게 이야기해 준다. 1세경이 되면 영아는 책의 그림에 관심을 보이며, 그림을 통해 책을 변별하게 된다. 책에서 반복해서 들었던 단어나 표현을 표지나 그림과 연결시킬 수 있어서 "사과 책, 사과가 쿵 책 보자."라고 하면 해당하는 책을 찾아 온다. 또한 책장을 넘기는 것 자체에 재미를 느끼기도 하고, 빠른 속도로 책장을 넘기며 그림이 변해 가는 것을 즐기기도 한다. 이 시기에는 혼자서도 책을 선택해 보고, 익숙하거나 좋아하는 그림을 보며 소리 내어 웃기도 한다(성미영, 권윤정, 유주연, 2015).

2, 3세경이 되면 책을 읽으면서 대화가 가능해지므로 책의 그림을 보며 "이거, 이거.", "이건 뭐야?"와 같이 사물의 이름을 묻는 것에서 시작하여 이야기 내용을 확인(예: "왜 슬펐대.")하고, 이야기에 대한 자신의 생각을 표현(예: "그렇게 하면 돼지들이 무서워. 늑대가 나빠.")한다. 이 시기에는 단순히 이야기를 듣는 것에서 벗어나 자신이 누군가에게 책을 읽어 주는 역할을 하고자 시도한다. 처음에는 그림을 보고 마음대로 이야기를 꾸미지만 이러한 경험을 토대로 하여 이후 책 읽기에서 내용에 좀 더 집중하고 글자를 읽는 데 관심을 갖게 된다.

그림 11-1 교사가 영아에게 책을 읽어 주는 모습

② 유아에게 책 읽어 주기

개별 유아에게 책을 읽어 줄 경우 유아가 각자 선호하는 책이 있다는 점을 고려하여 유아가 읽고 싶은 책을 직접 선택하도록 한다. 유아는 책에 있는 글자가 이야기의 내용임을 알게 되고, 글자와 자신이 아는 이야기를 연결시키려고 한다. 처음에는 짧고 간결한 책의 제목과 글자를 짝짓는 것에서 시작하여, 점차적으로 본

그림 11-2 교사가 유아에게 책을 읽어 주는 모습

문 문장의 글자와 말소리를 연결함으로써 책 읽기를 경험한다. 교사는 문장 안에서 유아에게 익숙한 단어를 찾아보게 하거나, 책의 내용에서 사용 빈도가 높은 단어에 먼저 관심을 가지도록 도와주어 읽기를 자극한다. 내용을 잘 알고 스스로 읽고자 하는 욕구가 강한 유아의 경우 글자를 손가락으로 짚어 가며 읽어 주거나, 책의 내용이 녹음된 오디오 자료를 준비하여 유아가 자신의 손가락으로 따라가며 읽도록 유도한다(성미영 역, 2025).

(2) 대집단으로 책 읽어 주기

대집단으로 책을 읽어 줄 때는 사전에 활동을 계획할 필요가 있다. 영유아의 발달수준과 흥미, 진행 중인 교육활동 주제를 고려하여 책을 선정한다(이순형 외, 2010). 동일한 내용의 책이라도 다양한 판형과 재질로 나오는 경우가 많은데, 대집단으로 책을 읽을 때는 큰 판형의 책(big book)을 활용하는 것이 좋다. 큰 책의 경우 활자와 그림이 모두 커서 영유아가 앉아 있는 반경이 넓은 경우에도 책에 집중할 수 있다는 장점이 있다. 대집단 영유아에게 효과적으로 책의 내용을 전달하기 위해서 대집단활동에서 교사는 단순히 책을 읽어 주는 활동에서 벗어나 이야기 들려주기, 인형극 등 다양한 방식으로 책의 내용을 개작하여 전달하거나 손 인형, 막대 인형, 소품 등을 활용한 활동을 계획해 볼 수 있다.

교실에서는 이렇게 **성공적인 책 읽기를 위한 교사의 준비사항**

- 책의 내용에 나타난 상황이나 등장인물의 성격에 적합하게 읽어 준다.
- 해설은 편안한 목소리로 읽어 주고, 대화는 목소리만으로도 등장인물의 특성을 유추할 수 있도록 특색 있는 목소리로 읽어 준다.
- 장면이 전환되거나 이야기가 절정에 도달한 경우 목소리의 크기, 높낮이, 속도를 다르게 하여 읽어 준다.
- 이야기가 흘러가듯이 또는 말하듯이 읽어 준다.

출처: 이대균 외(2021).

대집단으로 책을 읽어 줄 경우 영유아 개개인의 주의집중 시간에 차이가 있다는 점을 고려해야 한다. 교사가 개별 영유아의 특성을 고려하여 책을 읽어 주면 영유아의 주의집중 시간과 몰입 정도가 높아진다.

그림 11-3 교사가 영아들에게 책을 읽어 주는 모습

그림 11-4 교사가 유아들에게 책을 읽어 주는 모습

(3) 함께 책 읽기

함께 책 읽기는 외우기 쉽게 같은 표현이 반복되는 책이나 동시를 영유아가 함께 낭송하듯 읽어 나가는 것을 말한다. 리듬과 운율이 있는 책은 듣는 즐거움과 함께 말하는 즐거움을 느끼게 해 주므로, 영유아는 언어를 편안하고 즐겁게 경험하고 사용하게 된다. 함께 읽기를 위해서는 우선 교사가 이야기의 내용과 분위기가 잘 전달되도록 여러 번 반복해서 읽어 준다. 반복해서 읽어 줄 때는 주요 단어

그림 11-5 교사가 영아와 함께 책을 읽는 모습

그림 11-6 교사가 유아와 함께 책을 읽는 모습

나 되풀이되는 문장에 주목하도록 목소리의 크기에 변화를 준다. 책의 내용에 익숙해지면 교사와 영유아가 한 줄씩 읽거나 내용을 나누어 읽도록 한다.

2) 책 읽어 주기의 단계

이야기 들려주기와 함께 성인의 책 읽어 주기 활동은 아주 오래전부터 가정과 영유아교육 현장에서 활용되고 있는 아동문학활동의 지도방법이다. 영유아를 위한 그림책은 영유아가 혼자 읽어서는 그 가치를 제대로 체험하기 어렵고, 듣는 것과 보는 것이 동시에 이루어질 때 이 둘의 상호작용으로 의미가 재구성되며, 듣는 것과 보는 것이 하나가 되는 상상의 과정을 통해 생생한 이야기 세계를 경험하게 된다(김현자 외, 2020). 이처럼 책을 읽어 주는 활동은 단순히 글자를 읽어 주는 것 이상의 가치가 있는데, 영유아가 책의 내용을 듣고 그림을 보면서 책에 포함된 그림과 글을 연결 지어 유추하고 상상하는 기회를 부여한다는 점에서 의의가 있는 활동이다.

(1) 책 읽어 주기 이전 단계

실제로 책을 읽어 주기 이전에 교사는 영유아의 책 읽기와 관련된 자료를 조사함으로써 보다 효율적으로 아동문학활동을 지도할 수 있다. 예를 들어, 책 읽기에 대한 영유아의 사전 경험, 영유아가 관심을 보이는 책 목록, 영유아의 주의집중 능력과 발달수준 등에 관한 자료를 살펴봄으로써 책 읽어 주기 활동에 영유아가 보다 적극적으로 참여하도록 돕는다. 영유아의 흥미와 관심을 반영하여 읽을 책을 선정한 경우 읽을 책과 관련된 자료, 즉 책의 저자, 책 내용의 시간적 · 공간적 배경, 책의 주제 등에 대한 추가적인 조사를 진행한다.

영유아에게 책을 읽어 주기 전에 교사가 먼저 책을 읽어 보고 책의 내용을 영유아에게 전달하기 위해 어떻게 읽어 줄 것인지를 사전에 계획한다. 영유아의 사전 경험이 읽어 주고자 하는 책의 내용과 어떻게 연결되는지, 이전에 읽어 주었던 책과 읽어 주고자 하는 책의 내용이 어떻게 연결되는지를 고려하여 책 읽어 주기를

교실에서는 이렇게 **책 읽어 주기 이전 단계에서 교사의 준비사항**

- 책의 내용을 교사가 먼저 숙지하여 영유아가 이해하기 어려운 내용이 포함되어 있는지 살펴본다.
- 책의 내용에 영유아가 이해하기 어려운 단어는 없는지, 책을 읽어 줄 때 강조해야 할 단어가 있는지 살펴본다.
- 책을 읽어 주는 도중 읽어 주기를 중단하고 영유아와 함께 다음 내용을 예측해 보거나 토의해 볼 수 있는 내용이 포함되어 있는지 살펴본다.
- 책의 내용에 영유아의 부정적 정서 반응을 유발하는 내용, 즉 죽음, 이혼, 사고 등의 사건이 포함되어 있는지 살펴본다.

출처: 김현희, 박상희(2020).

통해 영유아가 책의 내용을 충분히 숙지할 수 있도록 준비한다(김현자 외, 2020).

이 외에도 교사는 영유아에게 책을 읽어 주기 위해 영유아가 책 읽기에 몰입할 수 있도록 밝고 차분하며 조용한 공간을 준비한다.

(2) 책 읽어 주기 단계

교사는 영유아에게 책을 읽어 주기 이전에 어떤 책이 적절한 책인지 선정하고, 읽어 줄 책과 관련된 자료를 찾아보며, 미리 책을 읽어 보고 연습을 충분히 한 다음에 영유아를 대상으로 실제로 책을 읽어 준다. 책 읽어 주기 활동은 하루 일과 중 다양한 시간에 가능하지만, 책 읽어 주기 시간을 정해 두고 규칙적으로 책 읽어 주기 활동을 실시하는 것이 좋다.

책 읽어 주기 단계에서 교사는 영유아와 직접 눈을 맞추며 자연스러운 목소리와 정확한 발음으로 읽어 준다. 책을 읽어 주는 동안 영유아가 자신이 들은 내용에 대해 머릿속에 이미지를 그려 보고, 삽화와 연결하여 생각할 수 있도록 교사는 천천히 책을 읽어 준다(김세희, 현은자, 1997).

영유아의 반응을 살펴보며 읽어 주는 내용의 흐름이 끊어지지 않도록 주의하여 읽어 주고, 동일한 책을 반복적으로 읽어 줄 경우 영유아가 이야기 줄거리를 기억하거나 함께 읽기가 가능하게 되므로, 영유아가 반복해서 읽어 주기를 원하면 동일한 책을 반복해서 읽어 준다.

영유아를 위한 책은 내용이 반복되는 경우가 많은데, 책의 내용에서 영유아가 좋아하는 단어나 문장이 반복적으로 나올 경우 영유아가 이를 기억하고 있다가 외워서 말해 보도록 교사가 기다려 주거나 천천히 읽어 준다(김세희, 2001).

교사는 책 읽어 주기 활동을 시작할 때, 영유아가 그림책에 흥미를 갖도록 책의 내용에 적절한 소품을 준비하거나 그림책과 관련된 정보, 질문 목록을 준비한다.

책을 읽어 주는 대상이 유아인 경우 이야기에 관련된 사물이나 그림 자료를 전시할 때 짧은 설명을 함께 기록함으로써 영유아에게 읽고 쓰는 활동을 경험하도록 한다(Rothlein & Meinbach, 1991).

영유아는 성인이 읽어 주는 책의 내용을 듣는 동안 자신의 경험에 비추어 책의 내용을 이해하고 해석함으로써 스스로 의미를 구성하게 되는데, 교사가 영유아에게 그림책을 읽어 주는 것과 영유아가 스스로 그 의미를 해석하고 재구성해 나가는 과정은 지속적으로 순환된다(김현자 외, 2020).

교실에서는 이렇게 **책 읽어 주기 단계에서 교사와 영유아의 상호작용**

영유아에게 책을 읽어 준 다음 영유아와의 상호작용을 위해 책을 읽어 주는 상황에서 사후활동을 준비하도록 한다. 교사가 영유아에게 책의 표지를 보여 주면서 "이 책에는 어떤 이야기가 숨어 있을까?"라고 질문함으로써 책의 내용에 등장할 이야기를 예측해 보도록 한다. 이러한 과정을 통해 영유아로 하여금 책을 다 읽고 난 이후 어떤 활동을 할 것인지 예고한다. 예를 들어, "책을 다 읽고 나서 이야기해 보자.", "책을 다 읽고 나서 재미있었던 내용을 그림으로 그려 보자."라고 제안하면서 사후활동을 계획한다.

출처: 노운서, 노명희, 김명화, 백미열(2013).

(3) 책 읽어 주기 이후 단계

영유아에게 책을 끝까지 다 읽어 준 다음에는 소리를 내지 않고 그림만 다시 보여 주거나, 재미있었던 내용이나 느낀 점에 대해 이야기해 보도록 한다(이대균 외, 2021). 영유아가 책의 내용과 관련된 교사의 질문에 대해 대답을 하지 못하면 관련된 책의 내용을 다시 읽어 보도록 한다. 책의 내용과 관련된 질문이 마무리되면 영유아가 주인공이 되어 보는 상상을 해 보도록 한다.

영유아에게 책을 읽어 주는 목적은 영유아가 등장인물의 생각과 느낌에 대해 교감하고 책의 내용을 통해 즐거움과 감동을 느끼도록 하는 것이므로 책을 읽어 준 이후 영유아에게 도덕적인 측면과 교훈을 강요하지 않는 것이 좋다.

책 읽어 주기 활동이 끝나면 읽은 책을 도서영역에 비치하여 영유아가 보고 싶을 때 다시 책을 꺼내 볼 수 있도록 한다. 책을 읽어 준 후에는 영유아가 책의 내용을 이해하도록 시간적 여유를 준 다음, 교사는 다시 책을 보여 주며 책의 내용에 대해 회상해 보도록 하고, 읽은 책의 내용에 대한 깊이 있는 사고와 의미의 재구성이 가능하도록 영유아와 함께 확장활동, 연계활동을 실시한다.

4. 아동문학활동의 지도와 이야기 들려주기

이야기 들려주기는 영유아를 대상으로 문학을 지도하는 대표적인 활동으로 이야기를 글이나 그림에 의존하지 않고 말로 들려주는 것을 의미한다. 동화의 내용, 즉 이야기를 입에서 귀로 전달하는 방식인 이야기 들려주기는 이야기를 들려주는 구연자, 이야기, 들려주는 이야기를 듣는 청자가 필요하다. 여기에서는 이야기 들려주기의 개념에 대해 살펴보고, 이야기 들려주기의 과정을 단계별로 구분하여 각 단계의 특징에 대해 살펴보고자 한다.

1) 이야기 들려주기의 개념

이야기 들려주기(storytelling)는 이야기를 들려주는 도구로 구연자의 신체와 음성만 사용될 뿐 다른 매체를 이용하지 않고, 영유아에게 직접 옛이야기나 그림책 이야기 또는 동화를 구연해 주는 활동이다. 흔히 '동화구연'이라는 용어로 사용되는데, 동화구연이란 영유아에게 동화를 들려주면 영유아가 이를 듣고 장면을 상상하며 감동을 느끼는 문학의 전달방법이다. 교사는 영유아를 대상으로 동화를 구연하기 위해 기존의 문학작품을 개작한다. 개작한 동화를 구연할 경우 매체를 사용하여 구연하거나 매체를 사용하지 않고 구연동화로 들려주는 방식이 있다.

그림 11-7 동화구연을 하는 모습

더 알아보기 **동화구연과 구연동화의 차이**

동화구연은 이야기를 목소리 연기로 영유아에게 전달하는 활동을 의미하며, 구연동화는 동화를 전달하는 여러 가지 방법 중 구연의 방법으로 제시된 동화의 한 형태로 정의된다(류혜원, 2008). 동화구연은 문장으로 쓰인 동화를 그대로 읽어 줄 수는 없으므로 '개작'이 필요한 반면, 구연동화는 처음부터 구연을 목적으로 만들어졌기 때문에 개작과정이 필요하지 않다.

출처: 이은경(2008).

2) 이야기 들려주기의 단계

이야기 들려주기가 영유아의 언어발달을 촉진하기 위한 성공적인 활동이 되려면 어떠한 이야기를 선택하고, 어떠한 방법을 사용해서 이야기를 진행시켜 나갈지 계획하는 과정이 필요하다. 좋은 이야기로 주의집중을 유도하고 적절한 기술을 사용하여 극적 긴장감을 제공하면 영유아는 이야기 들려주기를 통해 새로운 단어를 빠르고 쉽게 받아들이게 되고, 구어의 재미를 경험할 수 있다. 영유아는 이야기 들려주기를 통해 재미와 흥미를 느끼며 자신의 감정을 표현하고 욕구를 해소할 수 있는 기회를 가지게 되므로, 이야기를 들려주는 구연자는 일방적으로 이야기만 전달하기보다 영유아가 표현하고 싶은 욕구를 가지도록 적절한 자극과 편안한 분위기를 조성해야 한다(성미영 외, 2015).

다음에서는 이야기 들려주기의 단계를 이야기 선정하기, 이야기 개작하기, 이야기 들려주기로 구분하고, 단계별로 고려해야 할 사항에 대해 살펴보고자 한다.

(1) 이야기 선정하기 단계

이야기 들려주기가 효과적으로 진행되기 위해서는 적절한 이야기를 선택하는 것이 매우 중요하다. 이야기 들려주기에서는 이야기를 들려주는 구연자의 어조도 중요하지만, 가장 중요한 것은 이야기 자체의 분위기에 적절하게 구연하는 것이다(이송은, 2004). 이를 위해서는 이야기 들려주기에 적합한 이야기를 선택할 필요가 있다. 이야기를 들려주기 위해 이야기를 선정할 경우 영유아의 흥미와 발달수준, 생활 경험을 고려해야 한다. 영유아가 이야기를 듣는 것만으로도 자신의 머릿속에서 충분히 상상하고 구체화시킬 수 있어야 하므로 이야기의 배경은 단순해야 하고, 발단–전개–결말의 이야기 구성이 분명해야 하며, 등장인물의 수는 2~5명 정도가 적당하다(성미영 외, 2015).

더 알아보기 이야기 들려주기의 이야기 선정 기준

- 구연자도 이야기의 내용이 재미있는가?
- 이야기가 구연자의 성격과 스타일에 맞는가?
- 이야기가 영유아의 연령, 흥미, 요구에 적절한가?
- 이야기의 내용을 개작하여도 줄거리에 변화가 없는가?
- 이야기 전개 과정에 대화와 몸짓이 충분히 포함되어 있는가?
- 문장이 너무 길지 않으며 내용을 쉽게 요약 · 정리할 수 있는가?
- 구연자가 준비하기에 용이한가?

출처: Coody (1983).

이야기를 개작하기 이전에 이야기를 선택하는 기준은 내용과 구성 측면에서 다음과 같다(류혜원, 2008). 먼저, 이야기의 내용 면에서는 교사가 읽었을 때도 재미가 있고 영유아에게 들려주고 싶은 생각이 드는 이야기, 예술성이 적절하게 조화를 이룬 이야기, 교육적 가치가 포함된 이야기를 선정한다. 또한 이야기의 구성 면에서는 발단, 전개, 절정, 결말의 구성이 명확해서 영유아가 몰입하기 쉬운 이야기, 주인공을 중심으로 내용이 전개되고 시간의 순서에 따라 내용이 전개되는 단순한 구성의 이야기, 활동적인 변화가 있는 이야기를 선정한다.

(2) 이야기 개작하기 단계

동화, 동요, 동시 등 다양한 출처에서 찾은 이야기는 이야기 들려주기에 적합하도록 수정하고 보완하는 과정이 필요하다. 대부분의 아동문학작품은 문어체, 낭독체로 쓰여 있으므로 이야기 들려주기를 위해 장소, 대상, 목적을 고려하여 구어체, 대화체로 개작할 필요가 있다.

이야기 들려주기를 위한 이야기의 개작은 다음과 같은 원리에 따라 이루어진다(이대균 외, 2021). 첫째, '보존'의 원리에 의해 이야기를 개작한다. 이야기 개작에서의 보존은 원작의 중심 내용을 그대로 살리는 것으로, 원작을 영유아의 발달 수준과 흥미에 맞춰 개작하더라도 원작의 철학이나 교훈은 유지해야 한다. 둘째, '삭제'의 원리에 의해 이야기를 개작한다. 개작에서의 삭제는 원작의 내용이 현재 상황이나 시대에 맞지 않거나 불필요한 경우 생략하는 것을 의미하는데, 특히 영유아에게 부정적이거나 공포를 유발하는 표현은 삭제한다. 셋째, '첨가'의 원리에 의해 이야기를 개작한다. 이야기 개작에서 첨가란 새로운 내용이나 표현을 덧붙여 이야기하는 사람이 자신만의 독특한 이야기로 만드는 것으로, 재미있는 말투나 새로운 사건을 첨가하여 이야기의 맛을 살린다.

이야기 들려주기를 위한 이야기의 개작은 다음과 같은 방법으로 진행된다(김현희, 박상희, 2020).

- 사건을 중심으로 이야기를 전개한다.
- 원작의 해설 부분을 대화체로 바꾼다.
- 문어체 문장을 구어체 문장으로 바꾼다.
- 긴 문장을 짧고 리듬감 있는 문장으로 바꾼다.
- 어려운 단어를 쉬운 단어로 바꾼다.
- 상상력을 자극하도록 의성어와 의태어를 사용한다.
- 직유법과 반복법을 적절하게 사용한다.

(3) 이야기 들려주기 단계

이야기 들려주기 단계에서는 이야기의 의미를 더해 주는 재미있는 음성과 동작이 매우 중요한 역할을 한다. 음성언어는 목소리에 다양한 변화를 주어 이야기의 상황이나 주인공의 특징, 감정 등을 담아내며, 몸짓언어는 신체의 일부분인 얼굴 표정, 눈짓, 고개 흔들기, 팔다리 등의 움직임을 사용해 이야기의 내용을 전달함으로써 재미를 더한다. 이야기 들려주기에서 음성언어와 몸짓언어를 자연스럽고 편안하게 사용하면, 청자인 영유아의 주의집중을 돕고 불필요한 말을 생략할 수 있으며, 이야기의 의미를 부각시킬 수 있다.

이야기 들려주기 단계에서는 이야기의 중심사건을 위주로 구연자가 자신만의 언어로 이야기를 들려준다. 따라서 이야기 들려주기는 영유아의 연령이나 발달 수준에 따라 적절한 표현을 사용하고, 내용을 추가하거나 삭제할 수 있으며, 영유아의 흥미나 반응을 관찰하여 이를 즉각적으로 반영할 수 있다는 장점이 있다. 영유아는 이야기를 들으며 이야기를 자연스럽게 상상해 볼 수 있으며, 이를 통해 듣는 능력이 발달한다. 이야기 들려주기 활동을 통해 즐거움을 경험한 영유아는 문학작품에 대한 긍정적인 태도를 기를 수 있으므로, 영유아의 문해력 발달을 촉진하고 좋은 읽기습관을 형성한다. 또한 이야기 속에 등장하는 흥미로운 단어들을 통해 즐거움을 느끼며 자연스럽게 어휘력이 발달하고 다양한 상황에서의 문제해결능력도 향상된다.

이야기 들려주기 단계에서 성공하기 위한 관건은 교사의 역량이다. 교사는 다양한 방식으로 이야기를 창조하여 자신의 경험을 영유아와 나누고, 교사의 상상력을 영유아에게 전달할 수 있다. 이야기의 절정에 도달하는 방식은 교사에 따라 차이가 있으나, 바른 자세로 말하며 이야기 내용에 따라 변화 있는 표정을 연출한다. 영유아에게 정확한 발음으로 이야기를 들려준다. 발음이 정확하지 않을 경우 이야기 전달력이 떨어지고 영유아가 부정확한 발음을 습득하게 되는 문제가 발생한다. 교사가 영유아에게 이야기를 들려줄 때 영유아의 반응을 살피면서 서로의 감정 흐름을 조절한다. 다양한 상호작용을 통해 개별 영유아의 정서적 반응을 지지하면서 편안한 분위기에서 감동을 나눈다(성미영 외, 2015).

이야기 들려주기 단계에서 원작의 내용을 책 읽듯이 그대로 들려준다면, 영유아가 이해하기 어렵거나 이야기 들려주기가 자연스럽지 않게 되므로 이야기를 들려주는 교사나 듣는 영유아의 흥미가 떨어질 수 있다.

이야기를 실제로 들려주기 이전에 적절한 이야기를 선정하고 이를 개작하는 단계에서 실제 들려줄 때를 감안하여 이야기 선정과 개작을 진행해야 한다. 이러한 준비 단계가 충실하게 진행되었다면 실제로 이야기를 들려주는 단계가 상대적으로 편안하게 진행된다. 구연자는 이야기를 들려줄 때 호흡을 조절하면서 모든 인물의 대사를 힘 있게 읽는다. 구연자의 호흡 조절에 따라 대사 전달력이 좌우되므로 사전에 끊어 읽기를 충분히 연습한다. 이야기의 내용을 사실적으로 전달하기 위해 적절한 표정과 몸짓을 활용하며, 영유아의 기대를 충족시키기 위해 자신감을 갖고 즐거운 표정으로 구연한다. 영유아가 흥미를 갖고 이야기의 전체적인 흐름을 이해하고 감상할 수 있도록 영유아의 자유로운 사고와 상상력을 방해하지 않도록 한다.

더 알아보기 **이야기를 들려주기 단계에서의 유의점**

- 이야기에 대한 애정과 열정을 가지고 이야기를 들려준다.
- 교사 자신이 이야기의 내용에 공감하여 표현한다.
- 이야기에서 대화와 지문을 구분하여 소리가 다르게 들려준다.
- 이야기의 흐름이 자연스럽게 표현되도록 이야기를 끊어 들려준다.
- 말이나 분위기를 강조하기 위해 몸짓과 손짓을 적절하게 사용한다.
- 이야기의 길이가 길 경우 이야기를 여러 번 나누어 들려준다.

출처: 김현자 외(2020).

참고문헌

공인숙, 김영주, 최나야, 한유진(2013). **아동문학(2판)**. 경기: 양서원.

김세희(2001). **유아교사와 부모를 위한 유아문학교육**. 경기: 양서원.

김세희, 현은자(1997). **어린이의 세계와 그림이야기책**. 서울: 양서원.

김현자, 조미영, 김기웅, 노희연, 서화니, 조득현(2020). **아동문학**. 서울: 창지사.

김현희, 박상희(2020). **유아문학 이론과 적용**. 서울: 학지사.

노운서, 노명희, 김명화, 백미열(2019). **아동문학**. 경기: 양서원.

류혜원(2008). **동화구연의 이론과 실제**. 서울: 동문사.

서정숙, 남규(2020). **유아문학교육(4판)**. 서울: 창지사.

성미영, 권윤정, 유주연(2015). **영유아 언어지도(2판)**. 서울: 학지사.

이대균, 백경순, 송정원, 이현정(2021). **유아문학교육(4판)**. 경기: 공동체.

이송은(2004). **누구나 할 수 있는 이야기 들려주기: 동화구연의 이론과 실제**. 서울: 창지사.

이순형, 권미경, 최인화, 김미정, 서주현, 최나야, 김지현(2010). **영유아 언어지도**. 서울: 교문사.

이영자 역(2002). **놀이를 통한 읽기와 쓰기의 지도**. 서울: 이화여자대학교 출판부.

이은경(2008). **동화구연의 이론과 실제**. 서울: 청목출판사.

Anthony, J. L., & Lonigan, C. J. (2004). The nature of phonological awareness: Converging evidence from four studies of preschool and early grade school children. *Journal of Educational Psychology, 96*(1), 1-18.

Baumann, J. F., Hoffman, J. V., Duffy-Hester, A. M., & Ro, J. M. (2000). The first R: Reading in the early grades. *Reading Teacher, 54*, 84-98.

Coody, B. (1983). *Using literature with young children*. Madison, WI: Brown & Benchmark.

Gelzheiser, L., Hallgren-Flynn, L., Connors, M., & Scanlon, D. (2014). Reading thematically related texts to develop knowledge and comprehension. *Reading Teacher, 68*(1).

Juel, C. (1989). The role of decoding in early literacy instruction and assessment. In L. Morrow & J. Smith (Eds.), *Assessment for instruction in early literacy* (pp. 135-154).

Upper Saddle River, NJ: Prentice Hall.

Lonigan, C. (2006). Conceptualizing phonological processing skills in prereaders. *Handbook of Early Literacy Research, 2*, 77-89.

Morris, D., & Slavin, R. (Eds.). (2003). *Every child reading*. Boston: Allyn and Bacon.

Morrow, L. M. (2025). **생애 초기 문해력 발달**(성미영 역). 서울: 학지사. (원저는 2020년 출판).

Rothlein, L., & Meinbach, A. M. (1991). *The literature connection: Using children's books in the classroom*. Glenview, IL: Scott Foresman/GoodYear.

본문에 실린 아동문학작품

롤러 걸 빅토리아 제이미슨 글 · 그림. 노은정 옮김. 비룡소. 2016.

세상에서 가장 용감한 소녀 매튜 코델 지음. 비룡소. 2018.

안녕, 나의 등대 소피 블랙올 글 · 그림. 정회성 옮김. 비룡소. 2019.

초능력 다람쥐 율리시스 케이트 디카밀로 글, K. G. 캠벨 그림. 노은정 옮김. 비룡소. 2014.

프리워터 아미나 루크먼 도슨 지음. 이원경 옮김. 밝은미래. 2023.

행복을 나르는 버스 맷 데 라 페냐 지음. 김경미 옮김. 비룡소. 2016.

CHAPTER 12

놀이중심 아동문학활동의 실행 및 평가

아동문학활동을 계획하고 이를 토대로 문학활동을 실행하기 위해서는 영유아의 연령별 발달특성과 흥미, 그리고 표준보육과정(누리과정)을 고려할 필요가 있다. 아동문학활동을 실행한 이후에는 평가를 실시하고 이를 다음 문학활동에 반영해야 한다. 이 장에서는 표준보육과정(누리과정)에 기초한 놀이중심 문학활동 사례를 살펴보고, 영유아의 문학활동과 교사의 문학 교수활동으로 구분하여 아동문학활동 평가에 대해 알아보고자 한다.

1. 아동문학활동의 실행

영유아가 중심이 되는 놀이중심 보육과정 실행을 위해 아동문학을 통한 놀이 지원이 통합적으로 이루어지도록 한다.

1) 0~2세 영아 문학활동

문학작품을 영아에게 들려주거나 읽어 주기 위해서는 영아와의 친밀한 관계 형성이 전제조건이 되어야 한다. 영아와 신뢰감을 형성하기 위해서는 영아에게 그림책을 읽어 주거나 문학작품을 보여 줄 때 항상 영아의 반응에 민감하게 반응하며 대화를 나누듯이 상호작용을 해야 한다. 또한 영아에게 책을 읽어 주고자 할 때 교사의 무릎 위에 앉히거나 영아와 같은 방향으로 나란히 앉아서 그림책을 함께 보면서 친밀한 신체적 관계로 영아가 안정감과 신뢰감을 느끼도록 하는 것이 중요하다. 영아가 좋아하는 그림책을 여러 번 반복하여 읽어 주다가 내용에 익숙해지면 그림책을 읽어 주면서 영아에게 내용에 대하여 간단하게 질문하거나 영아의 생각을 표현해 보도록 시도할 수 있다. 그러나 새로운 그림책을 읽어 줄 때에는 영아가 그림책의 이야기에 몰입할 수 있도록 질문을 하거나 영아의 생각을 묻는 등 말 걸기를 하기보다는 천천히 읽어 주는 것이 바람직하다.

다음 사례는 그림책에 기반하여 영아들이 책과 친숙해질 수 있도록 문해 환경을 구성해 주고, 통합적 접근을 통해 책 속의 내용을 놀이로 확장함으로써 책의 내용을 즐겁게 이해하도록 도와주며, 가정 연계 활동을 통해 부모님과 함께 책 내용에 대해 상호작용하면서 영아의 언어발달도 자연스럽게 이루어지도록 지원한 사례이다.

사례 영아들의 책 놀이

① 영아들의 책 놀이 시작

추석 명절을 앞두고 영아들이 좋아하는 토끼가 나오는 『분홍 토끼의 추석』 책을 제공해 주었다. 영아들의 발달 특성을 고려하여 책 속 장면을 큰 그림으로 인쇄한 후, 병풍 책을 제작하여 지원하였다. 영아들은 병풍 책을 세워 구조물을 만들기도 하고, 까꿍 놀이를 하기도 하고, 교사에게 책을 읽어 달라고 하는 등 책을 자유롭게 탐색하며 호기심을 높여 갔다.

분홍 토끼의 추석
김미혜 글, 박재철 그림, 비룡소, 2011

영아: 까꿍!

교사: 까꿍! 토끼도 까꿍!

영아: (토끼를 보며) 까꿍!

교사: 달도 까꿍!

영아: (달을 보며) 까꿍!

교사: 절굿공이도 까꿍!

영아: 없어.

교사: 그럼 어디에 있을까?

영아: 여기.

0세 반 영아들의 병풍 동화에 대한 관심은 자연스레 2세 반 영아들에게까지 이어져, 각 반 교사들은 아이들의 흥미를 고려해 같은 책의 내용으로 벽면게시동화와 TV동화를 추가로 제공해 지원했다.

영아 1: (놀잇감을 뒤적이며) 토끼야! 내가 절굿공이 찾아 줄게!

영아 2: (벽면동화를 보며) 절굿공이 여기 있잖아.

교사: 와~! 절굿공이를 찾았네.

영아 1: TV에도 절굿공이가 있어요.

영아 2: 토끼가 강강술래를 보고 있어.

교사: 정말 절구질하며 보고 있네.

영아 3: 나도 절구를 찧어 보고 싶어.

교사: 그럼, 우리 절구 찧어 볼까?

또한 교사는 영아의 발달수준에 맞추어 동화 내용을 각색하고 교사의 목소리와 영아들의 얼굴을 넣은 영상 동화를 제작했다. 영상을 보며 영아들은 자신과 친구의 얼굴을 찾아 이름을 부르기도 하고, 동화 속에서 반복적으로 들리는 단어를 흥미롭게 따라 말하며 어휘에 대한 관심을 키웠다. 영상 동화의 내용을 부모님도 감상할 수 있도록 온라인 소통창구를 이용해 게시했다.

② 그림책에 기반한 문해 환경구성 및 놀이의 확장

교사는 책에 대한 영아들의 흥미를 더욱 확장하기 위해 책의 내용에 착안한 다양한 놀이와 환경을 제공하고, 절구 찧기, 송편 빚기, 가정에서 송편 빚기, 달 찾기 놀이, 강강술래, 달 끼적이기, 부모님과 달에 소원 적어 붙이기와 같은 활동을 계획하여 지원하였다.

영아 1: (절구를 잡고) 쿵! 쿵!

교사: 쿵! 쿵! 소리가 나네.

영아 1: 쿵! 쿵!

영아 2: 얘들아, 여기.

교사: 절구통 안에 뭐가 있을까?

영아 4: 말랑말랑 떡이 있어요.

교사: 그래, 떡 반죽이네.

영아 1: 쿵! 쿵! 떡 맛있겠다.

영아 2: 떡 먹을래요.

교사: 그럼 떡 만들어 볼까?

영아들: 좋아요!

교사는 송편을 만들고 싶어 하는 영아들을 위해 쌀 익반죽과 밤소를 준비하였고, 재료를 넉넉히 준비하여 가정에도 배부하였다. 영아들이 어린이집에서 만들어 본 것을 엄마, 아빠와 함께 만들어 먹으며 추석을 보다 의미 있게 기억할 수 있도록 지원하였고, 부모님들은 가정에서 아이와 함께한 내용들을 온라인 소통창구를 통해 공유하였다.

영아 1: 동글 동글~

영아 2: 냠냠 맛있어. 달 같아.

교사: 정말 보름달처럼 동글하네. 이건 동글한 달 송편, 저건 반달 송편이 되었네.

영아 1: 냠냠! 밤이 맛있어! 선생님도 아~!

교사: 고마워~! 냠냠 맛있어. 그럼, 송편 닮은 달을 만나러 가 볼까?

또한 달에 대한 관심이 증가하여 여러 모양의 조명을 교실 바닥, 벽면에 비춰 주었고, 초승달과 보름달을 찾아 손으로 만져 보도록 하였다. 달을 탐색하다 달 안에 자신과 친구의 그림자가 영아를 따라 움직이는 것을 발견하고 신기해하였다.

영아 1: 달이다.

교사: 달에 무엇이 보이니?

영아 2: 토끼가 있어요.

영아 3: 절구.

영아 1: (그림자를 보며) 와~

교사: 우리 달님께 소원을 빌어 볼까?

영아들: (두 손을 모은다.)

영아들이 직접 탐색했던 달만큼 아주 큰 달을 만들고 싶어 하여 노란 습자지로 보름달을 만들고 앞마당에 설치하여 등 · 하원 길에 부모님과 함께 하트 소원지에 소원을 적어 함께 꾸민 후, 전시활동을 진행하였다.

또한 『분홍 토끼의 추석』 동화를 통해 영아들은 '강강술래'에도 관심을 가지게 되었다. 친구와 손 잡기를 거부하던 영아도 시간이 지나면서 친구의 손을 잡고 함께 걸어 다니기도 하고, 둘씩 양손을 맞잡고 원을 도는 모습도 볼 수 있었다. 영아들은 책 속의 여러 놀이 중 강강술래를 제일 좋아했고, 가장 적극적으로 참여하는 모습을 보였다.

영아 1: 난 강강술래 할 거야.

영아 2: 나도 강강술래 손을 잡아 봐.

교사: 그래, 강강술래는 손을 잡는 거지.

영아 1: 손을 잡고 돌아요. 강강술래~ 강강술래.

교사: 그래. 손을 잡고 돌아요. 강강술래~ 강강술래.

출처: 한국보육진흥원(2023).

2) 3~5세 유아 문학활동

유아의 문학 경험에서 가장 중요한 것은 독자인 유아 스스로 몰입하고 즐거운 감정을 느끼도록 하는 것이다. 그러므로 다양한 문학작품을 주제와 관련하여 유아에게 소개하여야 한다. 또한 문학 경험은 문학작품을 듣거나 읽으면서 유아 자신의 경험과 연결시켜 의미를 이해하고 유아 스스로 작품을 접하면서 자신의 감정과 연결지어 공감하는 과정이다. 따라서 이야기에 집중하고 몰입하는 것이 충분히 이루어진 후에 문학활동에 대한 탐구활동을 실행하거나 문학작품을 중심으로 통합적 교육활동으로 확장시키는 것이 바람직하다.

다음 사례는 그림책에 대한 유아들의 관심으로 시작하여 그림책 내용 속 피자에 대한 다양한 놀이가 진행되었고, 놀이하며 생긴 궁금증을 유아들의 상상력을 토대로 그림동화를 각색하여 전시하는 활동까지 연계한 통합적 문학활동 사례이다.

사례 **피자책에서 시작된 아름이의 탕후루 가게 이야기**

① 우리는 책이 좋아요: 책 릴레이 활동

책에 관심이 많은 유아들은 서로 재미있게 읽었던 책을 소개해 주기도 하고 추천하기도 하며 자연스럽게 책에 흥미를 가지게 되었다.

② 우리는 책이 궁금해요: 책은 누가, 어떻게 만들었을까?

책에 대한 여러 가지 궁금증을 가지고 책 표지를 탐색하기 시작했다.

③ 친구들과 커다란 책 표지를 만들어요

책의 표지를 탐색하던 유아들은 책 표지를 따라 그리다가 책 표지를 좀 더 커다랗게 그려 보고 싶다고 이야기했다. 이에 교사는 전지를 제공해 주었고, 다함께 협동작품으로 책 표지를 만들어 보도록 지원했다.

④ 꽁꽁꽁 피자 책 속으로 풍덩~!

유아들은 『꽁꽁꽁 피자』 동화책에 나오는 여러 가지 음식을 보며 "맛있겠다!", "나도 피자를 만들어 보고 싶다!"라고 이야기했다. 그래서 교사는 이러한 유아들의 흥미에 따른 놀이를 지원하기 위해 클레이를 제공해 주었다.

꽁꽁꽁 피자
윤정주 글 · 그림, 책읽는 곰, 2020

유아들이 만든 클레이와 피자 그림으로 피자 가게를 만들며 놀이가 확장되었다. 클레이와 그림 이외에 교실에 있는 다양한 놀잇감들도 함께 이용해 피자 가게 놀이에 사용하기도 했다.

"우리가 만든 피자로 피자 가게 놀이 해 보는 건 어때?"

"좋아! 나는 불고기 피자 만들었어! 너는?"

"나는 맛있는 치즈 피자야!"

"팔아요! 꽁꽁꽁 피자 팝니다! 맛있는 피자 먹으러 오세요!"

⑤ 동화를 각색해요: 꽁꽁꽁 피자…. 피자가 아니라 치킨이라면?

『꽁꽁꽁 피자』 그림책을 읽고 난 뒤 유아들은 동화의 내용이 '피자가 아닌 치킨이었다면 어땠을까?'라며 피자가 그려져 있는 그림책 위에 치킨 그림을 그려서 붙이고, '피자' 단어가 나오는 부분을 '치킨'으로 바꿔서 읽어 보며 내용을 각색하기 시작했다.

"그런데 만약 피자가 아니라 치킨이었다면 어떨 것 같아?"

"나는 사실 피자보다는 치킨을 더 좋아해! 더 재미있었을 것 같은데?"

"그럼 꽁꽁꽁 피자가 아니라……. 꼬꼬꼬 치킨이 되었을 것 같아!"

⑥ 우리만의 동화책을 만들어요

"우리가 동화책을 만들어 보면 어떨까?" 유아들은 동화의 내용을 일부 각색하는 것에서 한 발 더 나아가 직접 동화의 내용을 구성하기 시작했다. 유아들이 이야기한 내용을 교사가 칠판에 적어 주자, 유아들은 따라 읽어 보며 흥미를 가지기 시작하였고, 실제 동화책처럼 만들어 보고 싶다고 이야기하여 교사는 A4 크기의 두꺼운 흰 도화지를 제공하였다.

유아들은 동화의 내용을 적으며 "내가 정말 동화책 작가가 된 기분이야!"라고 이야기하거나 동화의 내용에 관련된 이전 경험을 친구들과 이야기 나누어 보기도 하였다.

⑦ 지역사회연계활동: 우리가 만든 책을 나눠 드려요/우리가 만든 책을 기증해요

어린이집 근처 경찰서와 유아들이 다니는 합기도 학원에 방문하여 유아들이 직접 만든 책을 전달하였다. 유아들과 숲 체험 장소에도 방문하여 유아들이 만든 동화책을 기증하고 왔다.

⑧ 전시회를 준비해요

동화책에 관심을 보이며 놀이하는 유아들의 흥미를 반영하여 앤서니 브라운 전시관을 방문

했다. 전시회에 다녀온 유아들은 『아름이의 탕후루 가게』 동화책으로 전시회를 열어 보고 싶다고 했다. 교사는 전시회를 준비하기 위해 어떤 것들이 필요할지 유아들과 이야기 나누고, 유아들과 전시회에 다녀왔던 경험을 회상해 보며 전시회 티켓을 준비해 동생들을 초대했다.

"아름이의 탕후루 가게 전시회에 오신 여러분 환영합니다!"
"티켓을 꺼내 매표소에 내주시고 입장해 주시기 바랍니다."
"저희는 아름이의 탕후루 가게 그림책 작가입니다."

⑨ 글자로 놀이해요: 재미있는 글자!

동화책을 이용한 다양한 놀이를 통해 여러 가지 글자를 접하게 된 유아들은 이제 글자를 적는 활동에 자신감이 생겼고, 글자로 할 수 있는 다양한 놀이를 이어 갔다. 자신의 이름을 적지 못했던 유아들도 자신의 이름을 쓸 수 있게 되었고, 글자를 활용하여 놀이하며 동화책과 전시회를 글자로 표현하기도 하였다.

출처: 한국보육진흥원(2023).

더 알아보기 **그림책을 활용한 놀이사례 동영상**

그림책 놀이사례 나눔

시끌벅적 책 놀이터

책으로 놀이해요

고소한 책방 이야기

출처: i-누리(i-nuri.go.kr).

2. 아동문학활동의 평가

아동문학활동에 대한 평가는 프로그램 운영의 적절성과 프로그램의 효과를 평가하기 위하여 프로그램의 계획, 실행, 평가의 측면에서 단계적으로 이루어져야 한다. 평가는 대상에 따라 아동의 문학활동에 대한 평가와 교사의 문학교수활동에 대한 평가로 구분해 볼 수 있다(노운서, 노명희, 김명화, 백미열, 2013).

1) 아동의 문학활동 평가

아동의 문학활동에 대한 평가는 놀이와 활동에서의 행동 관찰을 통해 이루어질 수 있다.

□ 놀이에서의 문학활동 평가

- 언어영역을 좋아하는가?
- 다양한 종류의 책을 선택하고 보는가?
- 책의 줄거리에 대해서 교사 및 또래와 이야기를 나누는가?
- 책을 소중히 여기며 잘 관리하는가?

□ 활동에서의 문학활동 평가

- 바른 태도로 참여하는가?
- 다른 아동과의 상호작용에 참여하는가?
- 교사의 질문에 반응하는가?
- 자신이 느낀 점이나 생각을 적극적으로 말하는가?
- 문학적 활동에 관심을 갖는가?

아동의 문학활동은 관찰척도인 'KICCE 유아관찰척도'에 따라서도 평가가 이루어질 수 있다. 유아관찰척도는 교사의 관찰에 기초하는데, 교사는 놀이, 일상생활, 활동 등 전체 일과 시간을 통해 유아의 전반적인 활동을 관찰하여 1~4점으로 평가한다. 교사는 유아에 대한 정보를 수집하기 위하여 관찰뿐 아니라, 활동결과물 분석, 대답이나 반응을 이끌어 내기, 부모면담 등 다양한 방법을 사용할 수 있다. 관찰척도는 유아의 연령별 성취수준이 아니며, 관찰사례도 평가의 기준이 아니라 유아 이해를 돕는 참고자료임을 유념해야 한다. KICCE 유아 관찰척도는 총 59개 문항으로 구성되어 있는데, 그중 의사소통영역의 관찰척도 중 일부 사례를 살펴보면 다음과 같다.

표 12-1 [의사소통영역: 책에 관심을 가지고 상상하기를 즐긴다] 관찰척도

관찰문항	책에 관심을 가지고 상상하기를 즐긴다.			
관찰수준	1 책을 보거나 이야기 듣기에 관심을 가지지 않는다.	2 교사가 읽어 주거나 또래가 책을 읽는 경우에만 관심을 가진다.	3 책에서 보거나 들은 내용에 대해 인상 깊거나 재미있는 장면에 관심을 보인다.	4 책에서 보거나 들은 내용을 통해, 머릿속에 그려지는 상상을 말이나 그림으로 표현한다.

관찰사례	
놀이	1. 교사가 새로운 그림책을 제공하자 책꽂이를 바라보다 자신이 하던 놀이를 지속한다. 2. 교사가 새롭게 제공한 그림책에 친구가 관심을 보이며 책을 읽자 "같이 보자."라고 말하며 옆에 앉아 책을 본다. 3. 친구가 책을 보며 "버스가 변신했어."라고 말하자 그림을 가리키며 "신기해. 진짜 재밌다."라고 말한다. 4. 친구가 말해 주는 그림책 내용을 들으며 "버스가 비행기로 변신했으면 좋겠다."라고 말한다.

일상생활	1. 휴식시간, 교사가 읽어 주는 이야기에 관심이 없고 자신의 손이나 옷을 만진다. 2. 휴식시간, 교사가 책을 읽어 주면 관심을 갖고 듣지만 "혼자서 책을 읽어 보자." 하면 관심이 없고 장난감을 만지는 등의 행동을 한다. 3. 교사가 읽어 주는 이야기를 들은 후 "선생님, 아까 거기 엄마 양이 아기 양 구해 주던 거 다시 읽어 주세요."라고 말한다. 4. 휴식시간, 교사가 읽어 주는 이야기를 들은 후 친구들에게 "우리 이따가 엄마 양, 아기 양 놀이하자. 내가 엄마 양 해서 너네 다 구해 줄게."라고 말한다.
활동	1. 책을 읽어 주면 집중하지 않고 다른 곳을 보거나 친구에게 말을 건다. 2. 친구들이 읽고 싶은 그림책을 가져와 교사에게 읽어 달라고 모여 있으면, "나도 볼래요."라고 하며 참여한다. 3. 교사가 읽어 주는 그림책의 그림을 가리키며 "호랑이는 엄청 커요!"라고 말한다. 4. 교사가 읽어 주는 그림책의 내용을 들으며 "호랑이가 나무에서 떨어져도 힘이 세서 다시 올라오면 어떡해요?"라며 자신이 상상한 것을 말한다.

표 12-2 [의사소통영역: 동화, 동시에서 말의 재미를 느낀다] 관찰척도

관찰문항	동화, 동시에서 말의 재미를 느낀다.			
관찰수준	1 교사가 들려주는 동화, 동시에 흥미를 보이지 않는다.	2 동화, 동시를 들으면서 반복되는 구절이나 표현에 다른 사람이 관심을 보이면 따라서 관심을 가진다.	3 동화, 동시에서 반복되는 구절이나 재미있는 표현에 관심을 가진다.	4 동화, 동시에서 재미를 느낀 표현을 반복해서 말하고, 자신이 생각해 낸 의성어, 의태어 등의 표현을 덧붙인다.

	관찰사례
놀이	1. 친구들이 선생님에게 책을 읽어 달라고 해서 읽어 줄 때, 동화에 흥미를 보이지 않고 다른 놀이로 이동한다. 2. 읽어 주는 동화 속 반복되는 구절을 들으면서 친구들이 "쿵, 쿵"이라고 말하면서 발을 구르면 따라서 "쿵, 쿵" 하고 따라 말해 본다. 3. 동화 속 반복되는 '짝짝이 양말'이라는 표현을 듣고 "짝짝이, 짝짝이"라고 따라 말하면서 웃는다. 4. 동화 속 반복되는 표현을 듣고 "짝짝이 신발, 찍찍이 양말, 쭉쭉이 양말, 쪽쪽이 양말" 등 자신이 생각해 낸 표현을 말하며 즐거워한다.
일상생활	1. 이 닦기 관련 동화를 교사가 들려주고, 다른 친구들이 이를 닦는 흉내를 내어도 큰 관심을 보이지 않는다. 2. 동화 속 반복되는 구절을 들으며 친구들이 이 닦는 흉내를 내며 웃자, 따라 웃으며 "쓱싹쓱싹" 하고 구절을 따라 말한다. 3. 동화 속 반복되는 구절을 들려주자, 따라 말하면서 "쓱싹쓱싹? 청소하는 것 같다. 쓱싹쓱싹" 하고 자신이 생각한 재미있는 표현에 흥미를 느끼고, 이 닦는 흉내를 낸다. 4. 동화 속 반복되는 구절을 듣고, "그럼 세균들이 도망갈 때, 으아아악 소리 내겠다.", "양치를 빨리하면 사각사각 소리 난다."라고 자신이 생각한 의성어를 인용해 다양하게 표현한다.
활동	1. 동시 속 반복되는 구절을 들으며 다른 친구들이 흥미를 갖고 웃어도 크게 반응하지 않는다. 2. 동시 속 반복되는 구절을 들으면서 친구들이 웃자, 따라 웃으면서 "후다닥 후다닥" 하고 구절을 따라 말해 본다. 3. 동시 속 반복되는 구절을 들려주자, 이를 따라 말해 보면서 "쿵쿵쿵? 꿍꿍꿍?"과 같이 우연히 발견한 재미있는 표현에 재미를 느끼며 웃는다. 4. 동시 속 반복되는 구절을 듣고 "그럼 우리도 후다닥후다닥 하나? 후다다다닥", "머리카락은 쉬웅 쉬웅 하나? 쉬웅 쉬웅 쑹쑹."이라며 자신이 생각한 의성어, 의태어를 인용해 재미있는 표현을 만든다.

표 12-3 [의사소통영역: 말놀이와 이야기 짓기를 즐긴다] 관찰척도

관찰문항	말놀이와 이야기 짓기를 즐긴다.			
관찰수준	1 그림책의 장면이나, 친구의 이야기를 듣고 이어서 이야기 짓기를 어려워한다.	2 다른 사람의 시범이나 도움이 있으면, 간단한 문장으로 이야기 짓기를 시도한다.	3 그림책이나 친구 이야기에 연결된 이야기 짓기를 시도하지만 앞의 내용을 반복하는 단순한 내용이다.	4 그림책이나 친구 이야기와 연관되도록 이야기 짓기를 하며 확장하여 표현할 수 있다.

관찰사례	
놀이	1. 그림책을 보면서 물고기 그림을 보며 "이 물고기는 무얼 하고 있을까?" 하고 묻자, "몰라요."라고 말한다. 2. 교사가 "물고기가 마주 보며 무얼 하고 있을까?" 하자 "둘이 이야기하고 있는 것 같아요." 하고 말한다. 3. 그림책의 내용을 회상할 때 앞의 친구가 "물고기들이 서로 이야기를 했어요."라고 하자 다음 상황을 말하지 못하고 "물고기들이 말했어요."와 같이 거의 비슷하게 반복한다. 4. 그림책의 내용을 회상할 때 앞의 친구가 "물고기들이 서로 이야기를 했어요."라고 하자 "이쪽 큰 물고기가 작은 물고기랑 비늘이 똑같아서 친구하자고 말하는 것 같아요."라고 말한다.
	1. 그림책의 장면을 보고 교사가 "어떻게 되었을까?"라고 말하자 "잘 모르겠어요."라고 말한다. 2. 그림책의 장면을 보고 친구가 "걸어가다가 집이 나왔어요."라고 말하자 "걸어가다가 동물을 만났어요."와 같이 간단한 짓기를 시도한다. 3. 친구가 "걸어가다가 집이 나왔어요."라고 말하자 "엄청 큰 집이 나왔어요."라고 앞 친구의 이야기와 비슷하게 반복하여 말한다. 4. 친구가 "걸어가다가 집이 나왔어요."라고 말하자 "그 집에는 예쁜 공주와 동물들이 살고 있었어요."라고 앞 친구의 이야기에 내용을 확장하여 표현한다.

활동	1. 친구들이 시작한 이야기를 듣다가 차례가 오면 "나는 그냥 안 할래요."라며 어려워한다. 2. "바닷속 동굴에서 작은 불빛을 발견했대. 그다음에는 무슨 일이 생겼을까?" 라고 도와주면 "음……. 불이 꺼졌나?"처럼 간단한 짓기를 시도한다. 3. 도움이 없어도 이야기를 짓지만, 앞 친구의 바닷속 동굴 이야기와 상관없이 "나비들이 꽃이 피어 있는 숲속을 좋아해요."라고 하며 관련 없는 이야기를 연결한다. 4. "그런데 그 동굴은 엄마 물고기가 아기 물고기를 기다리고 있는 곳이었어. 그리고 맛있는 음식도 차려져 있었지."처럼 앞 친구의 이야기와 연관된 내용으로 이야기를 확장하여 즐긴다.

출처: 배윤진, 강은진, 엄지원(2020).

2) 교사의 문학교수활동 평가

교사는 아동들이 책에 얼마나 관심을 갖고 있는가에 항상 주의를 기울여야 하며, 아동이 책을 읽을 수 있는 환경을 제공해야 한다. 교사가 책을 읽어 주는 놀이 및 활동 상황에서 아동의 흥미와 발달을 촉진하도록 질문, 발문, 확산적 사고의 기회를 주었는가에 대해 평가할 수 있다.

- 문학활동을 위한 환경구성을 하였는가?
- 주제에 맞는 그림책을 언어영역에 배치하였는가?
- 아동이 책을 자유롭게 선택하도록 하였는가?
- 보육실에 책을 잘 볼 수 있는 공간과 자료를 준비해 주었는가?
- 이야기를 잘 소개하였는가?
- 책에 대한 배경 정보를 제공하였는가?
- 자연스럽게 멈추어야 할 대목에 이르렀을 때 이야기를 통해서 질문을 하거나 의견을 말하도록 아동을 참여시켰는가?
- 아동에게 문학적 감수성을 주었는가?
- 아동의 질문에 대답을 잘 해 주었는가?

- 아동의 코멘트에 상호작용을 하였는가?
- 아동의 반응을 실생활의 경험과 연결시켰는가?
- 아동의 반응에 대해 긍정적인 강화를 하였는가?

참고문헌

김은심, 유지안, 문선영(2025). **유아교사를 위한 아동문학**. 서울: 학지사.

노운서, 노명희, 김명화, 백미열(2013). **아동문학**. 경기: 양서원.

배윤진, 강은진, 엄지원(2020). 누리과정 효과성 분석 연구(III): 유아관찰앱 개발 및 적용. 육아정책연구소.

한국보육진흥원(2023). 배움을 놀이에서 찾다: 문해놀이.

i-누리-누리과정 포털 사이트: i-nuri.go.kr

본문에 실린 아동문학작품

꽁꽁꽁 피자 윤정주 글 · 그림. 책읽는곰. 2020.

분홍 토끼의 추석 김미혜 글, 박재철 그림. 비룡소. 2011.

찾아보기

저자 소개

성미영(Sung, Miyoung)

서울대학교 대학원 아동학 박사

서울법원어린이집 원장

현 동덕여자대학교 사회과학부 아동학전공 교수

민미희(Min, Mihee)

서울대학교 대학원 아동학 박사

서울법원어린이집 원감

(재)한국보육진흥원 팀장

현 서경대학교 아동청소년학과 교수

정현심(Jung, Hyunsim)

서울대학교 대학원 아동학 박사

SK하이닉스어린이집 원장

서울대학교 어린이보육지원센터 느티나무어린이집 원장

현 한국방송통신대학교 생활과학부 강의교수

김효영(Kim, Hyoyoung)

서울대학교 대학원 아동학 석사

SK하이닉스어린이집 교사

비룡소 출판사 편집부 그림책팀 팀장

2024 개정 표준보육과정을 반영한

아동문학교육

Children's Literature Education

2025년 8월 25일 1판 1쇄 인쇄
2025년 8월 30일 1판 1쇄 발행

지은이 • 성미영 · 민미희 · 정현심 · 김효영
펴낸이 • 김진환
펴낸곳 • (주)학지사
04031 서울특별시 마포구 양화로 15길 20 마인드월드빌딩
대표전화 • 02-330-5114 팩스 • 02-324-2345
등록번호 • 제313-2006-000265호

홈페이지 • http://www.hakjisa.co.kr
인스타그램 • https://www.instagram.com/hakjisabook

ISBN 978-89-997-3490-8 93370

정가 22,000원

저자와의 협약으로 인지는 생략합니다.
파본은 구입처에서 교환해 드립니다.